信息检索与利用 第三版

（中医院校用）

◎主　编　张稚鲲　李文林
◎副主编　郝桂荣　周　黎

扫码加入读者圈
轻松解决重难点

 南京大学出版社

图书在版编目(CIP)数据

信息检索与利用：中医院校用 / 张稚鲲,李文林主编. —3 版. —南京：南京大学出版社,2019.8(2021.7 重印)
ISBN 978-7-305-22494-2

Ⅰ.①信… Ⅱ.①张…②李… Ⅲ.①信息检索－中医学院－教材 Ⅳ.①G252.7

中国版本图书馆 CIP 数据核字(2019)第 149853 号

出版发行	南京大学出版社		
社　　址	南京市汉口路 22 号	邮　编	210093
出 版 人	金鑫荣		

书　　名	信息检索与利用(中医院校用)(第三版)		
主　　编	张稚鲲　李文林		
责任编辑	王秉华　王南雁	编辑热线	025-83596997
照　　排	南京南琳图文制作有限公司		
印　　刷	南京人民印刷厂有限责任公司		
开　　本	787×1092　1/16　印张 12.75　字数 327 千		
版　　次	2019 年 8 月第 3 版　2021 年 7 月第 2 次印刷		
ISBN 978-7-305-22494-2			
定　　价	32.00 元		

网址：http://www.njupco.com
官方微博：http://weibo.com/njupco
微信服务号：njuyuexue
销售咨询热线：(025) 83594756

扫码教师可免费
获取教学资源

＊版权所有,侵权必究
＊凡购买南大版图书,如有印装质量问题,请与所购图书销售部门联系调换

前 言

在中医药学产生与发展的数千年间,不断有大量凝结着前代人类智慧的医药文献汇入,尤其是近现代以来,现代医学的融入,新兴学科、交叉学科的不断涌现,使得医药文献不仅数量庞大,而且存放分散,但这些文献又是人们知识学习与知识创新的基础与泉源。因此,如何获取、筛选、合理利用这些资源,就成为当代医学生的一种时代素质。

本书在考虑中医药资源特色的基础上,结合当代资源特点,充分体现知识体系的系统性与完整性,将全书分成三个部分:基础知识部分(第1~2章)、资源部分(第3~8章)及应用部分(第9~10章)。基础知识部分重点阐述对检索实践具有较多或直接指导意义的内容,对于纯理论性的探讨从略。考虑到中医药文献的特点,资源部分在侧重当代文献资源的同时,兼顾古代中医文献。应用部分包括文献管理软件、信息分析的基本方法、文献引用格式等几个方面。对文献管理软件的介绍涉及从安装到使用,主要考虑这部分内容以用为主,课堂所占课时可以不多,但一旦需要,可根据教材自行安装使用。另外,对文献的查找最终需要落实到对文献的利用上,因此,第10章首先介绍了信息分析的基本方法,而对文献的利用必然涉及对他人文献的引用,故第二节介绍了文献引用的基本格式与规范。

与第二版相比,本版教材增加了检索实例所占比例,有些实例附于章节之后专设一节,一些短小的实例则以二维码形式插入相应位置。同时,为方便读者对短小实例的查找,教材于原有目录后增加了二维码导航。

本次教材的修订,绪论、第1章、第2章由南京中医药大学张稚鲲、李文林负责;第3章、第4章由南京中医药大学张稚鲲和山东中医药大学周黎负责;第5章由南京中医药大学郝桂荣负责;第6章由南京中医药大学张稚鲲、郝桂荣以及山东中医药大学周黎负责;第7章由山东中医药大学周黎和南京中医药大学郝桂荣负责;第8章由山东中医药大学周黎负责,第9章由南京中医药大学郝桂荣负责,第10章由南京中医药大学李文林、郝桂荣负责。

南京中医药大学张畅斌为本教材化学物质检索提供了部分实例素材,在此表示感谢!

本教材的编写得到了南京中医药大学图书馆领导及相关专家的支持,在此表示感谢!

本教材在编写过程中得到南京大学出版社吴华编辑的支持与帮助,在此表示感谢!

本教材适合中医院校各专业的本科生以及本科阶段未修过文献检索课或检索基础较弱的研究生使用。

张稚鲲
2019 年 5 月

目 录

绪 论 1

基础篇

第一章 概 述 6
  第一节 基本概念 6
  第二节 文献类型 9

第二章 检索基础 17
  第一节 参考工具与检索工具 17
  第二节 检索语言 21
  第三节 计算机检索技术 30
  第四节 网络检索基础知识 37
  第五节 检索策略与检索途径 40

资源篇

第三章 中医药事实型资料的检索 45
  第一节 中医药术语检索 45
  第二节 中药、方剂检索 53
  第三节 电子型参考工具 57

第四章 图书检索 61
  第一节 书目 61
  第二节 类书、丛书和全书 68
  第三节 电子图书 71

第五章 特种文献检索 73
  第一节 专利文献检索 73
  第二节 标准文献检索 79
  第三节 学位论文检索 85
  第四节 会议论文检索 86
  第五节 检索实例 89

第六章 医药类数据库检索 … 92
第一节 中国生物医学文献服务系统 … 92
第二节 中国中医药数据库检索系统 … 101
第三节 PubMed … 104
第四节 SCIFINDER … 116
第五节 检索实例 … 120

第七章 综合类数据库检索 … 124
第一节 CNKI中国知网 … 124
第二节 维普中文期刊服务平台 … 129
第三节 万方数据知识服务平台 … 131
第四节 读秀学术搜索 … 133
第五节 Web of Science … 137
第六节 其他 … 142
第七节 检索实例 … 147

第八章 网络信息资源检索 … 151
第一节 综合型搜索引擎 … 151
第二节 专业搜索引擎 … 153
第三节 常用中文医学网站 … 155
第四节 常用外文医学网站 … 157
第五节 医药图谱及视频资源 … 161
第六节 开放获取资源 … 163

应用篇

第九章 文献管理软件 … 169
第一节 Endnote … 169
第二节 NoteExpress … 177

第十章 文献的利用 … 183
第一节 文献信息分析 … 183
第二节 文献的引用 … 189

参考文献 … 195

二维码导航

2-1:检索工具可以提供哪些信息 …… 21
2-2:字段检索示例 …… 43
2-3:导航式检索示例 …… 43

5-1:利用国家知识产权局网站检索专利信息 …… 78
5-2:利用中国知识产权网专利信息服务平台检索专利信息 …… 78
5-3:利用美国专利商标局检索专利信息 …… 78
5-4:利用欧洲专利局检索专利信息 …… 79
5-5:利用日本特许厅专利数据库查找专利信息 …… 79
5-6:利用中国标准服务网查找标准文献 …… 85
5-7:利用 ProQuest 查找学位论文 …… 85

6-1:利用跨库检索查找急性肺栓塞方面的文献 …… 93
6-2:如何查找急性肺栓塞的病例报告 …… 94
6-3:利用 CBM 主题检索频道检索黄芪的分离与提纯方面的文献 …… 95
6-4:利用分类检索频道查找咳嗽中药疗法方面的文献 …… 96
6-5:利用机构检索频道了解南京中医药大学的年度发文及被引以及主要学科、核心作者等信息 …… 98
6-6:利用基金检索频道了解国家中医药管理局科研基金资助的论文情况 …… 98
6-7:如何了解南京中医药大学作者的文章被引用的总体情况 …… 98
6-8:利用 PubMed 主题词导航检索柴胡化学方面的文献 …… 110
6-9:通过非 Java 程序编辑器进行青蒿素的物质信息查询 …… 118
6-10:通过物质标识符途径查询青蒿素的物质、文献和反应信息 …… 119
6-11:利用 SciFinder 检索"隐丹参酮"相关信息 …… 119

7-1:利用 CNKI 高级检索查找资料 …… 126
7-2:利用 CNKI 专业检索查找资料 …… 127
7-3:利用 CNKI 句子检索查找资料 …… 127
7-4:知网 E-study …… 128
7-5:知网全球学术快报 …… 128
7-6:维普期刊信息查找 …… 129
7-7:维普一站式检索 …… 130
7-8:维普高级检索 …… 130
7-9:维普检索式检索 …… 130

7-10：利用万方统一检索查找资料……132
7-11：利用万方高级检索查找资料……132
7-12：万方专业检索……132
7-13：读秀一站式检索……134
7-14：百链外文搜索……135
7-15：读秀图书高级检索……136
7-16：读秀专业检索……136
7-17：超星云舟……136
7-18：利用 Web of Science 检索资料……140
7-19：利用 ScienceDirect 检索资料……143
7-20：利用 EBSCOhost 检索资料……144
7-21：利用 SpringerLink 检索资料……145
7-22：利用 OVID LWW 检索资料……146

8-1：利用百度查找学术性资料……151
8-2：利用 PMC 查找资料……166
8-3：利用国家科技图书中心查找资料……167

9-1：Endnote X9 文献导入……172
9-2：NoteExpress 文献导入……180

10-1：图表注释样例……189
10-2：正文中注释样例……190
10-3：顺序编码制标注样例……190
10-4：著者年代制引用文内标注样例……193
10-5：多次引用同一著者的同一文献标注样例……193

绪 论

一、信息素养

信息素养(information literacy)一词最早于1974年由美国信息产业协会主席保罗·泽考斯基(Paul Zurkowski)在提交给全美图书馆学和信息学委员会(NCLIS)的一份报告中首次提出。他将之解释为"利用大量信息工具及原始信息源使问题得以解决的技术和技能"。1987年,美国召开了旨在探讨大学图书馆在教育改革中所起作用的全国研讨会。会议认为,为了更好地完成终身学习任务,大学生必须具有很强的信息素养,了解信息的获取过程,能够正确地评估各种信息源对不同信息需求的有效性,掌握获取与存取信息的基本技能。1989年,美国图书馆协会信息素养主席委员会对信息素养的阐述是:"认识到何时需要信息,并拥有确定、评价和有效利用信息的能力……从根本意义上来说,具有信息素养的人是那些知道如何学习的人,因为他们知道知识是如何组织的,知道如何去寻找信息、利用信息。他们为终身学习做好了准备,因为他们总能找到做决策所需要的信息"。

大学生的信息素养与专业素养和人文素养密切相关,但又相对独立。早在1996年,美国教育部就将信息素养看作是与读、写、算一样的人的最基本素养。并通过相应的教育计划强化信息理论、信息技术、信息检索等方面技能。2015年,美国大学与研究性图书馆协会(ACRL)提供的《高等教育信息素养框架》主要包括六个主体框架:① 权威的构建性与情境性(Authority Is Constructed and Contextual);② 信息创建的过程性(Information Creation as a Process);③ 信息的价值属性(Information Has Value);④ 探究式研究(Research as Inquiry);⑤ 对话式学术研究(Scholarship as Conversation);⑥ 战略探索式检索(Searching as Strategic Exploration),并对学习者在这六个方面应具有的知识与行为方式进行了描述,内容具体而丰富。

总体来看,信息素养可以从信息意识、信息知识、信息能力、信息道德等方面加以理解。

1. 信息意识

指人们对信息的感悟力、洞察力,以及对有价值信息的内在需求和持久的关注。通俗地说,信息意识就是对有价值信息的敏感度,在遇到问题或产生疑问时,能够意识到可以借助何种信息工具及信息技术,获取信息,解除疑惑。

2. 信息知识

指与信息相关的基础知识,包括相关概念、术语,以及在利用信息过程中所涉及的原理、技术等,是信息素养的基石。

3. 信息能力

指人们利用信息工具有效获取、处理和利用信息的能力,包括计算机的应用能力、检索能力、专业素养、信息利用能力、信息交流与信息协作能力等。

4. 信息道德

指在获取与利用信息过程中遵循一定的道德规范及法律法规。包括能够对信息进行正确的判断与选择,自觉抵制有违于现行法律法规的行为。在利用信息时,不进行危害国家或他人的活动,不传播非法信息,不侵犯他人知识产权,合理合法地引用及借鉴他人成果等。

二、终身教育与信息素养

我国终身教育的理念由来已久,早在两千多年前,就有"学而不已,阖棺乃止"(孔子)之说,倡导通过自我教育实现个人的终身教育。现代社会中,"终身教育"作为一个术语正式被提出是在1965年,时任联合国教科文组织成人教育局局长保罗.朗格朗(Parl Lengrand)在一次会议上指出,终身教育可以促进人类社会的发展及个人人格的完善。

随着科技的发展及知识更新频率的加快,一个人需要不断地学习新知识、新技能,不断地更新自己的知识结构才能跟上时代的步伐,才能在社会竞争中处于不败之地。美国前国防部长Baker曾对年轻人说过:要是你今天毕业后不打算明天继续学习的话,后天开始,你就等同于没有受过教育。

信息素养教育是提倡自我教育、自我培养的教育模式,它引导人们利用信息不断获取新的知识与技能,进而更新自己的知识结构,以满足自身发展需要,因此与终身教育理念高度重合。培养终身教育能力亦是信息素养教育的终极目标。

三、信息检索课与大学生的信息素养

信息检索是指根据一定的目的和需求,以检索思维为统领,运用检索技能,从信息源中查找所需信息,并用以解决具体问题的过程。信息检索能力是信息素养的重要组成部分,是一个人信息素养水平高低的重要体现。通过课程传播检索知识与技能是当前我国高校培养大学生信息素养的重要途径之一。

(一) 检索课的产生

早在1930s初,浙江大学为了培养学生利用图书馆收集整理资料进行学习及科学研究的能力,为本校学生开设了文献利用课程。1950s~1970s,国内也有少数高校为本校不同专业的学生开设相关课程。20世纪70年代末,恢复高考以来,我国的高等教育经历了一系列改革。1981年,国家教委颁发《中华人民共和国高等学校图书馆工作条例》,首次以国家重要文件的形式将开设文献检索课程列为高校图书馆的重要任务之一。1984年,国家教育主管部门下发[国家教委(84)教高一司字004号文《关于在高校开设〈文献检索与利用〉课的意见》]。文中指出:"高等学校在给学生传授基本知识的同时,必须注意培养学生的自学能力和独立研究能力,让学生具有掌握知识情报的意识,具有获取和利用文献的技能,是培养学生能力的一个重要环节……在高校开设《文献检索与利用》课程很有必要,各高等学校(包括社会科学和理工农医各专业院校)应当积极创造条件,开设《文献检索与利用课程》。"至1990s,我国医药类高校文献检索课的开课率达96%。从1985年到2002年,国家教委五次下文要求加强文献检索课的课程建设。1998年,教育部颁布《普通高等学校本科专业目录和专业介绍》,在249种专业中有218种专业在其培养要求中明确规定学生应"掌握文献检索、资料查询的基本方法"或"掌握资料查询、文献检索及运用现代信息技术获取相关信息的基本方法"。再次明确检索课程在高等教育人才培养中的重要性。

1999年,中共中央、国务院做出《关于深化教育改革全面推进素质教育的决定》。决定指出了新时期终身教育的重要性,信息素养成为现代高等教育的一个重要培养目标。2002年,教育部颁发《普通高等学校图书馆规程(修订)》,指出高校图书馆应"通过开设文献信息检索与利用课程以及其他多种手段,进行信息素养教育。"这是我国政府文件中首次明确"信息素养教育"一词及其承担单位。

(二) 中医人才培养与信息素养教育

1. 医学生的信息素养要求

作为一种时代素质,国外发达国家从多个方面对医学生应具有的信息素养进行了较为详细的描述。世界卫生组织(WHO)和世界医学教育联合会(WFME)为提高医学教育质量,适应社会和大众的需求,向全球医学教育界推荐"本科医学教育的国际标准"。该标准指出:师生们应当能够利用信息和通信技术进行自学、获取信息、治疗管理病人及开展卫生保健工作。而"全球医学教育最低基本要求"则概括了世界各国医学院校培养的医学生和执业医师都必须具备的基本素质,明确了对医学毕业生信息能力方面的具体要求:

(1) 从不同数据库和数据源中检索、搜集、组织和分析有关卫生和生物医学信息。

(2) 从临床医学数据库中检索特定病人信息。

(3) 运用信息和通信技术帮助诊断、治疗和预防疾病,以及对健康状况的调查和监控。

(4) 懂得信息技术的运用及其局限性。

(5) 保存医疗工作的记录,以便进行分析和改进。

(6) 懂得在确定疾病的病因、治疗和预防中用从不同信息源获得的信息进行科学思维的重要性和局限性。

(7) 应用个人判断来分析和评论问题,主动寻求信息而不是等待别人提供信息。

(8) 根据不同来源信息,运用科学思维去识别、阐明和解决病人的问题。

该标准从不同角度对医学生的获取与有效运用信息的能力做出了明确的规定。2015年,该标准修订后,再次强调对医学生终身学习能力的培养,强调医学院校应培训医生应用新信息技术的能力,保证他们能够在信息及信息技术的支持下独立自主地学习、最大限度地获取医学及患者信息等。

2. 中医人才培养与信息素养

中医药学历史悠久,累积性资源丰富,文献的时效性长、可利用价值高,但共享性及可加工性却相对较差。面对浩瀚的古代资源及更新频率极高的当代文献,资源的选择性利用等中医人才培养中的信息素养问题更为突出。中医教育自古注重自主获取知识并加以自学的能力,有学者对古代110位杰出医药学家成才培养模式构成比的分析表明,约半数的古代杰出医家是以自学模式成就医名的。为帮助学习者选择自主学习材料,我国古代很早就出现用于检索的检索工具。比如,书目是我国古代的一种检索工具,通过它可以了解文献的内容及版本特点、学术价值等。学习者通过书目获取最适合的学习资料,自主学习,并将这种学习习惯保持终身。因此,有学者认为,古代医家的"自学成才"是一种基础教育与终身教育相结合的培养模式,值得今人学习与借鉴。

当代中医教育以学院教育为主。中医院校承担着中医人才培养的重任。中医前辈为学生精心挑选各种学习资料,规划教学内容。但学生的自主学习能力培养并非不再重要,这是因为,当代社会的知识更新频率加快,信息资源呈几何式增长,大学不可能为学生提供享用终身的知识和技能。据美国工程教育协会统计,美国大学毕业的科技人员所具有的知识,只有12.5%是在大学阶段获取的。

当代大学在传授知识的同时,要教会学生学会提出问题、独立思考,提高学生利用信息解决实际问题的能力。具有信息素养已成为人才整体素质的重要组成部分，是人才在信息化、学习化社会生存和发展的基本条件。虽然中医药学知识的时效性较长，但也不可避免地需要在当代社会生存下去，因此，其专业教育必须符合当代教育的一般特点。

与以往的中医教育相比，当代中医教育的生态环境发生了改变，人才成长模式自当不同。生态学有一个公式：

$$L(Learning) \geqq C(Change)$$

即要想求得生存，学习的速度应大于环境变化的速度。这一公式在信息爆炸的当代得到了很好的阐释，不断获取与利用新信息的能力变得越来越重要，具有信息素养是当代学习型、创新型人才必备的基本素质，中医药人才亦不例外。有人提出中医药创新型人才的培养应始于问题，应鼓励学生多提问题。但有价值问题的提出需要建立在接触与了解大量信息的基础之上。一个人面对陌生的领域很难提出有意义、有深度的问题。

中医学横跨自然科学、社会科学等多个领域，中医院校的大学生不仅要很好地传承中医的累积性知识，还需要不断地获取新知识。课堂教学仅是人才培养的一部分，而自学能力的提高将有助于学生利用信息拓展知识面、更新知识结构，避免知识面狭窄、思维僵化、社会适应能力差等问题。因此，当代中医人才的自学能力更多地应关注时代素质，信息素养教育是其中必不可少的一环。

（三）文献检索课与信息素养

文献检索课是目前我国各类高校实施信息素养教育的主干课程。培养及增强学生的信息素养是文献检索课程的终极目标。具体来说，课程的作用主要体现在：① 使学生适应信息环境下基于资源的自我知识更新模式，增强学生的自学能力；② 为今后的科学研究打下文献研究与信息调研的基础。文献检索课是各专业课程有效开展指导性自学及各种基于资源的研究性教学的工具型课程。它不仅有利于医学生院校教育阶段人才培养质量的提高，也有助于毕业后继续医学教育质量的提高，是培养学生具有信息社会的知识更新能力，促进学生终身学习能力提高的重要途径。

四、提高信息素养及终身学习能力的途径与方法

（一）重视工具型课程的学习

工具类课程与专业课程、人文学科课程共同构成了个人完整的知识结构。这三方面知识的相互渗透，相互影响，是造就高素质人才的基础与条件。

目前，医学院校开设的工具型课程包括计算机基础与应用、文献检索、医学统计学等。其中，计算机知识是基础，检索知识、统计学知识等是在此基础之上的领域应用。这些工具型课程可以帮助我们借助现代信息手段快速而高效地获取所需资料，并从中提取、筛选有价值信息，加以分析、利用，是课程学习及科学研究的好助手。

（二）培养自己的多向性思维

多向性思维是指在考虑问题时从多个角度、多个方面入手，列举可能的解决途径，再从中选取最佳方案的一种思维方法。多向性思维能力是创新能力的一种体现，其对医学生的临床思维方式有重要影响。医生在占有疾病信息及患者信息的基础之上对患者进行的临床决策，往往有多种选择、多个方案，最终的取舍既体现医生能力，又决定患者命运，也是对医学教育质量的检测。医学生在平时的学习及生活中，遇到问题应尽可能考虑多种解决方案，权衡利弊，

有针对性地加以取舍,有意识地培养自己的多向性思维习惯。

多向性思维能力的培养是以人们获取信息的能力为基础的,人只有在全面占有信息的基础上才可能通过多向性思维获取最佳问题解决方案。因此,培养及增强自己的信息素养是提高多向性思维能力的基础。

(三) 培养基于资源的学习探究习惯

在学习过程中,不应局限于课堂内容,还应根据课程的教学目的,有意识地根据自身的特点开展自主学习,拓展课堂知识。对于当代大学生来说,实现课堂知识的拓展可充分利用图书馆、网络等提供大量信息的场所或资源集散地,积极主动地学习,同时,当遇到问题时,不应一味地接受,而是应该通过对信息的多方查找来证实或证伪一些观点或学说,要敢于质疑,同时要为自己的质疑提供足够的证据,通过对有价值信息的筛选与分析来证明自己的质疑有理、有据。

(四) 积极参加信息支撑类实践活动

信息支撑类实践活动是指以信息资源作为重要支撑的实践内容,如论文写作、大学生科技创新活动、课题研究等。这些活动第一步就涉及查阅相关文献,获取文献信息,了解他人的研究内容,从而确定自己的研究主题、研究内容、研究重点等。目前,不少高校有针对大学生的科技创新项目或科技论文征文比赛,常参加此类活动,可以增强自己的信息意识,在信息需求情景下提高自己的信息能力,在利用信息中不断地发现问题、解决问题,并在此过程中不断提高自己的终身学习能力。

(五) 做终身教育的受益者与建设者

质疑、自主学习、多向性思维等真正做起来,还是会遇到不少问题,问题出现后,一方面可以通过资料的查找来获取答案,另一方面,可以向教师、同学、网络等提出问题,在获取答案时不要忘记自己也是信息资源的建设者,懂得信息共享与信息传播的重要性,使自己在当下成为信息的使用者,在今后成为信息的提供者,在享用他人提供的信息的同时,为他人的终身教育提供支持与帮助。

> **思考题**
>
> 1. 什么是信息素养? 结合自己的情况,谈谈信息素养对大学生的学习与工作有哪些影响?
> 2. 翻译以下内容,谈谈你对这段话的看法:
>
>   The dissemination of information enables citizens to participate in life-long learning and education. Information about the world's achievements allows everyone to participate constructively in the development of their own social environment.

(张稚鲲,李文林)

基础篇

第一章 概　述

了解概念是认识事物的起点。本章将首先从基本概念入手，带领大家开始本课程的学习。本章内容主要包括文献、信息、知识、情报等概念及其相互关系，按不同标准划分的不同类型文献，以及不同类型文献的特点、作用及使用范围。

第一节　基本概念

一、信息

（一）什么是信息

"信息"作为一个术语，最早出现于哈特莱（R. V. Hartley）1928年发表的《信息传输》一文中。1948年，申农（Claude Elwood Shannon）从定性和定量两个方面对信息进行了描述，认为信息是人类社会和自然界中需要传递、交换、存储和提取的抽象内容。随着科技的发展，"信息"渐渐成为一个应用范围十分广泛的词语，跨自然科学与社会科学各领域。不同领域的学者对信息概念给出了不同的描述。据称，有关信息的概念目前已在百种以上，多是从不同视角来阐述这一应用范围极广的概念。

信息有广义和狭义之分，广义的概念主要是指我国学者钟义信在《信息科学原理》一书中描述的：信息是事物的运动状态与运动方式，是物质的一种属性。该定义强调信息不是事物本身，而是指由事物发出的，用于体现其存在的信号、消息、指令或数据等所包含的内容。狭义的信息则是指人类感知并加以利用的那一部分，这一含义也是人们日常使用最多的一种。

（二）信息的分类

信息可根据不同的划分标准分为不同类别。比如，从内容上看可分为自然信息与社会信息，从信息的传递方向上看，可分为前馈信息和反馈信息。

自然信息与社会信息：自然界物质运动时会产生各种信息，并通过声音、电波或其他形式表现出来，即自然信息。人类社会活动所产生的信息被称为社会信息，如语言、文字、图像、各种符号、代码，以及非自然的声、乐、波等。

前馈信息与反馈信息：从信息的传递方向来看，信息可分为前馈信息和反馈信息。前者具有预测、计划等作用，是指具有纠错作用的前瞻性信息，它可以修正可能发生的偏差或错误。

后者是指已执行的决策或计划所产生的信息,可帮助调整或完善已经产生的行为,对未来计划或决策具有指导意义。

(三) 信息的特点

1. 物质性

信息不能脱离物质而单独存在,没有物质的运动,就没有信息的产生。

2. 无限性

信息是无穷的,除包括人类的已知世界外,还包括人类尚未知晓的未知世界。而后者容量巨大,是人类探索与发现的主要对象。

3. 共享性

信息不同于物质,这是因为,物质被移动后,原处物质将消失,如同将一件礼物送给他人,自己便不再拥有。而当信息被传递出去之后,原处信息不会因此而消失或减少。

4. 传递性

信息可通过一定的方式在物质间进行传递,信息的传递同样需要能量,但并不遵守能量守恒定律,也就是说,信息在存储或传递过程中可能会削减或丢失。

(四) 信息的作用

申农认为,信息的作用是用来减少随机不确定性的。当人们产生疑惑或遇到问题时,可通过了解相关信息来获取答案,解除疑惑。但在信息呈指数增长的当代,人们常会发现,过多的信息会使人深陷其中,难以取舍,反而使不确定性增加,这种现象被称为信息垃圾效应。因此,在大量信息面前,选择与利用信息的能力显得十分重要。

二、知识

《辞海》(1980年版)对"知识"的定义是:人们在社会实践中积累起来的经验。知识是人们在探索自然、从事社会活动过程中获取的信息,是人们关于自然及社会的认识及经验。知识可以显性地通过一定的物质载体表现出来,也可以隐性地存储于人的头脑中,指导人们的实践活动。

国外有学者将知识分为四类:

Know-what:指人们知道、认识的事实,是知识探索与知识发现的主要内容。

Know-why:关于内在规律方面的知识,是知识研究和知识传承的主要内容。

Know-how:技艺、技能、专有技巧,是知识传承的主要内容。

Know-who:知道掌握知识的人的知识。对该类知识的掌握被认为是人们赢得竞争优势的时代素养。

随着信息量的剧增,如何查找、发现知识成为一种当代人必备的新技能,有人将之称为"Know-where"。

三、文献

文献一词古已有之,朱熹在《四书章句集注》中说:文,典籍也;献,贤也。"文"泛指古代书籍,"贤"指古代贤能、贤德之人,朱熹将记载下来的古代贤人的书籍或记录贤人言谈语录等的物质载体定义为文献。随着时代的发展,文献的概念内涵也在发生变化。国际标准化组织在

《文献信息术语国际标准》(ISO/DIS5217)中对文献的定义是:"在存储、检索、利用或传递记录信息的过程中,可作为一个单元处理的,在载体内、载体上或依附载体而存储有信息或数据的载体。"我国颁布的国家标准《文献著录总则》的定义是:"文献是记录有知识的一切载体"。涵盖所有记录知识内容的载体形式。

四、文献信息

近年来,有学者提出文献信息的概念。该概念是将文献的载体形式与载体上所记录的知识内容区别开来,强调载体上所记录的知识内容及其重要性。

五、情报

情报作为一个概念被提出是在20世纪50年代,是指一种"有用的知识",这种知识具有较强的指向性,通常以满足某一特定群体或个体的特定需求为特征。也就是说,情报是针对特定用户的信息需求而产生的,具有较强的目的性和指向性,由于情报专指针对特定对象的知识传递与知识利用,因此,情报又被称为传递中的知识、激活了的知识。

六、信息、知识、文献、文献信息与情报之间的关系

(一) 知识与信息

作为物质运动状态与运动方式的反映,信息广泛存在于自然界与人类社会,其所涵盖的范围最广,当人们感悟到某种信息并加以处理与利用时,信息就变成为存在人类头脑中的知识,因此,知识是经过用心领悟、加工处理后的信息,是经过人类大脑处理过了的信息。换句话说,源于众多复杂客体的大量信息,只有通过高智能的认知主体,才能真正转化成知识。

(二) 知识与文献

知识可仅存在于人的头脑中,也可以通过物质载体表达出来,当知识被记录在一定的物质载体上加以表达时,就形成了文献。因此,文献是记录知识的载体。

(三) 文献、文献信息与情报

文献与情报关系十分密切。文献是情报的载体之一,是情报的来源之一;情报是文献承载的知识内容之一,是文献发挥实际作用的重要形式。文献通过传递利用转化为情报,情报被记录于物质载体则成为文献。

情报与文献信息均是围绕有价值信息的传递与利用而产生的。只不过,情报并非仅来源于文献,也可以以非载体形式存在,情报是文献信息的一种形式。文献信息是指针对文献中的知识单元进行的加工、整理、传递与利用,是情报的组成部分。

(四) 信息、知识、文献、文献信息与情报

在这几个概念之中,信息的范围最广,既包括人类的已知世界,也包括未知世界。知识是人们感知并加以利用的信息,是信息的一部分。知识涵盖了文献、文献信息和情报。文献是知识传承的主要形式,也是学习和工作主要借鉴的对象。情报作为文献的传递形式,着眼于对文献的利用。文献信息强调文献所记载的知识内容,是情报传递的内容之一。

以往人们考察图书馆的社会价值常以所拥有的藏书量来衡量，在信息时代，图书馆更侧重将文献中所蕴含的文献信息整理、开发，使之转变成情报，传递给不同的使用者，产生更大的社会效益。这种工作在20世纪40年代至50年代被称作文献工作或情报工作，现在被称作信息服务。其实质是一致的，即均致力于知识的传播与利用，在人类文明的传承与发展过程中起重要作用。

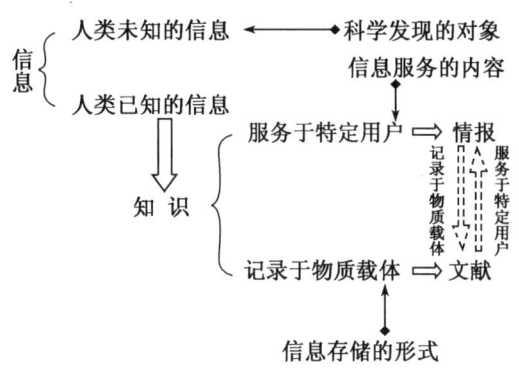

图1-1　信息、知识、文献、情报的相互转化

第二节　文献类型

文献是记录有知识的载体，因此文献首先可以因载体的不同而划分为不同类型。在人类文明的早期，载体主要来自天然存在的、便于记载的物质，且具有表面平整、可以刻写等特点，如石壁、动物骨骼、泥板、竹、木等。受载体形式、数量及刻写方式等的限制，远古时期的文献数量相当有限。纸张的发明为文献载体注入了新的活力。之后，随着人类文明的发展，各种新型载体的问世，记载声音、图像甚至动态画面的文献丰富了人类文明的各个领域。

人们早期记录文献的方式一般是雕刻，之后有书写、印刷、刻录等。随着文献量的不断增多，从文献的利用与再利用的角度出发，根据用途的不同产生了不同加工深度的文献。因此，文献的类型可根据载体的不同、记录方式的不同、用途的不同等划分为多种。

一、文献按载体形式划分

（一）甲骨文献

以动物骨骼作为文献载体。用于记录文献的骨骼多为龟的腹甲或大型动物如牛的肩胛骨等。清光绪年间在河南安阳小屯村出土的甲骨文献是我国现存最早的文献。

（二）金石文献

以石或金属作为载体的文献称为金石文献。最早的文献被认为是距今一万～四万年前的旧石器时代的远古石壁画。之后出现了以青铜器等金属作为载体的文献，比如，记录近500字内容的西周末年的毛公鼎。我国现存最早的气功理论《行气玉佩铭》被认为是战国后期的作品，刻于青玉制成的十二面棱柱体上，每面自上而下阴文篆刻三字，有重文符号，共计四十五字，记述了"行气"要诀。公元175年，蔡邕将《诗》《书》《易》《春秋》等儒家经典刻于石碑上，立于首都太学门前,作为读本供学子学习传抄。

(三) 泥板文献

指以粘土制成的泥板作为载体的文献,主要是两河流域的古代文献载体。比如,记录美索不达米亚最早的苏美尔文明的典籍,包括吉尔迦美什史诗、神话等均是以泥板作为文献载体。从公元前4000年至公元后的若干世纪,波斯、地中海等广大地区一直将泥板文献作为重要的文献类型。即使是在21世纪,仍有少数种族将泥板写作作为学生学习的一个科目。

(四) 简策文献

指以竹、木为载体的文献。由于石、玉、骨等载体受自身品质、形状、获取途径及数量等的限制比较大,对日趋丰富的人类文明的记录能力有限。因此,竹、木越来越普遍地用作文献的载体,成为纸张出现之前应用最为广泛的一种载体形式。将竹或木制成单片,叫简,用绳编扎起来后叫册。蔡邕《独断》中有:策者,简也,众简相连之谓策。简的长短有不同规格,简越长,所记录的文献越重要,如郑玄注《论语》序中有:"易、诗、书、礼、乐、春秋策,皆二尺四寸;孝经谦半之;论语八寸策"。

与中医药有关的简策文献有清光绪年间在新疆及敦煌发掘的两汉时期的《流沙坠简》,记有方技类医方11简;1930年在内蒙古发掘的两汉时期的《居延汉简》,记有伤寒等疾病的治疗及上百名患者的病案;1972年甘肃汉墓出土的木质医简以及1973年出土的马王堆汉墓医学简书等。

(五) 绢帛文献

指以绢帛等织物作为载体的文献。竹、木等载体文献比较笨重,携带不便。古有"学富五车"的成语,其内容未见得多,但载体数量及重量却极其可观。绢帛不仅轻便易书,且长与宽均可根据需要裁剪,十分方便。战国到两晋时期,绢帛文献比较普遍。考古工作也发掘出不少珍贵的医药类文献,如1973年出土的马王堆3号汉墓的医药帛书《五十病方》,是我国现存最早的中医文献。

在纸张出现以前的较长一段时期内,简策文献和绢帛文献并存,两者可合称为简帛文献。

(六) 纸质文献

指以纸张作为载体的文献。有记载表明,三国时期纸质文献就作为文献载体被使用。《蔡伦传》中有:"自古书契,多编以竹简,其用谦帛者谓之纸",谦帛即纸张。早期纸质文献存有不少手抄本。隋唐以降,印刷术的发明及普遍使用使文献的交流与传播更为便利,印刷技术历经油印、铅印、胶印,直至当代的计算机激光排印,刊印效率越来越高,为纸质文献的收藏与传播做出了很大贡献。

(七) 缩微型文献

缩微型文献以胶片等感光材料作为载体。具有体积小、便于携带等优点。可用于中医古代珍本、善本资料的收藏,也可用于医学图谱类资料的载体。

(八) 机读型文献

机读型文献是指通过编码和程序设计将文献转换成计算机可识别的数字化形式存储下来的文献类型。随着现代信息技术的发展，此种文献的存储密度及容量越来越大，智能化程度越来越高，并可以无损耗地被重复利用，其在表现形式及所传达的信息量等方面较其他类型文献有明显优势，且成本更低，因此，成为当代主流文献载体之一。

二、文献按出版形式划分

文献按出版形式可划分为图书、期刊、报纸、会议论文、学位论文、专利文献、政府出版物等。由于会议论文、学位论文、专利文献、政府出版物等的出版与获取途径相对特殊，故也被称为特种文献。

(一) 图书

1. 什么是图书

图书是最早出现的一种文献形式，我国古代的中医学术成果也多以图书形式保存下来。根据《中国大百科全书》，图书是指：用文字、图画或其他符号手写或印刷于纸张等形式载体上并具有相当篇幅的文献。虽然当代的图书载体形式更为多样，但图书还是需要具有相当的篇幅，那么具有多少篇幅才能叫作图书呢？联合国教科文组织规定，除封面外不少于49页的非定期出版物可叫作图书。当然，这种标准仅供参考，图书到底需多少页应依不同时期而定，如我国古代文献，文字十分精练，常常寥寥数字就可表达十分丰富而完整的内容。儒家经典著作《论语》仅万字左右，而现今一篇论文就可能在万字以上，但却不被称为"图书"。故是否为图书应更多地结合出版形式、内容及用途等综合考虑。可以肯定的是，图书为不定期出版物，具有一定的篇幅，其所载的内容具有区别于其他出版物的特点。

2. ISBN

随着人类文明的发展，图书的数量大大增加，使得图书资源国际范围内的交流与共享变得越来越困难。1966年，在西柏林召开的第三届国际图书市场研究与图书贸易合理化会议上，与会者提出制订一种国际通用图书编号系统的想法，其目的是使每一种出版物都有一个唯一的识别号，便于计算机管理及各国间的图书交流。1967年，用于图书识别的ISBN（International Standard Book Number，国际标准图书代码）由英国人福斯特设计并首先在英国试行，1972年被国际标准化组织确定为国际标准。目前，国际ISBN中心设在西柏林，负责世界范围的ISBN编码系统的建设和管理。现已有超过150多个国家和地区出版的图书使用了ISBN编码系统。

我国是世界上最早使用图书统一编码的国家之一。1956年，文化部颁发《全国图书统一编号方案》，国内出版的图书一律使用全国统一书号进行编码。1982年，我国加入ISBN组织，并成立了中国ISBN中心。1986年，我国颁布中国标准书号，用于图书、画片、盲文、缩微、声像、电子类出版物及软件等。原中国国家出版局于1988年1月1日起规定全国所有正式出版物一律使用ISBN编码标识图书，国内统一书号同时停用。至此，ISBN成为我国正式出版图书的唯一身份标识。

2006年12月31日以前，ISBN采用十位编码系统，分四组出现，四组之间以短横连接，分别代表组号（表示国家、地区或语言区）、出版者号（表示特定出版社信息）、书号和检验码。

2007年1月1日以后，ISBN采用13位编码系统，在原组号前加上国际物品编码(EAN)，如978，代表图书。

例：

> ISBN 7-5432-0396-0
> ISBN 978-7-117-22973-9

3. 图书的特点

图书的内容详尽，知识体系完整，是人们系统学习、全面了解某一领域知识内容的主要文献类型。图书内容多严谨、成熟，出版周期较长，往往不能反映某一领域的最新研究进展。因此，在利用时还应注意使用其他类型的文献来弥补图书新颖性的不足。

(二) 期刊

相对于图书，期刊的历史较短，它是伴随着人类文明成果的不断增加及知识更新频率的加快而出现的。世界上最早的期刊被认为是1665年创刊的法国《学者杂志》和英国《哲学汇刊》。最早的中文期刊是由英国传教士马礼逊于1815年在马六甲创办的《察世俗每月统计传》。最早的中医期刊是十八世纪末唐大烈创办并主编的《吴医汇讲》。《吴医汇讲》将当时多个著名医家的论文整理成册，公之于众，已具有期刊的实际意义，对当时中国医学的学术交流产生了积极的影响。

1. 什么是期刊

国家标准《情报与文献工作词汇传统文献》(GB13143—91)中指出，期刊是指有刊名、刊期的相对稳定的连续出版物，每年至少出两期，每期有期号，内容涉及一个或多个专业或学科领域。与图书相比，期刊的出版周期短，信息量大，更新频率快，成为人们了解科研进展、进行学术交流的重要信息源。

2. 期刊标识码

为了有效识别期刊，每种正式出版的期刊均有连续出版物代码，我国期刊编号采用国内期刊编码与国际连续出版物编码并行的方案。国内期刊编码以 CN 开头，后加6位数字(由地区号和期刊序号组成)，分成两组，后再加学科分类号，以斜杠隔开。国际标准连续出版物编码以 ISSN(International Standard Serial Number)开头，后加8位数字，分两组显示。

例：

> CN 32-1561/C
> ISSN 1009-3222

3. 期刊的分类

从创刊的目的来分，期刊可主要分为刊载一次文献的原始期刊和刊载二次文献的工具型刊物。从刊载的内容所涉及的学科来分，期刊可分为学术性期刊、非学术性期刊等。从学术影响力来分，期刊可分为核心期刊、优秀期刊等。从出版的周期来分，期刊可分为旬刊、周刊、半月刊、月刊、双月刊、季刊、半年刊等。

4. 现刊与过刊

一般来说，图书馆将馆藏期刊分两处存放，一处为当年期刊，被称为现刊，为单期散放。一处为非当年期刊,常被称为过刊。过刊按期刊的厚度及出版周期装订成大小、厚薄相当的合订本存放,合订本多附以较硬材质的外封,书脊处有刊名、出版年、卷、期号等信息,方便收藏及查找。

(三)报纸

报纸是指具有固定名称的定期连续出版物,通常为活页式。其出版周期可长可短,有日报,也有周报、旬报、月报,但以日报、周报较为常见。最早的报纸可追溯到两千多年前,是政府发布政令、文告的渠道。如我国唐宋时期有官报或称邸报,清代出现的京报等,可认为是我国报纸的最早雏形。最早的报纸被认为是1566年意大利出版的《威尼斯公报》。最早的中文报纸被认为是1858年创刊的香港《中外新闻》报。报纸刊载的内容以时事、新闻、评述为主,由于出版周期短,所涵盖的信息量相当巨大,是人们了解新政策、新动态,发现新问题、新思想的重要信息源。

报纸有专业性和非专业性之分,如《中国中医药报》,为专业性报纸,是了解中医药领域新政策、新动态、新思想的重要信息源。由于报纸的版式、大小不一,收藏不便,查阅报纸,尤其是回溯以往的报纸资料应主要考虑图书馆及相关数据库资源。

(四)会议文献

广义的会议文献指与会议相关的所有文献形式,日常查找的会议文献常有两类,一是指围绕会议主题撰写的相关研究论文,可以在会议期间用于学术交流,也可以在会议结束后以文集形式出版。另一类以期刊形式出版,收集报道某一领域的会议论文研究进展。会议论文往往是会议代表的一些新思路、新进展、新见解,有些是学者科研工作中的阶段性成果,是了解新进展,启发与开阔思路的重要信息源。

(五)学位论文

学位论文是高等院校或科研机构的毕业生在毕业前提交的学术性论文,是学生学习成果及学习能力的综合体现。目前我国毕业生毕业前需要提交的论文分学士学位论文、硕士学位论文和博士学位论文三个层次。通常所说的学位论文检索主要指硕士论文与博士论文。学位论文具有学术性、专业性强的特点,常涵盖作者的原创知识内容,且参考文献丰富,具有较高的参考价值。

(六)专利文献

专利文献有广义与狭义之分,广义的专利文献包括专利审批过程中所产生的一切文件及出版物,狭义的专利文献通常是指专利说明书。专利说明书是专利发明人或申请人提交给专利局,用以详细说明自己的发明内容及要求保护的技术范围的书面材料。专利文献具有内容新颖、涉及面广、实用性强、描述准确、重复报道等特点,是查找最新科技成果的重要信息源。有关新药研发、医疗技术、医疗器械等均可通过专利文献获取新颖性较高的文献信息。

(七)政府出版物

指由政府机构发布出版的各类文件、出版物等,是查找政策、法规、统计数据等的重要信息源。如世界卫生组织出版的 *Bulletin of WHO*(《世界卫生组织通报》、*Weekly*

Epidemiological Record(《疫情周报》)、*International Digest of Health Legislation*(《国际卫生法规文摘》)、*WHO Drug Information*(《WHO 药物信息》)等,其数据翔实可靠,具有较高的权威性及利用价值。

(八) 标准文献

指各级部门制定的技术标准、技术规格、技术规范等的总称,是某一行业进行规范化行为的重要文件,具有法律效应。如各种临床诊疗标准、疾病防控、药品生产与制备标准等。

标准文献古已有之,在公元前1500年的古埃及纸草文献中即有关于医药处方计量方法的标准,被认为是现存最早的标准。1901年英国成立了第一个全国性标准化机构,同年,世界上第一批国家标准(BS)问世。此后,各国相继建立了全国性标准化机构,出版各自的标准。如:

1. ISO 标准

由国际标准化组织制定的标准。国际标准化组织(International Organization for Standardization,ISO)成立于1947年。ISO来源于希腊语,意为"相等",引申为"标准"。由ISO认证的标准被称为国际标准,其制定或批准的标准具有广泛的国际影响。

2. GB 标准

1957年我国成立国家标准局,次年颁布第一批国家标准,即GB标准。"GB"是"国标"的拼音缩写,出现在国家标准号前。如GB—T 21709.1—2008,是指"针灸技术操作规范.第一部分.艾灸"的国家推荐性标准。

目前,世界上有100多个国家拥有自己的国家标准,因此,有时可以看到针对同一内容的不同国家的标准文献。如针对"体外诊断试验系统糖尿病症管理中自测用血糖监测系统的要求",目前有NF标准(法国标准化协会制定的标准)、"DIN"标准(德国标准化学会制定的标准)、BS标准(英国标准学会制定的标准)、CSA标准(加拿大标准协会制定的标准)等,如"NF S92-026-2004"即为法国对这一内容制定的国家标准。

(九) 科技报告

国家标准《科学技术报告、学位论文和学术论文的编写格式》(GB7713—87)给科技报告的定义是:描述一项科学技术研究的结果或进展或一项技术研制试验和评价的结果;或是论述一项科学技术问题的现状和发展的文件。科技报告可以直接呈报给主管部门,也可以通过专门的学术报告会进行交流,许多科技报告并不公开出版。直接呈报的科技报告可按保密程度分为绝密、秘密、非密级限制发行、解密、非密公开等类型。有些保密报告在一定的历史时期之后解密,可通过一定的途径获取。学术报告会上产生的科技报告主要通过报告现场索取的方式获取,如果该报告可以网络公开,也可以尝试网上获取。科技报告是了解科研动态的重要途径,因此,积极听取学术报告,参与学术交流也是开阔思路、寻求合作、了解领域研究进展的重要途径。

(十) 病例资料

病例资料是医学研究的第一手资料,包括患者的基本信息、病史、治疗方案等。以往的病例资料多为纸质,医院根据本院的病例资料管理办法进行管理。随着计算机、网络技术的发展,医院多采用一体化医院信息管理体系,病例资料的收集与管理逐步数字化、网络化,为提取临床数据、开展科学研究提供了便利。

另外,中医文献中的常见文献类型——病案文献,常是医家对自己多年临证经验的总结,具有较高的利用价值,故平时注意收集、整理自己经手的临床病案,善于总结,对提高医术以及医学学术交流都大有裨益。

三、文献按加工程度划分

文献按加工程度可划分为零次文献、一次文献、二次文献和三次文献。

(一) 零次文献

零次文献有两层含义:① 未公开、未正式报道、未正式出版的知识内容;如手稿、私人笔记、草稿等。② 通过聆听、观摩、交流、讨论等方式获取的知识。以言传耳授的方式进行知识传播古已有之,古代不少医家就是通过这种方式进行学术交流、学习提高的。如明代医家龚廷贤在世 97 年,云游数十载,携父学、己术遨游湖海,涉迹燕、赵、梁、豫之间,行医访贤,以医会友,抛弃门户之见,择善而从,不仅丰富了自己的医疗实践,提高了自己的医技,还广结同行贤才,共论医道,在理论与实践上同时提高。因此,零次文献也是获取知识、增强能力的知识源之一。虽然零次文献分布散在,获取困难,收集整理的难度较大,但常常是十分珍贵而有价值的信息源。

(二) 一次文献

主要指作者的原创成果,包括著作、论文等各种类型的文献。一次文献强调文献的原创性,古代中医药一次文献以图书为主,当代文献中各种类型的一次文献数量均大大增加,在丰富文献资源的同时,也为人们查找及利用这些资源带来不便。

(三) 二次文献

二次文献是伴随着一次文献量的剧增而产生的一种文献类型,其目的是为有信息需求的人提供检索线索,方便对一次文献的查找与利用,因二次文献的主要作用是帮助检索,故又被称为检索工具。

(四) 三次文献

三次文献是在一次和二次文献基础之上产生的,具有较强的参考性、概括性。有的是按一定的知识门类加工整理或序化,以方便对知识内容的学习或查找,如工具书;有的是某一专题的综合、跟踪或评述,如综述。三次文献是查找数据及事实型资料的主要信息源。

四、其他

文献还有其他划分标准,如按传播范围可将文献形象地分为白色文献、灰色文献及黑色文献。颜色越深,透明度越低,意味着获取越来越困难。白色文献主要指采用公知技术公开出版发行的图书、期刊、报纸等,获取途径最为公开;灰色文献常指在一定范围内交流的文献,获取较为困难;黑色文献是指保密程度高的文献,一般除直接参与人员外,很难获取。文献按形成的历史时期可划分为古代文献与现代文献。从撰写时间来看,通常以 1911 年为划分标准,1911 年以前撰写的被称为古代文献,1911 年以后撰写的称为现代文献。

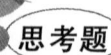

思考题

1. 学习信息的共享性与传递性对日常个人的信息行为有什么实际意义?
2. 了解信息、知识、文献、文献信息、情报之间的关系有什么实际意义?
3. 文献按出版类型可划分为哪些类别,各有什么特点?
4. 学习不同加工程度的文献对自己利用文献有什么实际的价值与意义?

(张稚鲲,李文林)

第二章 检索基础

"检索"即查找。文献作为人类文明成果的知识载体,是人们在学习与研究中主要查找的对象。随着时代的发展,文献量的剧增为人们准确而全面地查找资料带来困难,而将文献进行加工整理,通过一定的方式将之序化,使之便于查找与利用就成为文献信息保障部门的一项重要任务。因此,广义地说,文献检索是指文献的存储与索取的全过程,狭义的概念主要指文献的索取过程。

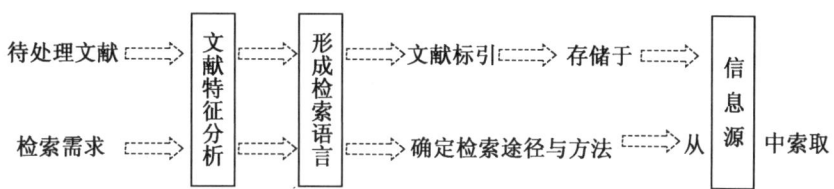

图 2-1 文献存储及文献索取

文献的存储虽与检索者不直接发生关系,但了解存储过程对成功获取资料起事半功倍的作用。这是因为,有效获取信息的前提是熟知知识的组织形式,即知识是通过何种方式被组织和序化的。比如,当我们使用某一数据库来检索资料时,如果了解该库如何标引检索用词,就可以选择与标引词一致性较高的检索语言进行检索,进而提高检索质量和检索效率。

文献检索可根据不同的分类标准分成不同的类型。从所检索的内容来看,检索可分为线索检索与事实检索,查找所需资料线索的过程被称为线索检索,通常借助的是各种检索工具。直接查找问题答案或通过工具书等获取事实、数据、图像、事件经过等的过程为事实检索。如通过字典查找生字、僻字,了解它们的音、义、形等方面信息即为事实检索。

第一节 参考工具与检索工具

参考工具与检索工具是两种不同的工具书,从文献的加工深度来看,参考工具属三次文献,主要用于查考事实型资料,而检索工具属二次文献,主要用于查找资料线索。从创新性的角度来看,参考工具具有累积性创新的特点,而检索工具则是指导人们查找原创性成果的重要工具,是帮助人们了解新进展、新成果的捷径。

一、参考工具

（一）概念

参考工具是进行事实检索的重要工具，是查询某一事物的含义、属性、原理、事实或某一事件发生的时间、地点、过程等的工具书。由于参考工具一般是在全面收集相关资料基础之上的再组织、再综合，故原创特征并不明显，如词典是编者将大量词条进行组织、序化与综合，为需要者提供查询的一种参考工具，所收录词条多不是编者本人的原创，而是从其他信息源中收集整理而来，故参考工具属三次文献的范畴。

（二）参考工具的特点

1. 阅读性不强

参考工具不具有通篇阅读的完整的故事情节，是相对独立的知识单元通过一定的方式组织、序化而成，因此，具有较强的查询性与参考性，阅读性不强。

2. 时效性长

参考工具知识内容相对稳定，常是人们规范使用字、词、术语或借鉴、引用相关条款、政策、内容等的重要参照标准。

（三）参考工具的主要类型

1. 字典

字典的作用是解释文字的音、义、形及用法。东汉许慎的《说文解字》被认为是世界上最早的字典之一，以后历代均有编纂。古代字典可按字义、字的结构、字的音韵分为三种类型。现代字典常根据所收载的内容分为综合性字典和专业性字典。综合性字典所收内容广泛，供一般阅读时参考，常见的如《新华字典》《现代汉语字典》等。专业性字典收录专业领域使用的字，有些字仅在某个专业使用，有些字虽多学科使用，但在不同学科中的意义各不相同，对本专业来说常有特殊含义。因此，在阅读中医药文献时，如遇生字、难字、僻字，需首先考虑中医药类字典，以获取准确字义。

2. 词典

指解释词语含义、用法等的工具书。比如我国古代的《尔雅》，是公元二世纪出现的一部分类词典，也是世界上最早的词典之一。词典也有综合性与专业性之分，综合性词典如《汉语大词典》《辞海》等。专业性词典有《中国医学大辞典》《中医大辞典》等。

3. 百科全书

百科全书也是以词条方式提供词语含义及相关信息的工具书，只不过百科全书对词条的解释更为详尽，常常还记录有相关背景知识及研究进展等，是全面、详细了解某一词条资料的重要参考工具。百科全书按内容可分为以下几种：① 综合性百科全书，汇集各学科知识，如《中国大百科全书》；② 专业性百科全书，针对某一专业领域的术语汇集，如《中国医学百科全书》；③ 专题性百科全书，针对某一专题收编汇辑而成，如《集邮百科全书》；④ 区域性百科全书，针对某一地理区域的知识术语汇集，如《亚洲百科全书》。

4. 年鉴

年鉴是汇辑一年内某一领域或范围内的重要资料的连续出版物，内容涉及政策、时事、科研成果及研究进展、统计数据等。因按年度出版,故名年鉴。年鉴有综合性和专科性之分,前者如《中国百科年鉴》,后者如《中国中医药年鉴》。年鉴可根据年度及时反映所收录范围内的最新信息,具有较高的参考价值。

5. 图谱

图谱是指通过绘制、拍摄等手段,以图形、图像、形象等直观形式反映知识内容的工具书。图谱在医学领域的应用十分普遍。如疾病图谱、舌诊图谱、人体解剖图谱、疾病的地理分布图册等。随着计算机技术的发展,医学领域的图谱向高清晰、多维立体、虚拟仿真等方向发展,成为教学与科研的重要参考工具。

6. 表谱

表谱是指以表格或其他简捷明了的形式,按照一定的顺序记载史实或其他相关信息的参考工具。表谱有多种类型,如用于记载历史朝代、帝王庙号、年号以及古今计时对照等方面信息的纪年表,用于记载人物生平、字号、别号等的人物年谱,用于反映古代职官制度的职官表等。表谱有助于阅读和学习中医古代文献,比如,在阅读清代医家唐笠山所纂辑的《吴医汇讲》时,序中有"乾隆壬子仲秋",查阅纪年表可知,唐氏所指时间为公元 1792 年 8 月。

7. 类书

类书是我国古代分类编纂的一种工具书。类书辑录古代文献中的条文,并以类相聚,加以序化,供所需者查询使用。其优点是免去了查阅者东翻西阅之劳,方便高效。类书有综合性和专科性之分,综合性所辑内容涉及各个学科门类,如唐代的《艺文类聚》、宋代的《太平御览》、明代的《永乐大典》、清代的《古今图书集成》等均为综合性类书。专科性类书专门辑录某一学科门类的资料,如《圣济总录》为方剂类书,《幼幼新书》为儿科类书等,是查找专题资料的重要参考工具。

8. 药典

药典属标准类工具书,一般由政府主持编纂,是国家针对药品规格制定的法规文件。它对具有防治疾病作用的药品和制剂的标准规格和检验方法进行规范,是药品生产、经营、使用和管理的依据,也是临床用药的依据。如《中华人民共和国药典》,是对我国药品质量规格和检验方法所作的技术规定,是药品生产、供应、使用、检验和管理部门必须共同遵守的法定依据,同时也是临床用药、用量等的重要依据。

9. 手册

手册以简明扼要的形式记载了某一知识范围或行业内的实用知识,为各行业从事实践活动提供指导、参考与对照。如临证指南手册类工具书是临床常用的指南性工具书,可以为临床医生提供诊疗方面的参考信息,如某病的处理流程、用药指南等。

10. 教材

教材是具有较好参考价值的工具书。这是因为,教材的编写者多为某一领域的专业人员或教师,专业描述准确,且教材的出版往往经过多道审核程序,其准确性、正确性有较大保障。一些医学类教材,如《希氏内科学》(*Cecil Textbook of Medicine*)、《克氏外科学》(*Textbook of Surgery*)等多年来一直是临床工作者的重要参考工具。

二、检索工具

检索工具是对大量一次文献进行加工、整理、序化后形成的,主要用于帮助检索者快速锁定所需资料的获取线索,属二次文献的范畴。

(一) 检索工具的产生

在人类文明的早期,信息或资源的交流完全是自发的,并没有专门的检索刊物,也没有专门人员对文献进行整理、序化。国外最早具有检索性质的刊物被认为是 1665 年问世的《哲学汇刊》,为英国的一种科学杂志,主要向读者介绍欧洲出版的重要书刊,带有评述性质。1830年,《医药文摘》(又称《药学综览》)问世,它被认为是近现代以来最早的文摘型检索工具。它的出现标志着文献量的增加以及人们对检索工具的需求。

(二) 检索工具的特点

检索工具的特点主要体现在所提供的信息量和检索功能上。检索工具将大量资料收集、整理,提供数倍于原始信息的资源,是密集型信息源。也正因为此,相比于参考工具,检索工具更侧重检索功能的提供,以为检索者提供方便、便捷的检索功能、提供查找线索为要。

(三) 检索工具的类型

1. 按载体的不同

检索工具可按不同的划分标准分为不同的类型,根据载体的不同可分为印刷型检索工具、电子型检索工具及网络检索工具。印刷型检索工具是检索工具编制早期的主要形式,随着现代信息技术的发展,印刷型检索工具逐步退出历史舞台。电子型检索工具常以数据库的形式提供服务。网络检索工具主要指以提供搜索为目的的搜索引擎。

2. 按出版形式的不同

检索工具有定期与非定期之分,前者具有连续报道的特点,后者常围绕某一主题。比如,医史文献学家王吉民先生的《中国医史外文文献索引》(1683～1965)就属于非定期检索工具,是对 1683 至 1965 三百年间国内外书刊上以英、法、德、西、俄等国文字发表的中国医学史方面的文献进行的报道。

3. 按所揭示的内容划分

检索工具按所揭示的内容可划分为目录型、题录或文摘型和索引等。

(1) 目录型检索工具

"目录"一词最早出现于汉代刘向的《别录》中,其中的"目"指篇目,即书名,"录"有记录之义,指将书名一一记下,以供所需者查找、利用。故目录在我国古代也叫书目。古人认为,书目是指导读书门径的重要工具。读书者应通过书目的浏览选择内容好、学术价值高的图书来阅读,而不是不明就里的乱读。因此,我国古代不少书目带有内容提要,称提要式书目。有的提要式书目还附有作者小传或他人对该书的评价等内容,更加利于人们对图书的取舍。

现在,目录型检索工具是指以出版单元为著录内容的检索工具,其所记录的对象不再仅限于图书,也可以是期刊、报纸等其他出版类型的文献,但所记录的内容以提供出版信息(书刊名、主要责任者、主办单位、出版单位等)为主。

(2) 题录或文摘型检索工具

题录型检索工具与文摘型检索工具以出版物所刊载的内容为著录对象。题录型与文摘型的区别在于后者的注录项更为详细,附有摘要,可帮助读者进一步了解文献概况,帮助取舍。

(3) 索引

本段所述之索引是指为提高检索工具的易检性所编制的、用来辅助增强检索功能的工具,常以表达文献特征的检索语言作为编排对象,进行序化处理。在印刷本检索工具中,索引常附于工具书的最后,一些大型工具书的索引也常作为附编单独一册。常见的索引有作者索引、主题索引、分类索引。在医学专业检索工具中,还常常提供病名索引、药名索引等。

表 2-1 目录、题录、文摘与索引

检索工具类型	作用
目录型	揭示出版物自身信息,如图书、期刊的出版信息
题录或文摘型	揭示出版物所载文献的基本信息。如某刊上刊载的具体文献的基本信息
索引	辅助增强检索工具的检索功能。如《中药大辞典》附编中的索引

第二节 检索语言

语言是思想的载体、交流的工具、传播的媒介。语言广泛存在于自然界。动物世界、人类社会等的信息交流均有赖于语言的传递功能。在不同的范围之内,针对不同的对象,语言的表现形式各不相同。人类社会的语言更为丰富,有学术语言、通俗语言、市井俚语,有书面语言、网络语言,有官方语言、民间语言等等。在检索体系中存在着的检索语言是文献信息存储与索取过程中的专用语言。它是检索者与检索系统之间沟通的桥梁。每一种检索系统都采用了特定的检索语言来编制、标记或序化知识,并据此提供检索途径,实施检索过程。可以说,对检索语言的掌握程度直接决定了检索结果的全面性和准确性。

一、检索语言的分类

(一)按人工干涉程度划分的检索语言

检索语言根据人工干涉的程度可分为人工语言与自然语言。人工语言是为达到特定检索目的而人为加以控制的语言,自然语言是指人们日常使用的语言。

(二)根据内容划分的检索语言

检索语言根据所表达的知识内容,可分为描述文献外部特征的检索语言和描述文献内容特征的检索语言。

(三)其他类型的检索语言

检索语言还有其他分类方式,如根据所属学科可将检索语言分为综合性检索语言和专业性检索语言;根据语言的组合使用方式,可将检索语言分为先组式检索语言和后组式检索语言等等。

二、分类检索语言

分类是对资料有序化整理的手段,纵向地看,有人类文明记录以来,不同历史阶段的人们对资料采取了不同的分类手段。横向地看,同一时期,不同学科领域的人们使用不同的分类体系,如专利文献有专利分类体系,图书馆学有图书资料分类体系。本段在纵观我国历代资料分类体系的同时,侧重当代图书资料分类体系的介绍。

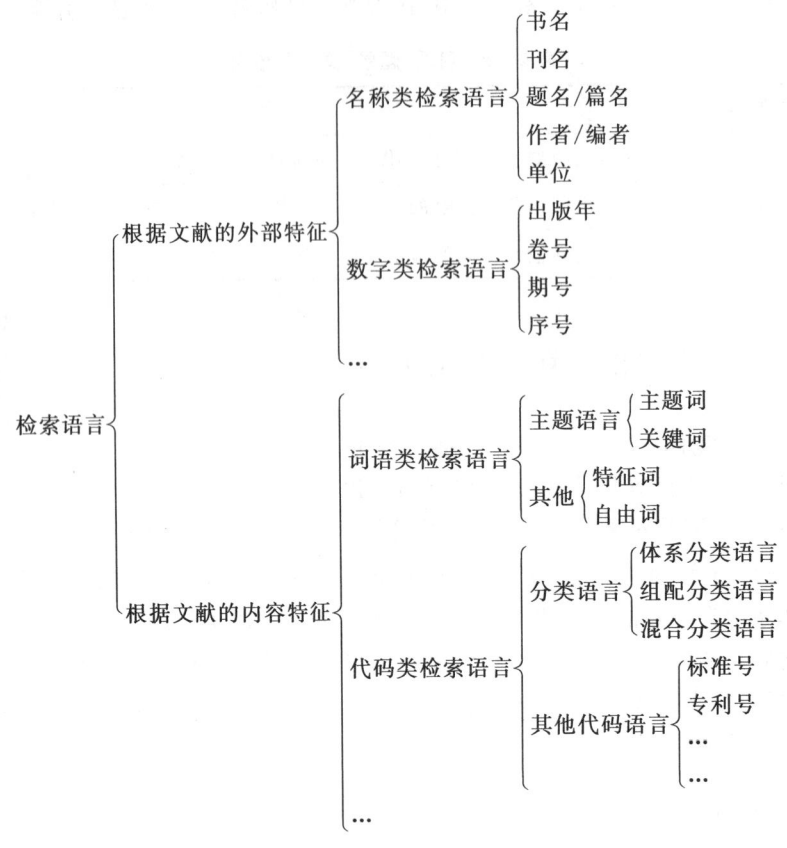

图 2-2 检索语言的分类

(一) 古代分类语言

我国古代的医书或医学检索工具有着自己的分类体系,明确古人对资料的分类方法可以为查找中医古籍文献提供便利,以下为两种较具代表性的古代分类体系。

1. 七分法

东汉刘向父子著《别录》和《七略》,是我国第一个体系完整的提要式分类目录。它将图书分为六大类,三十八个小类,大类叫"略","略"下再分小类,名为"种"。中医方面的资料收集在方技略下。

辑略——为全书的叙录,用来解释"略"和"种"的内容和含义,相当于凡例。

六艺略——下分9种,即:易、书、诗、礼、乐、春秋、论语、孝经、小学。

诸子略——下分10种,即:儒、道、阴阳、法、名、墨、纵横、杂、农、小说。

诗赋略——下分5种,即:屈原赋之属、陆贾赋之属、孙卿赋之属、杂赋、歌诗。

兵书略——下分4种,即:兵权谋、兵形势、兵阴阳、兵技巧。

数术略——下分6种,即:天文、历谱、五行、蓍龟、杂占、形法。

方技略——下分4种,即:医经、经方、房中、神仙。

七分法是我国古代首次出现的以严谨而系统的方式序化图书资料的分类体系。后世西汉班固编撰《汉书·艺文志》，相当于当时的国家图书目录，其对图书资料的分类就是在七分法的基础之上进行的完善。后宋秘书丞王俭也依此编有《七志》，是对七分法的又一贡献。中医类资料集中在"术艺志"下。其所分七大类如下：

经典志：纪六艺、小学、史记、杂传。

诸子志：纪今古诸子。

文翰志：纪诗赋。

军书志：纪兵书。

阴阳志：纪阴阳图纬。

术艺志：纪方技。

图谱志：纪地域及图书。

附：道经、佛经。

2. 四部分类法

晋代以来，学术著述发生了变化，文学和史学典籍大量出现，而兵书、阴阳、数术等典籍相对减少，七分法已不再适用。故晋武帝时期对资料的分类采用了新的方法，晋代荀勖的《中经新簿》和李充的《四部书目》首次将资料分成甲、乙、丙、丁四部，中医类资料集中在"乙部"类下。之后，《隋书·经籍志》首次以经、史、子、集作为四大类的类目名称。

(1) 甲、乙、丙、丁四部分类体系

甲部：六艺、小学。

乙部：古诸子家、近世子家、兵书、兵家、数术。

丙部：史书、旧事、皇览薄、杂事。

丁部：诗赋、图赞等。

李充之《四部书目》与上述分类大体相同，只是调换了"乙部"和"丙部"的顺序。

(2) 经、史、子、集四部分类体系

《隋书·经籍志》是在甲、乙、丙、丁四部分类法的基础之上首次以经、史、子、集作为四大类的类目名称，大类下再分42个小类。这种分类体系一直沿用至清末民初。清代《四库全书总目提要》在经、史、子、集四大类[①]之下分有44小类，各小类又有若干子目，使分类体系进一步得到完善。

经部：收录儒家经典及其研究著作，下分易、书、诗、礼、春秋、孝经、五经总义、四书、乐、小学类。

史部：收录历史及地理。下分正史、编年史、纪年史、纪事本末、别史、杂史、诏令奏议、传记、史抄、载记、时令、地理、职官、政书、目录、史评诸类。

子部：收录诸子百家及释道方面资料，下分儒家、兵家、法家、农家、医家、天文算法、术数、艺术、谱录、杂家(包括墨家)、类书、小说家、释道家、道家诸类。

集部：收录历代作品集，下分楚辞、别集、总集、诗文、词曲诸类。

以上44个类目中，有15个类目下又分小类，称之为属，使分类体系更为细致、完整。比如，医家类下分有内经之属、难经之属、伤寒之属、金匮之属等22个属。由于四库分类法的突出贡献，使其成为我国古代文献的主要分类体系，是现代分类语言出现之前我国应用范围最

---

① 四库出版时以四色代表四类，"读经宜冬，其神专也；读史宜夏，其时久也；读诸子宜秋，其致别也；读诸集宜春，其机畅也"(徐铁猊. 名人与图书馆[M]国家图书馆出版社，2008，11：119)。

广、最有影响的分类语言。

(二) 当代分类语言

当代分类语言是按现代学科体系来序化知识内容的一种检索语言。如果从检索语言的受控程度来分，分类语言属规范的人工语言。分类语言以学科的从属关系来表达概念或术语在学科体系中的位置及与其他概念之间的关系，其所具有的等级结构使其可以根据概念的上下位关系灵活调整检索范围，达到较好的检索效果。当代分类语言可有体系分类语言、组配分类语言、混合式分类语言等的不同。本节主要介绍在我国使用范围最广的《中国图书馆图书分类法》(CLC，中图法)。

《中国图书馆分类法》最早可追溯到20世纪初，随着当时西方文明的引入，西方的图书分类方法也被学者介绍给国内学界。1910年，孙毓修在《教育杂志》上撰文介绍《杜威十进分类法》，之后，陆续出现了一批根据杜威分类法创作的中国图书分类法。其中比较有名的有沈祖荣、胡庆生、杜定友、刘国钧等人编写的图书分类法。其中，刘国钧的《中国图书分类法》成为当代《中国图书馆分类法》的蓝本。

《中国图书馆分类法》于1971年由北京图书馆及全国三十多个单位共同编制而成，1975、1980、1990、1999、2010年分别出版第一、二、三、四、五版。该分类法由编制说明、基本大类表、基本类目表、主表、通用复分表以及单独出版的字顺索引和使用手册组成，设五大部类，22个一级类目，可在线查询(http://www.ztflh.com/)。

部类	类号	类名
指导思想	A	马克思主义、列宁主义、毛泽东思想、邓小平理论
哲学	B	哲学、宗教
社会科学	C	社会科学总论
	D	政治、法律
	E	军事
	F	经济
	G	文化、科学、教育、体育
	H	语言、文字
	I	文学
	J	艺术
	K	历史、地理
自然科学	N	自然科学总论
	O	数理科学与化学
	P	天文学、地球科学
	Q	生物科学
	R	医药、卫生
	S	农业科学
	T	工业科技
	U	交通运输
	V	航空、航天
	X	环境科学、安全科学
	Z	综合性图书

通用复分表①

A	马克思主义、列宁主义、毛泽东思想、邓小平理论			
B	哲学、宗教			
C	社会科学总论			
D	政治、法律			
E	军事			
F	经济			
G	文化、科学、教育、体育			
H	语言、文字			
I	文学			
J	艺术			
K	历史、地理			
N	自然科学总论			
O	数理科学与化学			
P	天文学、地球科学			
Q	生物科学			
R	医药、卫生			
S	农业科学			
T	工业科技			
U	交通运输			
V	航空、航天			
X	环境科学、安全科学			
Z	综合性图书			

R－0 一般理论
R－1 现状与发展
R－3 医学研究方法
R1 预防医学、卫生学
R2 中国医学
R3 基础医学
R4 临床医学
R5 内科学
……
R9 药学

R2-0 中国医学理论
R2-5 中医学丛书、文集、连续出版物
R21 中医预防、卫生学
R22 中医基础理论
R24 中医临床学
R25 中医内科
R26 中医外科
R271 中医妇产科
R272 中医儿科
R273 中医肿瘤科
R274 中医骨伤科
R275 中医皮科
R276 中医五官科
R277 中医其他学科
R278 中医急症学
R28 中药学
R289 方剂学
R29 中国少数民族医学

R241 中医诊断学
R242 中医治疗学
R245 针灸学、针灸疗法
R247 其他疗法
R247.9 中医康复医学
R248 中医护理学
R249 医案、医话（临床经验）

R241.1 脉学
R241.2 四诊
R241.3 八纲辨证
R241.4 病因辨证
R241.5 六经辨证
R241.6 脏腑辨证
R241.7 经络辨证
R241.8 营卫气血和三焦辨证
R241.9 其他诊法

图 2-3　中国图书馆分类法主分表举例

（三）分类语言的检索特点

① 分类语言根据学科对知识进行组织、序化，聚类性较好，便于族性检索。
② 由于概念之间有明确的等级结构，便于上下位概念之间的切换，有利于扩检或缩检。
③ 便于对资料的组织与管理，广泛地应用于图书馆排架、数据库标引等方面。
④ 该语言的使用前提是熟知学科的分类情况，否则，很可能得不到满意的检索结果。
⑤ 体系分类语言的分类体系及具体内容相对稳定，一般每几年或更长时间才更新一次，因此，一些新兴学科暂时无法在体系分类语言中找到自己的位置。
⑥ 体系分类语言根据学科进行分类排序，不利于交叉学科的检索。

（四）体系分类语言的应用

1. 查找图书

- 了解类号或类名，可快速在图书馆相应的位置找到原始文献。
- 通过检索系统查询某类书或刊等的基本信息（如作者、出版者、出版时间等）。
- 通过已知图书书脊上的分类号到该书的物理存放地浏览同类资料。

---

① 复分表：复分表是辅助区分的手段。《中国图书馆分类法》中的复分表包括通用复分表和专类复分表。专类复分表增加对时代、国别、语言等的区分。通用复分表通过规定主分类下的复分表提高类化程度。比如通用复分表中的"-61"指代辞典，那么医学类的主分号"R"与辞典类的复分号"-61"结合后的"R-61"即为医学辞典的分类号。

2. 查找期刊论文
- 了解期刊分类情况后到图书馆期刊室查找相关期刊
- 通过数据库中的类名或类号字段的检索,查找此类别下的相关论文。

三、主题语言

主题语言是指用来表达文献内容主旨的语言,常以概念、术语等具有实际检索意义的词语为表现形式。主题语言按规范的程度可划分为规范语言和非规范语言,规范语言是一种人工语言,又称受控语言。非规范语言又叫自然语言,或称不受控语言。在主题语言中,规范的人工语言与非规范的自然语言的代表分别为关键词和主题词。

(一) 关键词

关键词是指出现在文章篇名、摘要、正文等处,能够表达文献主旨且具有检索实意的自然语言。目前,学术性论文的关键词多由作者本人提供,每篇文章约 3~8 个。作者对关键词的选择不外以下几种情况:

① 从文章篇名中选取
② 从文章篇名、摘要中选取
③ 从文章篇名、摘要、正文中选取
④ 从文章篇名、摘要、正文中选取,并根据文章内容总结

无论哪种形式,作者提供的关键词均是未经规范的自然语言,其特点主要体现在以下几个方面:

① 在内容上表达文章主旨
② 在形式上与正常词形没有差别
③ 检出结果准确性高
④ 存在一词多义、多词一义等自然语言常见的现象
⑤ 选择上带有作者的用词特点,随意性大
⑥ 单独使用容易造成漏检

(二) 主题词

主题词是指能够表达文献主旨的人工语言。主题词首先应具有以下特征:

1. 概念化

主题词多为有检索实意的概念或术语。一般来说,如果检索内容中出现疾病名称、药物名称、学科名称等均可确定为主题词。如检索课题"糖尿病的研究进展",其中"糖尿病"可确定为主题词。

2. 规范化

主题词的规范性体现在两个方面,一是同义规范,即对同义词或近义词等进行规范,使同一含义只能有一个词语指代;一是词义规范,即针对自然语言中存在的一词多义现象进行规范,让一个词仅可指代一种含义。比如,"糖尿病"被规范后,可以有多个相对应的主题词,如"糖尿病,1型""糖尿病,2型"等,这种就是主题词词义规范后产生的结果。

这种经规范后词与词之间的一一对应关系被称为单义性原则。以单义性原则为指导利用规范主题词进行检索准确性较高,检出文献的相关性大。

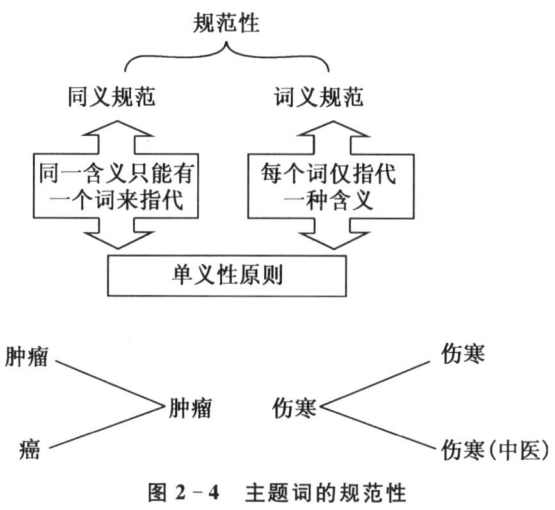

图 2-4 主题词的规范性

3. 组配性

主题词可通过与其他词汇相组配提高查准率,而与副主题词的组配是最常用的一种。副主题词是对主题词的限定与说明,常是指某一主题概念的某个方面。比如,"肿瘤"是一个主题词,那么所涉及的病因、诊断、治疗、并发症等均属于副主题词。副主题词常与特定的主题词组配使用。副主题词是主题词表不可或缺的一部分,因此,了解副主题词的具体信息可以查阅主题词表。

4. 依据词表选词

主题词的选取需要依据主题词表。目前我国医学领域使用的主题词表有美国国立医学图书馆编制的《MeSH》、中国中医科学院编制的《中国中医药主题词表》,前者主要为现代医学词汇,后者还包括中医药专有词汇。

(三) MeSH 词表

MeSH(Medicial Subject Headings)由美国国立医学图书馆编制,起初是为其主编的检索工具《Index Medicus》(IM)提供主题标引而编制的,目前已成为世界范围内使用最为广泛、最具代表性的医学主题词表。该词表每年更新,目前可通过网络在线查阅(http://www.nlm.nih.gov/mesh/MBrowser.html)。

1. 主题词(Subject/Descriptor)的分类编排

① ➕ Anatomy [A]
② ➕ Organisms [B]
③ ➕ Diseases [C]
④ ➕ Chemicals and Drugs [D]
⑤ ➕ Analytical, Diagnostic and Therapeutic Techniques and Equipment [E]
⑥ ➕ Psychiatry and Psychology [F]
⑦ ➕ Phenomena and Processes [G]
⑧ ➕ Disciplines and Occupations [H]
⑨ ➕ Anthropology, Education, Sociology and Social Phenomena [I]
⑩ ➕ Technology, Industry, Agriculture [J]

⑪ ⊞ Humanities [K]
⑫ ⊞ Information Science [L]
⑬ ⊞ Named Groups [M]
⑭ ⊞ Health Care [N]
⑮ ⊞ Publication Characteristics [V]
⑯ ⊞ Geographicals [Z]

MeSH 将所收录的主题词按医学学科分成 16 大类,可通过 MeSH 主页的"navigate from top"从一级类目开始查看。每类下再本着从一般到具体的原则层层细分,末级主题词可分至第九级。检索者可在网上查看每一个检索到的主题词的树形结构,了解词汇的上下位关系,以便于选择最适宜的词汇进行检索。

```
All MeSH Categories
    Analytical Diagnostic and Therapeutic Techniques and Equipment Category
        Therapeutics
            Complementary Therapies
                Acupuncture Therapy
                    Acupuncture Analgesia
                    Acupuncture Ear
                    Electroacupuncture
                    Meridians
                        Acupuncture Points
                    Moxibustion
```

图 2-5 主题词的树状结构

2. 副主题词(Subheadings/Qualifiers)

副主题词也有上、下位关系,以表达更有专指性的下位概念。如果所检索的词汇是副主题词,可通过"NLM MeSH Browser"了解副主题词的详细信息。需要注意的是,MeSH 中没有中医药学相关副主题词。还有些词,比如"diet therapy",既是主题词又是副主题词,使用时应根据需要选择。

Please select a record type from list for term diet therapy:
⊙ **Qualifier**
○ Descriptor
Submit

图 2-6 为"diet therapy"选择主题词或副主题词身份

3. 检索时如何使用

通常情况下,检索者不必单独花时间先查阅主题词表。可以在检索过程中,通过 PubMed 主页的 MeSH 入口或"MeSH Database",在主题词表的引导下选择适用的主题词和副主题词进行检索。详见本书"医药类数据库资源检索"。

(四)《中国中医药学主题词表》

《中国中医药学主题词表》由中国中医研究院中医药信息所编制。《中国中医药学主题词表》借鉴了美国国立医学图书馆编制的 MeSH 词表的传统结构与体例,由字顺表、树状结构表和副主题表三大部分组成:

① 字顺表为词表的主表,表中将主题词按汉语拼音排序,并加以注释。其注释内容与 MeSH 基本相同,包括词条英文名、树状结构号、解释、历史注释、用代参照等。

- Gan huo shang yan
- 肝火上炎
- LIVER FIRE FLAMING-UP
- TC23.10.10.15.25.25.15
- 属实火;属里实;属肝系证候;肝经气火上逆所表现的证候;生理状态下的肝火用肝阳
- 95;1987~1994 肝火亢盛……
- 用肝火亢盛检索 1995 前文献
- C 肝阳上亢
- D 肝火亢盛

② 树状结构采用与 MeSH 词表相应的结构号,只是前冠以"T"以表示该词为中医(Traditional Chinese medicine,TCM)用词。

③ 副主题词表既包括 MeSH 中的副主题词,也有中医药专用的副主题词,如按摩疗法、生产与制备、穴位疗法、针灸疗法、针灸效应、中药疗法(曾用"中医药疗法")、中西医结合疗法、中医病机、中医疗法、气功效应、气功疗法。

表 2-2　主题词与关键词

特点	主题词	关键词
规范程度	规范语言、人工语言	非规范语言、自然语言
每篇文章的标注数量	3~8 个	3~8 个
词形变化	有	无
词意控制	有	无
对检索结果的影响	准确性高、兼顾全面性	准确性高
缺点	需要一定的检索基础	不需要检索基础,但漏检率较主题词高

四、其他类型的检索语言

(一)代码或数字类检索语言

如馆藏代码、文献存取号、化学物质登录号、化学分子式、国际标准图书代码、国际标准连续出版物代码、出版或发表文献的时间、期刊的卷号、期号等属于代码或数字类检索语言。

(二)名称类检索语言

如文献的题名、篇名、书名、刊名、作者名、作者单位名称等属名称类检索语言。

(三) 特征词

特征词是为了提高检索结果的准确性而出现的一种特殊标注的检索词,主要指研究对象。在医学文献中,特征词分两大类,基础研究与临床研究的特征词分别为"动物"和"人类"。"人类"特征词可进行更具专指性的标注,如"男性"、"女性"、"儿童"等。而"动物"类特征词也可进行更具专指性的标注,如"兔"、"大鼠"、"小鼠"等。

(四) 单元词

单元词又叫元词,它可以表现为一个单纯的词语,也可以是一个合成词。单元词是检索词的最小单位,即在概念上不可再分,否则,其所表达的特定含义将发生变化。

第三节 计算机检索技术

文献检索如果按照检索手段来分可分为手工检索和计算机检索。前者主要依赖纸本资源及手工处理进行文献的存储与检索;后者的实质没有发生改变,但文献的载体、存储方式及匹配模式发生了变化,所借助的手段发生了改变。计算机检索是在计算机技术和通信技术发展的基础上建立起来的,现代信息技术成为检索系统发展与完善的重要支撑。

一、概述

人类将计算机用于检索的历史并不漫长,在信息资源还不是很丰富的年代,人们在需要资料时可通过翻阅数量不多的出版物或手工检索工具来实现。但随着信息量的增加,人工手段的资源处理无法跟上呈指数增长的信息,资料的索取变得越来越困难。无限增大的海量信息与人们个性化检索需求之间的矛盾越来越突出,运用现代信息技术提高资源存储与索取的效率就成为必然。纵观计算机检索的发展过程,可将其分为三个阶段:

1. 起步阶段

产生于20世纪50年代的计算机检索系统最早应用于美国军事领域。1954年,世界上第一台计算机文献检索系统在美国海军武器实验站图书馆的一台IBM-701型电子管计算机上实现了。它的出现标志着文献检索领域开创了一个新的时代。

2. 区域发展阶段

自20世纪50年代起,以发达国家为先导的数据机读化进程不断展开。美国是世界上最早从事数据机读化研发的国家,经过近十年的发展,于20世纪60年代完成了多个大型机读化检索系统的建设。日本与西欧的数据机读化进程起步于20世纪60年代末,经过10年的发展,于20世纪70年代基本完成了本国检索系统的机读化建设。我国计算机检索系统的研发开始于20世纪70年代。1975年,我国首次引进国外数据库进行计算机检索的实验研究。1978年,中国科技信息研究所开始试建计算机处理的数据服务系统。1980年,中国建筑技术发展中心等单位通过香港大东电报局与美国Dialog检索系统进行联机,这是我国出现的第一台国际联机检索终端。1984年,北京文献服务处联机信息检索系统建成并开始对外提供服务。其后,化工部信息所、机电部信息所、中国医学科学院信息所等先后开发了自己的计算机检索系统。目前,中医药领域的计算机检索系统已涉及中医药各领域,为中医药研究提供资源保障。

3. 基于网络的全面发展阶段

20世纪80年代中期到90年代后期,随着国际互联网技术的发展,计算机检索系统进入了一个崭新的网上时期。尤其是20世纪90年代推出的 WWW(World Wide Web 的英文首字母缩写,也被称为 Web),由于界面友好,对信息的搜索简单、快捷、方便。一经推出,便受到广泛欢迎。1993年,Web 技术解决了文字显示、图像传输等问题,开启了网络全球普及化进程,至此,信息的传播方式发生了巨大变化,互联网的在线传播模式成为主流。

二、计算机检索系统的服务类型

1. 回溯检索

回溯检索是一种逆时间顺序,追溯查找过去某个时间段文献的检索方法。通过回溯检索,可以全面了解某一主题在过去的某一时间段内的研究、发展概况。如检索"近年来中西医结合治疗糖尿病的研究论文",可将回溯时间确定为5年,检索时即从检索当日向前回溯5年查检。回溯检索可一次性完成检索任务,是最为常用的一种检索类型。

2. 定题检索

定题检索是一种根据服务对象要求检索并传递信息资源的模式。检索行为可以是一次性的,更多情况下是多次完成的,指在某一时间段内跟踪某一专题资料,并不断将更新后的资料提供给使用者的一种检索类型。美国在1950s即出现定题情报检索 SDI(Selective Dissemination of information)系统,其功能就是为用户定期检索和提供一定主题的新到文献。

为方便普通用户对某一专题资料的跟踪,已有不少数据库将定题检索功能嵌入检索系统。检索者先行注册后可将此前的检索策略保存下来,订制定题跟踪。定题检索属数据库的个性化设置,比如 SinoMed 中的"我的空间"、PubMed 中的"My NCBI"等。

三、计算机检索系统的构成

计算机检索系统具有存储和检索两大基本功能,主要由硬件、软件和数据库组成。

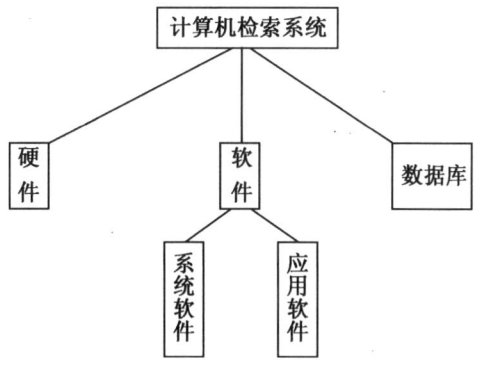

图2-7 计算机检索系统的构成

(一) 硬件

包括主计算机、外围设备、与数据处理和数据传送有关的一些设备。

(二) 软件

1. 系统维护软件

如数据库管理程序、词表管理程序等,以保障检索系统高效运转。

2. 检索软件

用户与系统的界面,其功能强弱直接影响检索效果。可分为指令式、菜单式(Window)、智能接口式等,目前以菜单式最为常用。

(三) 数据库

数据库是指与原始信息有关的机读数据的集合。《信息与文献术语》(GB/T 4894—2009)中对数据库的定义是:用于指定目的或指定数据处理系统的数据的集合。也就是说,数据库是为便于数据的存储与检索,通过一定的方式将大量数据有序地组织在一起,构成的一个完整的数据结构体系。

1. 数据库的数据组织形式

一个数据库中常拥有数以千万计的原始信息,其数据的组织形式为分层管理体系,由文档、记录、字段三个层次构成。

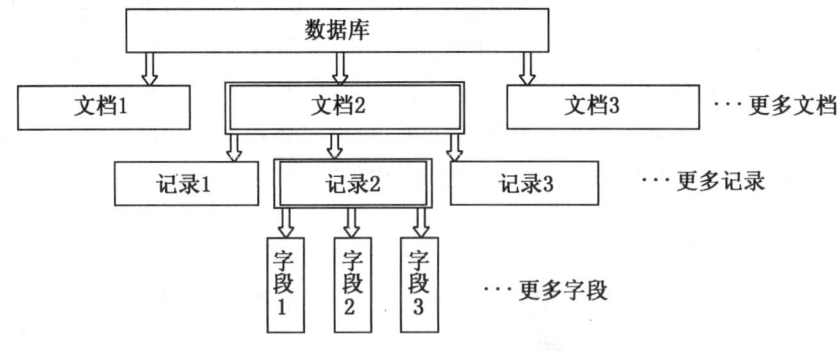

图 2-8 数据库中数据的组织

(1) 文档(file)

数据库常按学科属性或时间等首先将数据划分为若干文档。在数据库中,文档又分顺排文档(Squential File)和倒排文档(Inverted File)。

顺排文档又被称为主文档(Master File),是数据库的主体,组成文档的记录项按存取号从小到大排列,一个存取号对应一个文档,记录之间的逻辑顺序与物理顺序相一致,是一种线性排列的文档。

倒排文档是根据文献特征,将顺排文档中有检索意义的内容进行排序,倒排文档在手工检索工具中又叫索引文档,在计算机检索系统中又叫检索途径,如主题词倒排文档即主题检索途径,作者倒排文档即作者检索途径。

检索时,计算机按输入词的字顺先从指定的倒排文档中找到相匹配的检索词,再根据倒排文档中检索词的存取号到顺排文档中调取完整的数据记录,完成检索过程。

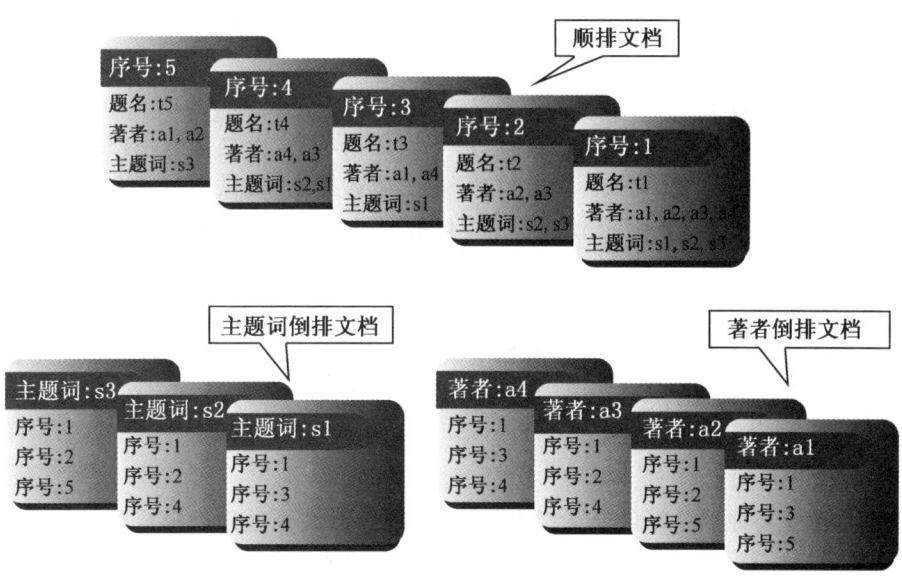

图 2-9 顺排文档与倒排文档

(2) 记录(record)与字段(field)

记录是对文献特征的描述,是构成数据库的信息单元。数据库根据数据类型的不同,其描述对象也不同。如在图书数据库中,一条记录描述的是一本图书的基本信息。在论文数据库中,一条记录描述的是一篇论文的基本信息;在专利数据库中,一条记录描述的是一项专利的基本信息。

字段是指记录所涵盖的信息项,主要包括两个方面:① 反映原始文献的基本信息,如篇目(或书名等)、作者、主题词、关键词等;② 反映原始文献的获取信息,即文献的出处。出处又叫来源,是原始文献的获取地址。对于一篇期刊论文来说,出处至少应包括刊名、刊载时间、卷号、期号、页码等方面信息。如在中国生物医学文献数据库中,其记录的基本格式如图 2-10 所示。

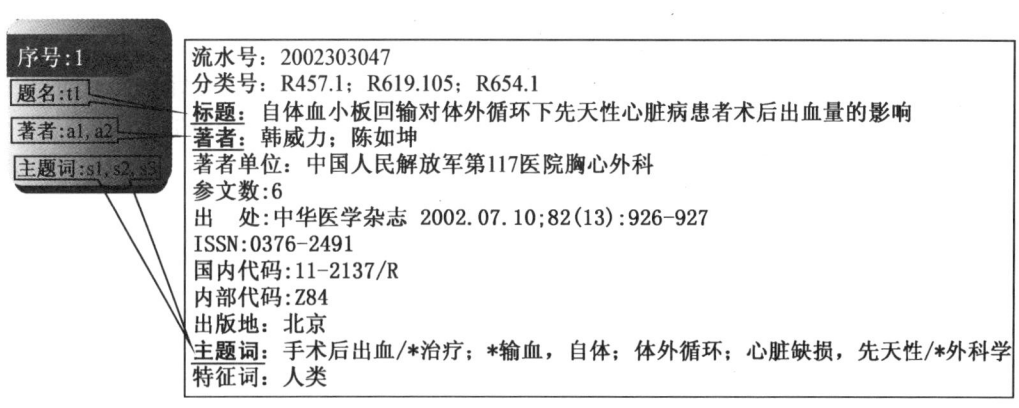

图 2-10 记录及组成记录的字段

2. 数据库的类型

数据库可按不同的划分标准划分为不同的类型,如按数据库的开发者及收录内容来划分,可分为学科型、商业型、政府型等;根据学科来划分,数据库又可分为综合型数据库和专业数据库。如果根据数据库中记录所提供的内容划分,数据库可分为线索检索数据库、事实检索数据库和全文数据库。

(1) 线索检索数据库

线索检索数据库是指数据库所提供的信息不是文献本身,而是指引用户查找到原始文献的线索,故其收录对象为二次文献。主要包括:题录型数据库,提供文献题名、作者、出版等基本信息;② 文摘型数据库,除提供题录外,还提供摘要及其他相关信息。

(2) 事实检索数据库

事实检索数据库是指直接提供问题答案的数据库。事实检索数据库有广义与狭义之分,狭义的主要指查找事实型文献的数据库,如电子版的词典、药典等;广义的包括事实型数据库、数值型数据库、图片型数据库等,如医学领域的诊疗信息、医学影像、疾病图谱、电子版参考工具等均属此类。

(3) 全文数据库

全文数据库是将原始文献的全文作为收录对象,加以编排处理后形成的数据集合。实施检索时,全文数据库首先提供命中文献的线索,在每条线索题录或摘要下建有全文链接,点击后可直接链到原始文献。

四、计算机检索特点

与手工检索相比,计算机检索具有检索速度快、检索途径多、数据更新频率高等优势。但计算机检索也有不足。计算机经过比较与匹配,将与输入词相一致的结果输出,但这种比较与匹配具有机械性,并因此造成误检与漏检。误检是针对检索结果的准确性而言,即检出结果中出现的错误偏差。漏检是针对检索结果的全面性而言,即部分相关文献没有被检出。

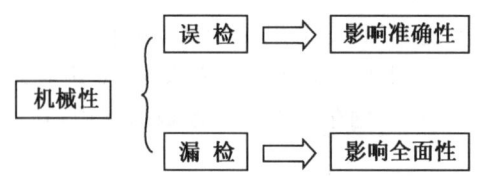

图 2-11 机械性对检出结果的影响

针对计算机检索的机械性对检索质量的影响,计算机检索技术可以有针对性地通过一定的检索策略控制检索结果的全面性和准确性,从而达到提高检索质量的目的。

五、计算机检索技术

计算机检索技术可以使检索者通过扩大或缩小检索范围来调整检索策略,修正及优化检索结果。

(一) 布尔逻辑检索

布尔逻辑检索(Boolean Searching)主要是通过词与词之间关系的组配来控制检索结果的全面性和准确性。布尔是英国的一位数学家,他认为,两两之间的关系主要体现为三类:逻辑与、逻辑或和逻辑非。

1. 逻辑与

"逻辑与"是检索词之间交叉和限定关系的一种组配。表示两个或以上的检索词需同时出现在一篇文章中。如 A 与 B 两个检索词,当使用"逻辑与"将两者组配后,表示在一篇文章中 A 词与 B 词需同时出现。其作用是缩小检索范围,提高查准率。此种逻辑关系在计算机检索系统中常以"AND"、"all of these words"、"并且"、"且"、"二次检索"、"在结果中查找"等按钮或选项表达。

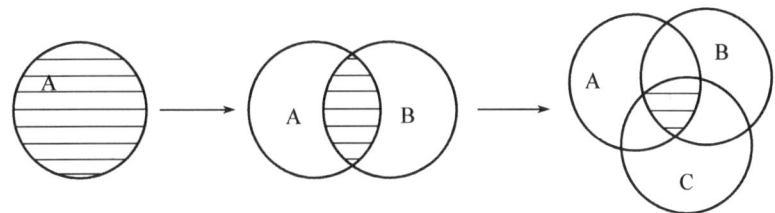

图 2 - 12　逻辑与

2. 逻辑或

"逻辑或"是表示概念之间并列关系的一种组配,常用在同义或相近检索词之间。当两个或以上的词所表达的意义相同或相近而词形不同时,使用"逻辑或"可以提高查检结果的全面性,避免有价值文献的漏检。需满足的条件是,两个或两个以上的词中的任意一个词出现在文献中即为检出结果。其作用是扩大检索范围,提高检索的全面性。此种逻辑关系在计算机检索系统中常以"OR"、"any of these words"、"或"、"或者"等按钮或选项表达。

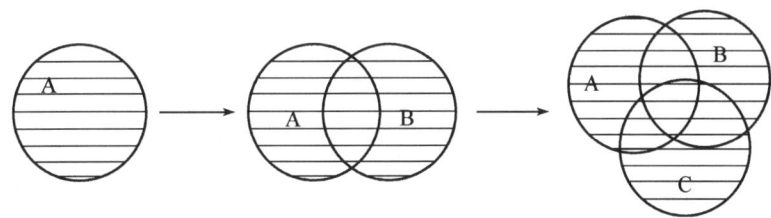

图 2 - 13　逻辑或

3. 逻辑非

"逻辑非"表示不包含关系,即将某些内容从检索范围中去除。其作用是缩小检索范围,提高检出结果的准确率。此种逻辑关系在计算机检索系统中以"NOT"、"and not"、"none of these words"、"非"、"不包含"等按钮或选项表达。

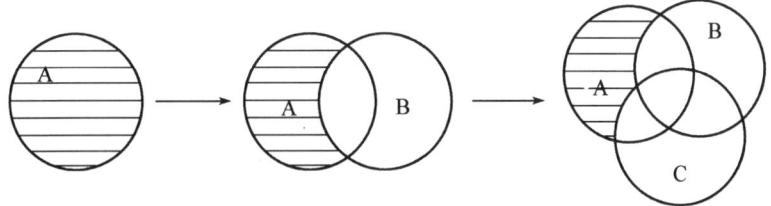

图 2 - 14　逻辑非

(二) 嵌套检索

嵌套检索是指通过运算优先权将含有多种逻辑关系的检索词按一定顺序相互嵌套,进行组配检索的技术。在不同的数据库中,逻辑与、逻辑或、逻辑非三种逻辑关系的运算优先顺序并不完全一致,有的按()＞NOT＞AND＞OR 的顺序运算,也有些数据库是按输入词的先后顺序从左向右或从上向下运算,因此,检索者应注意了解所使用数据库的帮助文件,了解其运算的优先顺序。但无论哪种方式,括号内均为优先运算的内容。例如,检索正清风痛宁治疗类风湿性关节炎方面的资料,则需要用到两种逻辑关系,如:

(痹证 OR 类风湿性关节炎)AND 正清风痛宁

计算机会根据嵌套检索的运算顺序,先运算括号内的两个检索词,再将检出的结果与"正清风痛宁"进行"逻辑与"的运算。

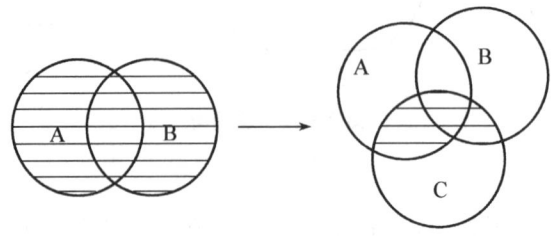

图 2-15　嵌套检索

(三) 截词检索

截词检索(truncation searching)是指利用截词符来代替部分检索词成分的检索技术。这种检索技术的作用是扩大检索范围,提高查全率。

① 根据截词符的不同,截词检索可分为有限截词和无限截词检索。

表 2-3　有限截词和无限截词

分类标准	类别	符号	含义
根据所使用符号的不同	有限截词	?	一个"?"可代替一个字符
	无限截词	*	一个"*"可代替若干个字符

例如,输入"medic??",可检出前方同为"medic"而后缀小于等于两个字符的单词。因此,检出结果中可出现 medical、medicus 等,但不会出现 medicine。如果输入"medic*",则可检出所有前方为"medic"的单词,如 medicine、medical、medicus 等。

② 根据截词符在检索词中所处的位置,可将截词检索分为前截断、中截断和后截断。

表 2-4　前截断、中截断和后截断

分类标准	类别	符号		含义
根据截词符所处的位置	前截断	?	*	截词符置于词的前方,保持词语后方一致
	中截断	?	*	截词符置于词的中间,保持词语中间一致
	后截断	?	*	截词符置于词的后方,保持词语前方一致

(四) 限定检索

限定检索(limit searching)是指将检索词限定在一定的字段之内,比如将检索词限定在作者、刊名、时间、特征词、文献类型等字段,以提高查准率。

在数据库的字段限定检索中,有精确和模糊两种匹配模式。前者是一种相等关系的检索,后者是一种包含关系的检索。精确匹配可以缩小检索范围,进一步提高准确性。模糊匹配则可扩大检索范围,保证特定字段检索时较好的全面性。在实际检索过程中,应根据需要选择相应的匹配模式。

(五)加权检索

加权检索(weight searching)是利用定量检索技术命中密切相关文献的一种检索技术。其作用是缩小检索范围,提高查准率。在数据库检索的默认状态,为全面性考虑,加权检索选项为非勾选状态,用户需要时可自行勾选相关选项,以提高检索结果的准确性。

(六)扩展检索

扩展检索主要针对规范语言,是根据规范语言的上、下位关系来扩大检索范围的一种检索技术。比如,主题词的扩展检索是指将该词及其下位词一并检出,而分类检索的扩展检索是指将某类及其下位类一并检出。

(七)自动匹配技术

自动匹配技术是指计算机将用户的输入词按一定的顺序与系统的各种词表词汇进行自动比对、匹配,以达到规范检索用词的目的。这一技术实际上是将检索词的规范性管理由数据库前台转向后台,由客户端转向系统内部。这种技术一方面提高了用户检索词输入的自由度,另一方面规范了检索词汇,提高了检索效率。如美国国立医学图书馆的 PubMed 数据库的"Automatic Term Mapping"即是这种检索技术的体现。

(八)其他检索技术

在一些国外数据库的检索中,还涉及其他一些计算机检索技术,如 Position Operators Search(位置检索)、Case Sensitive(区分大小写)等。

① Position Operators Search:这是一种利用位置符对词与词之间的逻辑关系及相对位置进行规定的检索技术。常用的位置符有"WITH"、"NEAR"、"N""ADJ"、"PRE"、"SAME""field"等,用于表达词与词之间的位置。值得注意的是,这些位置符在不同的检索系统中的表达及使用方法并不完全相同。因此,在使用时,可先行了解相应数据库的帮助文件,了解其所支持的位置符及具体使用方法后再使用。

② Case Sensitive:区分大小写可以提高检索结果的准确性。常见于网络检索系统,如对于支持该技术的检索系统来说,输入"Web"和输入"web"检出的结果就存在差异,前者指网络或因特网,而后者指蜘蛛网。

第四节 网络检索基础知识

因特网是一个全球范围内的节点式网络系统,为促进各地区、各国间的信息交流提供了便利。本节主要介绍因特网的起源与发展、网络检索工具等方面的基础知识,具体的网络资源参见本书"网络信息资源检索"部分。

一、因特网的起源与发展

因特网最早起源于美国。1969年,美国国防部高级研究计划署(Advanced Research Project Agency, ARPA)建立了一个实验性网络(ARPANet),其目的是研制能够经得起故障考验的计算机网络,以支持国防建设。ARPANet最初只有4个节点,分别连接美国西部的四所大学,即加利福尼亚大学洛杉矶分校、加利福尼亚大学圣巴巴拉分校、斯坦福研究所和犹他州立大学。1983年,ARPANet被分为军方网(MILNet)和非军方网(ARPANet),两个网络之间可以互联,实现资源共享,后者最终发展成为因特网。ARPA的关键在于将不同的局域网(LAN)与广域网(WAN)互相连接,并开发了TCP/IP网络控制协议。

20世纪80年代,计算机局域网与广域网发展迅速,美国国家科学基金会(National Science Foundation, NSF)意识到因特网对科学研究的重要性,决定出资发展因特网和TCP/IP技术,并于1985年建立了连接五大超级计算机中心的计算机网络NSFNet,即美国科学技术网。所连接的五大超级计算机中心分别设在普林斯顿大学、卡内基·梅隆大学、加利福尼亚大学、伊利诺伊大学和康乃尔大学。由于NSF的资助,许多大学、政府科研机构及私营机构纷纷将自己的局域网接入NSFNet,并向教学科研机构开放,成为主要用于教育和科研的网络,进入了以资源共享为中心的实用服务阶段。但随着用户数的剧增,NSFNet的通讯能力很快饱和,于是NSF决定建立基于自己的IP协议来适应网络发展的需要,从而使NSFNet最终取代ARPNet,成为目前覆盖全球的因特网。

1992年,WWW(World Wide Web)服务器的出现使因特网的发展更上一层楼,其友好的界面加上微软的视窗系统,使因特网迅速普及,走入千家万户。

目前,新技术支撑下的网络服务系统正在远程医学、远程教育、数字图书馆、虚拟实验室等方面发挥更大的作用。

二、相关概念

(一) 浏览器

浏览器为浏览Web页面的客户端应用程序。通过它,人们可以远程访问网络上的各个节点资源。浏览器由不同公司开发,IE、360、猎豹、火狐、google chrome等均是目前较常见的浏览器。

(二) 网络文本阅读器

目前,网络文本最常用的阅读器为Acrobat Reader,其文件存储后为PDF格式文档。Acrobat Reader为Adobe公司出品的PDF(Portable Document Format)文件阅读工具,借助它可以方便地阅读、下载、打印PDF文档。

PDF文档的优点是独立性强,不依赖于硬件、操作系统和创建文档的应用程序。这一特点使之成为网上电子文档发行和数字化信息传播的理想文档格式。目前,PDF文档广泛应用于电子图书、全文数据库、产品说明、网络资料等的存储。

(三) 网络检索工具——搜索引擎

人们常把传统意义上利用手工进行检索的工具称为检索工具,把利用数据库进行检索的工具称为题录数据库、文献数据库或书目数据库,而利用因特网检索的工具则被称为搜索引擎(Search Engine)。搜索引擎可按不同的标准划分为不同的类型。

1. 根据信息采集与内容组织方式

搜索引擎根据信息采集与内容组织方式的不同,可分为词语型搜索引擎、主题目录型搜索引擎。

词语型搜索引擎又叫全文搜索引擎。其工作原理为,利用搜索软件定期对网络资源进行搜索,然后对搜索到的资源的全文进行词语扫描,按词频或其他方式进行自动排序,从而形成一个庞大的信息数据库,并不断更新。用户输入检索词后,数据库将与这些检索词相关的网页地址的超链接信息返回给用户。这种方式的特点是人工干涉少,所抓取的数据庞大。

主题目录型搜索引擎的工作原理是,将网上抓取到的信息按内容划分为不同主题的大类,再将大类细分为更具专指性的小类,最终建成一个具有多级分层目录的树状结构体系。检索时,检索者通过点击顶层目录,即可逐层展开,直至查询到所需信息。

2. 根据搜索的范围

根据所搜索的范围,搜索引擎可分为独立搜索引擎和元搜索引擎。前者指利用某一特定搜索引擎进行搜索,后者也被称为搜索引擎的搜索引擎,其特点是将多个搜索引擎的搜索结果反馈给检索者,其自身并不建立查询数据库。

3. 根据搜索到的内容

搜索引擎可按检索内容分为综合性搜索引擎和专业性搜索引擎。前者如谷歌、百度等,搜索内容涉及面广;后者仅针对某一领域,如医学专业搜索引擎 MEDICAL MATRIX 等。

(四)网络搜索技术

本段主要介绍互联网搜索时用于控制检索结果准确性和全面性的常用搜索技术。

1. 布尔逻辑检索

布尔逻辑检索是使用范围最为广泛的一种检索技术。通常,使用搜索引擎进行检索,逻辑"与"以空格表达,逻辑"或"以"|"表达,逻辑"非"以减号表达。如输入"xxx - xxx",即要求搜索结果中不含减号后面的检索词。注意:前一个检索词和减号之间必须有空格,否则,减号会失去语法功能,被当成连字符处理。有些搜索引擎可以根据需要同时排除任意多个字词,只需在每个需排除的字词前面都加上减号。

2. 截词检索

有些搜索引擎可在查询时使用截词符" * "以指代任意字词。例如,搜索[Google *]会获得关于若干 Google 产品的搜索结果,但" * "只能代表某个单词,不能指代单词的一部分。

3. intitle

指把搜索范围限定在网页标题中,如"intitle:xxx"指搜索标题中含有检索词"xxx"的网页。有些搜索引擎还可使用"all intitle",指将两个及以上的检索词限定在标题中。

4. site

把搜索范围限定在特定站点中,以提高准确性。使用的方式是在检索词后加上"site:站点域名"。注意:"site:"后面跟的站点域名不要带"http://";另外,"site:"和站点名之间不要有空格。

5. inurl

把搜索范围限定在 URL 链接中。实现的方式是"inurl:xxx","xxx"是需要在 url 中出现的检索词。例如,查询有关运动营养方面的信息,输入"inurl:yundongyingyang",则yundongyingyang 必须出现在网页 url 中。注意:"inurl:"和后面所跟的关键词 xxx 之间不要有空格。

6. 双引号("")

使用双引号可以对搜索的关键词做精确匹配。比如,当检索词较长时,搜索引擎可能会对其进行拆分。如果不希望拆分,可以加上双引号。例如,查询北京中医药大学,如果不加双引号,查询词可能会被拆分为几个部分;而输入"北京中医药大学"时,双引号内的词是一个整体。

7. 书名号(《》)

使用书名号是百度独有的查询语法,在一般搜索引擎中,检索时书名号会被忽略。百度中,加上书名号的检索词有两层特殊功能,一是书名号会出现在搜索结果中,二是被书名号括起来的内容,不会被拆分。

8. 文档类型查找

很多有价值的资料,在互联网上并非是普通的网页,而是以不同的文件格式存在。要搜索某类文档,可在检索词后面输入"Filetype:文件类型",文件类型可以是:DOC、XLS、PPT、PDF、RTF 等。比如,想了解某一主题的文本资料,可输入"filetype:pdf",这也是一种查找网络免费全文的方法。

第五节 检索策略与检索途径

检索策略是为达到某一检索目的而制订的检索方案。包括分析检索课题、明确检索目的、提炼检索语言、确定检索范围、选择检索工具/数据库、确定检索途径、实施检索过程、检索结果的调整与修正等。

一、分析检索课题、明确检索目的

在实施检索之前,第一步首先要对需检索课题进行全面而细致的分析。我国古代即有"开题"、"发题"之说,最早指佛家在讲经时,首先解释题目,以明确主题,了解内容实质。检索资料也是如此,在开始一项检索任务之初,对检索课题的分析有助于明确检索目的、锁定检索目标、圈划检索范围、提炼及优选检索词,对检索实践起事半功倍的作用。

二、选择信息源

信息源包括检索工具、数据库等各种载体的资源。根据待检索课题的内容、范围以及各种信息源的收录特点选择适合的信息源。检索新进展可主要选用论文、会议等检索系统。检索新技术、新材料、新药等可以首先考虑专利文献数据库。检索贯穿古今的详细资料首先考虑图书相关数据库。查找中药基源、功效、主治等可以考虑选用事实型数据库或词典类工具书。查找统计数据可以考虑政府出版物、年鉴等。总之,对信息源的选择一是要建立在明确的检索需求的基础上,二是要对不同类型文献的特点及作用有所了解(参见本教材概述文献类型部分),才可有针对性地选择利用。

三、提炼检索语言

根据待检索课题的特点提炼检索语言,将自己想查找的主题精炼成具体的检索词。一般是从自己已掌握或熟悉的内容入手,并根据不同检索语言的特点选择不同的检索途径。比如,想查找某一类资料又没有十分明确而具体的检索词的情况下,可提炼分类词或分类号,通过分类语言进行检索。如果待检索课题具有专指性特征,可提炼主题概念,通过主题语言进行检索。想查找并购买图书,可以考虑将与图书出版关系比较密切的代码类检索语言 ISBN 号作为检索词。

初步检索时应首先考虑全面性,因此,检索语言的提炼应本着全面、细致地反映课题内容的宗旨,对同一内容的多种表达方式尽量收集、整理。如中西医病名、一种药物的多个名称,在使用外文数据库检索中药或方剂时应将可以找到的拼音名称、英文名称、拉丁名称、日文名称等均列为检索词。

四、选择适合的检索途径

常用的检索途径有主题检索、分类检索、名称检索(包括作者、书名、篇名、期刊名、单位名称等)、代码检索等。主题途径适用于专指性较强的检索课题,分类检索途径的优势在于按类查找,在具体词语表达不全面、不清晰的情况下,按类查找是不错的选择。在检索实践中,应尽量使用多种检索途径及方法,以达到优势互补的目的。

(一) 主题检索途径

广义的主题检索途径包括关键词、主题词等规范及非规范语言的检索。狭义的主题检索途径主要是指通过规范语言主题词进行资料的查找。有些数据库有专门的主题检索界面,比如 PubMed、SinoMed,可以通过检索导航选择主题词、副主题词进行检索。

(二) 分类检索途径

分类检索途径是通过分类语言入口进行检索的一种方式。检索者可根据分类语言中不同学科的分类号或分类词的提示找到所需资料,具有分类检索功能的数据库多提供分类导航,帮助检索者了解学科分类的具体情况,以方便选择分类号或分类词,实施检索过程。

(三) 名称检索途径

名称检索主要通过著者、单位、刊名、书名、篇名等检索入口进行资料的检索。

1. 著者检索

作者检索是了解个人或团体的研究领域、研究内容及研究特长的重要途径。通过著者检索,可以跟踪某位著者或某个研究团队的研究进展,为检索者提供了解、合作、共同开发等同行信息。

2. 单位检索

单位检索是对研究个人或研究团队所属机构的检索。是了解某一机构学术研究领域、学术价值、学术影响力等的重要途径。单位检索还常与著者检索相结合,来解决同名作者问题。

3. 期刊检索

期刊检索途径不仅可以查找某一特定期刊上发表的论文,还可以了解某刊的创刊、更名、收录特点、期刊价值、出版发行、国际或国内期刊代码等方面信息,辅助检索者判断某刊的学术地位及学术价值,对检索者选择论文投稿单位有一定的参考价值。

4. 书名、篇名检索

是指通过图书名称或论文篇名来检索资料的一种途径。书名检索最常见于各图书馆的书目查询系统,常支持截词检索技术,即通过书名的前方、中间、后方一致等匹配查找某一特定图书。篇名或题名在检索论文数据库时也比较常见,这种检索可通过精确匹配或模糊匹配等方式扩大或缩小检索范围,一般来说,通过篇名或题名检索出的资料,其检出结果的相关性较高,但使用不当易造成漏检,在检出结果较少时应结合其他检索途径。

(四) 代码检索途径

代码检索途径是代码类语言提供的一种十分实用的检索途径,如国际标准书号、国际连续出版物代码、专利号、标准号、文摘号等。

五、构建检索表达式

检索表达式是对检索过程的记录,包括所选择的检索词、检索途径以用检索技术等。在不同的数据库中,检索表达式的表达方式有所不同。多数数据库在其检索历史中记录检索表达式。一般来说,表达式应由检索词、检索入口、匹配模式、组配模式等部分组成。

(一) 输入词与检索入口

输入词即检索词。检索入口即检索项,有些检索项就是检索途径,如著者途径的检索入口为"作者",期刊检索的入口为"刊名"。检索词与检索入口一定要相匹配,否则,可能影响检索结果。例如,检索王平发表在《中医杂志》上的文献,则该检索课题的表达式可写成:

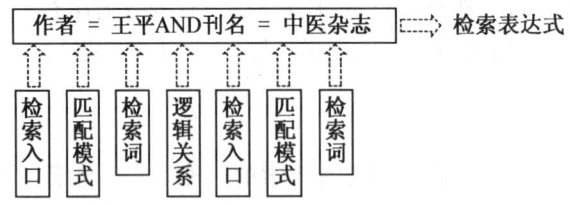

图 2-16 检索表达式

在一些数据库的默认界面,其检索入口常是多个字段的组合检索,此时,应了解其所包含的具体字段,以便有针对性地输入检索词。比如,在中国生物医学文献数据库中,默认字段为"篇名""摘要""主题词""关键词""刊名"的组合检索,如果在这一检索入口下输入作者名,则无法检出结果。

(二) 匹配模式

匹配模式有精确与模糊两种。前者是相等关系的检索,后者是包含关系的检索。一般来说,可以用"="来表达精确匹配模式,用":"或"in"表达模糊匹配模式。如,检索作者王平发表的文章,精确检索可以用"作者=王平"来表达,而模糊检索可以用"作者:王平"或"王平 in 作者"或"王平 in AU"来表达。上例中的作者及刊名检索均使用的是精确匹配,故均以"="来表达。

需注意的是,不同数据库中,匹配模式的表达并不完全相同,在使用具体数据库时,应通过该库的检索历史了解其匹配模式的具体表达方法。

(三) 组配模式

组配模式是指两个或以上的检索词通过一定的逻辑关系进行运算。比如上例中,检索作者的结果和检索期刊的结果通过"逻辑与"的关系进行了组配检索,以"AND"表示。

六、实施检索

以上检索途径在数据库中的实现方式主要有字段检索界面和导航式检索界面。

字段是用来描述文献外部特征和内容特征的信息项,是数据库为检索语言设置的检索入口。根据检索词的不同选择不同的字段进行检索是数据库最为常见的检索途径。

导航式检索界面通常是针对人工语言,如主题词、分类词等,在主题词或分类词表的支持下按步骤完成检索过程。

字段检索
示例(2-2)

导航式检索
示例(2-3)

七、检索结果的调整与修正

一般来说,要想得到满意的检索结果,常常需要对检索策略进行多次的调整与修正,以减少检索偏差。

(一) 检索偏差

检索偏差主要从全面性和准确性两个方面来考查。用于衡量准确性和全面性的指标分别为查准率(Precision Ratio)和查全率(Recall Ratio)。前者是对所需文献被检出的量度,后者是衡量检索系统拒绝非相关文献的能力。其相应的计算公式为:

$$查准率(P) = a/(a+b) \times 100\%$$
$$查全率(R) = a/(a+c) \times 100\%$$

a:被检出的相关文献;b:被检出的非相关文献;c:未被检出的所需文献

查准率与查全率存在逆相关关系,即当查准率与查全率处于某一比例关系时,查准率的提高需要牺牲一定的查全率,而查全率的提高也可能牺牲一定的查准率。从目前的检索技术来说,要求每次检索结果的查准率和查全率同时达到百分之百并不现实。

误检率与漏检率是另一组了解检索偏差的衡量标准,误检影响检索结果的准确性,而漏检影响检索结果的全面性,其相应的计算公式为:

$$误检率 = b/(a+b) \times 100\%$$
$$漏检率 = c/(a+c) \times 100\%$$

a:被检出的相关文献;b:被检出的非相关文献;c:未被检出的所需文献

查准率和查全率、误检率和漏检率是两组从不同角度揭示检索质量偏差的数据,可认为,误检率是查准率的补数,漏检率是查全率的补数。

(二) 提高检索结果全面性的方法与途径

当检出结果过少时,可考虑通过以下方式扩大检索范围,提高查全率。

1. 对检索词的再提炼

① 考虑检索词的同义词、近义词、异形同义词、不同语种的表述以及有无缩写等。

② 考虑主题概念在学科中的上、下位关系,是否使用上位词来扩大检索范围。

③ 考虑检索词的体系分类情况,是否可使用上一级类目进行查检。

④ 注重使用扩大检索范围的检索技术。比如逻辑或、截词检索、扩展检索等。

2. 对检索的范围进行调整

① 扩大信息源的种类:比如,所选用的检索系统是否比较单一,是否遗漏了比较重要的数据库或资料来源。

② 扩大文献类型。比如,想详细了解某一主题的资料,却只考虑了论文而忽略了图书。

③ 扩大检索的年限跨度:如检索相关主题的进展,如果初次选择年限为两年,可在不影响检索需求的情况下适当扩大时间跨度,对于一些中医特色鲜明的检索课题,文献的时效性较长,资源相对稳定,年限的适当扩大有助于全面地获取相关资料。

(三) 提高检索结果准确性的方法与途径

当检出结果过多时,可考虑通过缩小检索范围来提高查准率。

1. 对检索词的再提炼

① 考虑有无比检索词更具专指性的词汇。

② 考虑主题概念在学科中的上、下位关系,是否使用下位词以缩小检索范围。

③ 考虑检索词的体系分类情况,是否使用下一级类目进行查检。

④ 注重限定检索等用来缩小检索范围,提高专指性的检索技术的使用。

2. 对检索的范围进行调整

① 调整检索课题,考虑是否所定的检索课题题目太大,范围太过宽泛。

② 根据课题需要,适当缩小检索的年限跨度。

③ 运用限定检索,对文献类型、作者、期刊类型、研究对象(特征词)、语种等进行限定。

④ 运用数据库的精练检索,对学科范围等进行限定。

思考题

1. 参考工具与检索工具的主要区别有哪些?

2. 简述分类语言与主题语言各自的优势与不足。

3. 请用自己的语言谈谈数据库中的顺排文档和倒排文档,它们与我们检索资料有什么关系?

4. 用来提高查全率的计算机检索技术有哪些?用来提高查准率的计算机检索技术有哪些?

(张稚鲲,李文林)

资源篇

第三章　中医药事实型资料的检索

所谓事实就是事物的本来状态,从字词的角度来说,就是对字词的音、义、形等的反映,对于中药来说,就是对药物的基源、性味归经、功效主治等的反映;对于方剂来说,就是对方剂的组成、方源、功效主治等的反映。对这些资料的查找可以利用纸质出版物,也可以使用在线工具。

第一节　中医药术语检索

我们在学习、阅读中医著作时,尤其是涉及古典医籍时,常会遇到较为生僻的字、词,影响对文献内容的理解与掌握。此时,可利用字典、词典、词释、百科全书等工具书来帮助了解字词含义,辅助阅读。

查找中医字、词的音、义、形等的工具书主要有字释、词释、字典、词典、百科全书等。

一、字释、词释

字释是对字进行的解释,词释是对词的解释,比如对中医文献中涉及的难字、病名、术语等的解释,相当于字词典。

1.《古代疾病名候疏义》

该词释由余岩(云岫)编于1947年,编者将我国古代字书(古代字、词典可通称为字书)《尔雅》《方言》《说文解字》《释名》《广雅》和十三经中有关疾病的条文,一一摘出,给予注释,其释文广征博引,内容详尽,且注明出处。

该书前部为正文,后附索引,按笔画大小顺序排列。

2.《中医名词术语选释》

该词释由中医研究院、广东中医学院合作编写,1973年人民卫生出版社出版。共收录中医常用名词术语4 285个,并根据中医学特点将词条分成十二大类,即阴阳五行;脏象;经络、腧穴;病因病机;诊法;治则;方药;针灸疗法;内儿科病症;妇产科病症;外科病症;五官病症及医学史,但不包括人名、药名、方名和穴位名。注释简明易懂,引用处标明出处,对于有争议的词条,则选录多家见解以供读者判断、取舍。

书后附有《词目笔画索引》《中医书简目》《体表部位名称图》《古今度量衡比较表》,另附《中医常用单字》,共收单字80个,每字均有详细注释。

3.《古典医籍千字释》

该字释由崔仲平编写,1981年吉林人民出版社出版。共收录《内经》《难经》《神农本草经》《伤寒论》《金匮要略》《温病条辨》六部重要古典医籍中的单字1 200个,加以注音释义,所引例句注明出处。

该书可通过部首进行查检,也可根据书后所附汉语拼音音序检字表进行检索。

4.《中医词释》

该词释由徐元贞等编写,1983年河南科学技术出版社出版。书中收有常用中医名词术语近万条,包括五运六气、子午流注、灵龟八法、气功和与医籍有关的天文、历法、乐律等方面的词条,但不包括中药、方剂、针灸等方面内容。书中收录常用而其他同类词书未收词条3 000多个。书后附有历代度量衡折算表。

该书不列索引,所收词条一律按笔划大小排列。释文简明扼要,通俗易懂。释文中涉及不同学术见解者,列举多家观点。如为单字词目,则仅对与中医学有关的字义进行解释。

二、中医字、词典及百科全书

字词典我国古已有之。比如《说文解字》一书,成书于公元121年,收字9 353个。该字典首创部首排字法,将汉字根据偏旁的不同分成540部,因《说文解字》从汉字的形体结构解释字义,揭示汉字的构成规律,因此具有较高的参考价值。后世还出现了不少对该字典的注释、加注版,较著名的有清人段玉裁之《说文解字注》。《说文解字》在当代仍对查找先秦医籍中的难字、僻字具有实际参考价值。《尔雅》则被认为是我国最早的一部解释词义的专著,也是第一部按照词义系统和事物分类来编纂的词典。尔雅的意思是接近、符合雅言,即以雅正之言解释古语词、方言词,使之近于规范。这些古代字词典当今不少已有电子版,如《尔雅》电子版于2004年由学苑音像出版社出版。本段主要介绍中医相关工具书。

(一) 中医字典

1.《中医字典》

该字典由河南中医学院编写,1988年河南科技出版社出版。所收单字3 771个,多为古医籍中的常见字,可通过附带的汉语拼音索引、部首等进行查检。

2.《中国医籍字典》

该字典由上海中医学院中医文献研究所编写,1989年江西科学技术出版社出版。收录医用单字、古病名、古药名、古医籍中的常用虚字,共计6 100余条。编有部首调整情况表、新旧字形对照表,附录中还带有历代度量衡比较表。

3.《简明中医字典》(修订版)

该字典由杨华森等编,2002年由贵州人民出版社出版。从《内经》《难经》《神农本草经》《伤寒论》《金匮要略》等数百种中医药书籍中选辑生字难字,以及在中医学中具有特殊音、义的常用字词约4 000条,给予注音、释义、举例,例句注明出处。全书按笔画排序。

为实用考虑,书后还附有"古典医籍的句读常识"、"古典医籍注释释例"、"汉语拼音方案"、"古今度量衡标准参照表"、"中国医学大事年表"、"我国历代纪元表"、"干支次序表"、"古今昼夜时间对照表"、"节气表"。

4.《实用中医字典》

该字典由王晓龙主编,2006年学苑出版社出版。共收常用字、难字4 186个,可按音序、笔划检索。

(二) 中医辞典及百科全书

1.《中医大辞典》

该辞书由我国九所中医院校组成的编辑委员会编撰,于1981～1987年按基础理论、医史文献、内科、外科骨科五官科、妇科儿科、中药、方剂、针灸推拿气功养生分八个分册,由人民卫生出版社陆续出版。所收词目近五万条。每一词目,首列出处、再述含义,是了解中医各学科术语的重要工具书。书前附有笔画索引,以方便查找。

2.《中国医学大词典》

该辞书最早由上海中医学院院长谢观于20世纪60年代编撰而成,后又经再版,1995商务印书馆国际有限公司出版。全书收录中医词条7万余条,包括中医词汇、医籍、医家,有些词条,如中药、舌诊等还配有图例,更加直观。所收医籍包括国内及日本、朝鲜等周边国家。所收医家六朝之前有见必录,唐之后的医家则根据情况选择性地收录。该书以词条解释为主,有些生僻字也加以注音,以方便使用。

该辞书按笔画顺序排列,并按笔画多少及所有词条的情况分成多个分册。

3.《中医辞海》

《中医辞海》由袁钟主编,1999年中国中医药科技出版社出版。分有上、中、下三册,共收词万余条,内容涉及中医基础理论、中医诊断、中医古籍、医学史、中药、方剂、药膳、养生、针推、气功及临床各科等。每册附"汉语拼音索引",以方便查阅。

4.《简明中医语词辞典》

该辞书由达美君主编,2004年上海科学技术出版社出版。共收词12 000余条,以古医籍中具有特殊含义的医学词组及典故、成语为主要收录对象,辅以古医籍中广泛引用的常见词组及含义生、冷、僻、难词汇。可通过部首、笔画索引检索。

5.《中医大辞典》

该辞典由李经纬等编撰,2005年人民卫生出版社出版。共收辞目38 505条,内容涉及医籍、人物、基础理论、中药、方剂及中医临床各科,正文前附有笔画索引。

6.《中国中医药学术语集成》

该书由曹洪欣,刘保延任总主编,2005年中医古籍出版社出版。收集中医药学词汇10万条,分基础理论与疾病、诊治法与针灸学、中药、方剂、文献5个专题,并根据内容多少分成9个分册。书后附有拼音索引。

7.《中国医学百科全书》

《中国医学百科全书》由《中国医学百科全书》编委会编写,是一部国家级大型医学工具书。其编辑工作始于1978年,由国家卫生部组织全国医学界力量编撰而成,内容涉及中西医各学科。印刷本按学科分类,共分九十卷,由上海科学技术出版社出版。先按学科分类出版单行本,然后在此基础上加以综合修订,按字顺排印合订本。

分卷单行本目录按学科分类排列,后附有按笔画顺序排列的《中文索引》。基础、临床、预防、军事医学各卷还增附英汉或拉丁名词对照表,以字母顺序排列。各条目末均署有撰写人姓名。部分条目后还附有参考书目。

《中国医学百科全书》已有电子版,可通过中国知网的工具书出版总库访问(http:gongjushu.cnki.net)。

三、中医专书、专科词典

中医专业的专书词典主要是针对中医药经典著作编制,而专科或专题词典是针对某一学科或某一专题而编撰的工具书。

(一) 专书词典

1. 《内经词典》

该词典由张登本、武长春主编,1990年人民卫生出版社出版。收录《内经》中所用的全部2 286个汉字,5 580个词(包括少数短语),条目结构分字、词两级,每个字提供字形、字频(在《内经》中出现的次数)、现代音、中古音、上古音、词目、词频、释义等内容,并附《内经》语证、训诂书证或《内经》注家书证等。对一些难字难词,则作短语考据,引用他人成果,并注有己见。

该书内容涉及我国古代天文、历法、气象、物候、哲学等多领域,不仅可用于中医的教学和科研,也可为中国古代科学文化的研究提供参考。

2. 《黄帝内经词典》

该词典由郭霭春主编,1991年天津科学技术出版社出版。辑录人民卫生出版社1963年版《内经》中的字、词编撰而成。共收内经中单字2 747个、词7 118个(包括单字词条和复字词条)。条目按字、词的首字笔画顺序排列。

3. 《伤寒论词典》

该词典由刘渡舟主编,1988年解放军出版社出版。主要对《伤寒论》中的字、词进行注解,收录单字1 035个,术语1 239条,正文前带有笔画、音序、方剂、药物等多种索引,书后还附有历代伤寒论书目。

4. 《伤寒杂病论字词句大辞典》

该书辞典由王付编写,2005年学苑出版社出版。共收"字"、"词"、"句"8 296条,以"字"为基本单位,以"词"为辨证要点,以"句"为相关连接,以"字"、"词"、"句"的有机结合为目标。辞书前附音序、笔画、药物名称、方名索引。

(二) 专科、专题词典

1. 《中医气功辞典》

该辞典由吕光荣主编,1988年人民卫生出版社出版。其从1911年以前的医书以及儒、释、道等各家著作中辑录气功学词汇约6 000条,按笔画笔顺排序,并分有基础理论、人体经穴体表位置、名词术语、功法、专题论述、名言、气功适应证、人物、著作等类别,该词典可按分类索引查检。

2. 《中华养生大辞典》

该辞典由王者悦主编1990年大连出版社出版。共收集先秦以来我国境内养生词语7 100余条。其中文献类759条,人物类441条,名词术语类948条,流派方法类727条,食物药物类909条,药方类711条,药膳类2 603条,按类排放。

3. 《中国药膳大辞典》

该辞典由王者悦主编,1992年大连出版社出版。专门收集中国药膳词汇9 126条。包括相关著作、人物、术语等,可按笔画检索。

4.《中医肾病学大辞典》

该辞典由张大宁编写,1993年中国医药科技出版社出版。共收词3 511条,内容包括中医肾病学的医史文献、基础理论、中药方剂临床治疗等,可按笔画查检。

5.《中国骨伤科学辞典》

该辞典由韦以宗主编,2001年中国中医药出版社出版。共收词条4 170条。除骨伤科术语外,还包括骨伤科医家、相关著作等词条,可通过笔画、拼音等检索。

6.《中国针灸学词典》(第二版)

该词典由高忻洙,胡玲主编,2010年江苏科学技术出版社出版。共收词条7 266条,包括中医学基础、身形名位、经络、腧穴、刺法灸法(包括针灸器具)、疾病防治、针灸人物、典籍等,不少词条配有图例,可按笔画或笔形查检。

7.《医误博典》

该书由靳建华主编,1993年华夏出版社出版。是一本以医误为专题的工具书。分为医误基本理论、中医误诊误治、西医误诊误治、中西药物误用、滋补保健失误等五个方面,按类排放。

四、中医药词汇对照检索

二千多年来,中医药学所使用的词汇在词义、词形、使用等方面发生了较大的变化。一些古人使用的术语或词语,对当代人来说已十分陌生,但又是阅读与正确理解中医文献所必需。在这种情况下,可利用中医药词语对照工具书。中医药词语的对照检索包括:① 中医药词语与现代医学词语的对照;② 中医药词语与外文的对照;③ 古今时间记年等的对照。查阅以上内容可使用中西医术语对照表、中外文对照词典、年表、表谱类参考工具。

(一) 中医药词语与现代医学词语的对照

1.《中西医病名对照大辞典》三卷

该辞典由台湾学者林昭庚主持编写,繁体第一版2001年由台湾"国立"中国医药研究所出版,简体第一版2002年由人民卫生出版社出版,2004年出版第二版。第二版共收中医病名1 759个,西医病名997个,按现代医学分类,共18章。编制有西医(中文)病名对中医病名对照表、西医(英文)病名对中医病名对照表,以及中医病名对西医病名对照表。

2.其他

《中西病名对照表》叶桔泉编;

《中医证病名大辞典》韩成仁等主编;

《祖国医学与现代医学病症名称对照表》张瑞详等编。

(二) 中医药词语与外文的对照

中医药词语与外文的对照检索是查找中医术语外文词汇的重要途径。可以通过以下几种方式获取中医术语的相应英文词汇:① 利用中英文对照工具书;② 查找别人文献中相应的英文词汇及表述;③ 通过规范语言词表了解。本段将主要介绍用于查找外文词汇的辞典类工具书。在查找这类辞典时应首先了解图书馆主页书目系统中的相关数据,了解收藏地点。

1.《汉英常用中医词汇》

此书由广州中医学院《汉英常用中医词汇》编写组编写,1982年广东科技出版社出版。汇集中医词汇约8 000余条,内容涉及中医基础理论、临床各科、医学史、医学著作等方面的常用词汇。每个中医词条在释文中列出对应的英文单词、短语或句子释义。如无相对应英文,则对词条进行含义的解释。

词条以汉字立目,按汉字笔画顺序排列。书后附有的《常用中草药名称》《针灸穴位名称》《中国历史年代简表》《天干地支》《二十四节气》均为英汉对照。

2.《汉英中医辞海》

该书由张有寯等编写,1995年山西人民出版社出版。收录清以前医籍中出现的词条26 253个,内容包括中医基础、临床、中药、方剂、针灸、人物、文献、气功、按摩,及中医相关天文、历法、乐律等方面。每条注有词条中文名、汉语拼音、中文注释、英文名、英文注释,可通过笔画及汉语拼音索引查检。

3.《汉英中医药大词典》

该词典由李照国主编,1997年世界图书出版公司出版。收录中医、中西医结合术语6万余条,可通过笔画、汉语拼音查检,并附汉拉中草药名、汉英常用方剂名、国际标准化针灸穴位名、中西医病症名对照表、当代中国传统医药机构名称汉英对照表、古今度量衡比较等多个附录。

4.《中医药学名词》

该书由全国科学技术名词审定委员会审定并公布,2005年科学出版社出版。共收词目5 283条,每词条先有中文名,后附英文名,下为中文解释,可通过书后的英汉、汉英音序索引查检。

(三) 古今年月日对照

1. 古人的计时方法

(1) 干支纪年法

"干"是指天干,共十个,即甲、乙、丙、丁、戊、己、庚、辛、壬、癸。"支"是指地支,共十二个,即子、丑、寅、卯、辰、巳、午、未、申、酉、戌、亥。天干、地支表示万物生长、成熟及收藏的过程。天干与地支依次组合,如天干的第一个"甲"与地支的第一个"子"相配组成甲子年,其他依次为乙丑、丙寅等,癸酉之后,地支中的"戌"、"亥"与天干中的"甲"、"乙"再分别组合成"甲戌"、"乙亥",之后,从天干中的丙开始,再与地支相配,以此类推,形成60个组合,即六十甲子,六十年为一个周期,周而复始。

表3-1 干支次序表

甲子	乙丑	丙寅	丁卯	戊辰	己巳	庚午	辛未	壬申	癸酉
甲戌	乙亥	丙子	丁丑	戊寅	己卯	庚辰	辛巳	壬午	癸未
甲申	乙酉	丙戌	丁亥	戊子	己丑	庚寅	辛卯	壬辰	癸巳
甲午	乙未	丙申	丁酉	戊戌	己亥	庚子	辛丑	壬寅	癸卯
甲辰	乙巳	丙午	丁未	戊申	己酉	庚戌	辛亥	壬子	癸丑
甲寅	乙卯	丙辰	丁巳	戊午	己未	庚申	辛酉	壬戌	癸亥

(2) 帝王谥号、名号、年号记年法

汉武帝之前,多以帝王谥号或名号记年,如"鲁庄公七年"等。汉武帝之后,出现以年号记年,如"建元元年""贞观八年"等。如果一个帝王有不止一个年号,这种记年法就不太合适。但自明代以后,每位帝王只有一个年号,年号记年法就比较适用。

(3) 生肖纪年法

生肖纪年法是将十二种动物与十二地支相配来记年。此法在民间使用广泛,并沿用至今。如2012年为壬辰年,龙配辰,故为龙年。生肖纪年法以十二年为一个周期,周而复始,延续不断。

表 3-2　生肖地支对照表

地支	子	丑	寅	卯	辰	巳	午	未	申	酉	戌	亥
生肖	鼠	牛	虎	兔	龙	蛇	马	羊	猴	鸡	狗	猪

(4) 混合记年法

天干与地支记年法在我国古代使用的最为普遍,此法常与其他记年法相配使用。比如,"万历四十三年岁次乙卯春王正月上浣之吉"(《寿世保元》自叙)。其中,就使用了帝王年号记年法和干支纪年法。

(5) 纪月法

古人对月的计时法很多,如干支纪月法、月名纪月法、月阳纪月法、四季次序纪月法、花木记月法等。古医籍中的记月法也很常见,比如:"乾隆四十八年岁次昭阳单阏氏皋月",其中皋月即指五月,而"雍正甲辰春王月",其中的春王月则是指正月。

表 3-3　月份异名对照表

记月法	正月	二月	三月	四月	五月	六月	七月	八月	九月	十月	十一月	十二月
四季	孟春	仲春	季春	孟夏	仲夏	季夏	孟秋	仲秋	季秋	孟冬	仲冬	季冬
名月	陬月	如月	寎月	余月	皋月	且月	相月	壮月	玄月	阳月	辜月	涂月
地支	寅月	卯月	辰月	巳月	午月	未月	申月	酉月	戌月	亥月	子月	丑月
花木	杨月	杏月	桃月	槐月	榴月	荷月	兰月	桂月	菊月	阳[①]月	葭月	梅月
时令	春王	酣春	暮春	清和	端月	暮夏	首秋	中秋	暮秋	小春	冬月	暮冬
律吕	太簇	夹钟	姑洗	仲吕	蕤宾	林钟	夷则	南吕	无射	应钟	黄钟	大吕

(6) 记日法

古人记日除可用六十甲子记日法外,还有根据月亮的周期性变化来记日的方法,称月相记日法。如前所述"万历四十三年岁次乙卯春王正月上浣之吉",其中"上浣"是指每月的初一至初十,古人将一个月的三十天平分为三个部分,1~10日为上浣,也叫上旬;11~20为中浣,又叫中旬;21~30为下浣,即下旬。上浣、中浣、下浣现今已很少见到,但上旬、中旬、下旬今人仍在使用。再如"是岁天宝十一载岁在执除月之哉生明者也"(《外台秘要》),其中"执除月"为五月,"哉生明"是指当月第3日,"执除月之哉生明"即是指5月3日。

---

① 阳月:芙蓉花。芙蓉显小阳,故名阳月。

表 3-4 月相记日表

日序	1	2	3	7、8	14	15	16	17～	22、23	30
月相名	朔日 死魄	既朔 旁死魄	哉生明	上弦	几望	望日	既望 哉生魄	既生魄	下弦	晦日 秒日 几朔

表 3-5 四季异名表

季节	异名
春季	阳春、青春、艳阳、淑节、阳节、青阳、苍灵、韶节、三春、九春
夏季	三夏、朱明、九夏、炎夏、朱律、清夏、炎序、长赢、炎节、朱夏
秋季	凄辰、金天、三秋、商节、素节、白藏、素商、萧辰、高商、白藏、九秋
冬季	安宁、冬辰、岁余、九冬、无序、严节、玄英、玄冬、清冬、严冬、三冬

2. 常用工具

我国古代的计时方法与当代有较大差异，在阅读古典医籍时，我们也常常会遇到古今时间的推算问题。如《广温热论》沈茂发序中有："乾隆岁次昭阳单瘀氏皋月"、《女科指掌》张鹏翮序中有："雍正甲辰春王月"等。如果想了解这些计时的公历时间，可以根据古人的计时方法计算，也可以利用表谱、年表或万年历类工具。

(1) 纸质工具书

① 《中国历史纪年》，荣孟源编，1956 年三联书店出版。

② 《中国历史纪年表》，万国鼎编，1956 年商务印书馆出版。

③ 《公元干支推算表》，汤有恩编，1961 年文物出版社出版。

④ 《中西回史日历》，陈垣编，1962 年中华书局出版。

⑤ 《中国历史年代简表》，文物出版社编，1974 年出版。

⑥ 《中国历史纪年表》，方诗铭编，1980 年上海辞书出版社出版。

⑦ 《二十四史朔闰表》，陈垣著，1962 年中华书局增补重订本。

⑧ 《两千年中西回历对照表》，薛仲三、欧阳颐编，1956 年三联书局出版。

⑨ 《近世中西史日对照表》，郑鹤声编，1980 年中华书局影印本。

⑩ 《二百年历表》，中国科学院紫金山天文台编，1959 年科学出版社出版。

⑪ 《新编万年历》，中国科学院紫金山天文台编，1979 年科学普及出版社出版。

⑫ 其他：辞书所附年表或帝王表谱。

(2) 电子型工具

① 使用网络搜索引擎在线查找。

② 下载万年历 APP，利用移动端 APP 进行查找。

第二节　中药、方剂检索

一、中药检索

中药在古代又叫本草,我国现存最早的中药专著被认为是成书于东汉之前的《神农本草经》,共收药物365种,根据药性将药物按君、臣、佐、使分为上、中、下三品。其编撰缜密科学,为后世奉为中药学经典。在《神家本草经》的基础上,我国又出现了多部官修或私修本草专著,如《新修本草》《证类本草》《本草纲目》等,成为某一个历史阶段查阅、利用中药资料的重要工具书。

(一) 检索途径

中药检索是指对中药的采集、制法、药材、成分、鉴别、药理、炮制、性味、归经、功用、主治、用法与用量、宜忌等方面信息的检索,也包括中药研究及相关的临床应用文献。前者所查找的主要为事实型资料,可使用参考工具。

查找中药事实型资料的参考工具主要有以下几类：① 辞典；② 植物志；③ 药典、标准；④ 汇编或手册。另外,随着网络检索技术的发展,有些中药参考工具可以通过网络获取,只是在借鉴使用时应注意资料来源,考虑资料的权威性与可靠性。

另外,中药资料除事实型资料外,还有研究型资料,如研究性论文等,可主要使用数据库进行查找。比如在中国知网中,通过分类号 R28 可以查找到中药学相关研究论文,具体见本教材数据库检索部分。

(二) 常用参考工具

1. 辞典类

(1)《中药大辞典》

第一版由江苏新医学院位编制,1977～1979年上海人民出版社出版。

第二版由南京中医药大学编制,2006年上海科学技术出版社出版。

该辞典为目前中药辞典中规模最大的一部工具书。初稿编于1958～1965年,1972～1975年对初稿进行了大幅度的修订及增补。第一版共载中药5 767味,其中植物药4 773味,动物药740味,矿物药82味,传统加工单味药172味。各药以正名为词目,按笔画及字数多少排列。词目注有顺序号,下分异名、基原、原植(动、矿)物、栽培(饲养)、采集、制法、药材、成分、药理、炮制、性味、归经、功用主治、用法与用量、宜忌、选方、临床报道、各家论述、备考等十九项,依次著录。该工具书附篇的辅助功能有：

① 利用《中文名称索引》按药名查找中药。该索引按笔画及字数多少排序,每名称后附有以四位数字组成的药物正名顺序号,顺序号后的"异"、"动"、"制"等各字为正文中各项缩写,表示在某药某项索得。

② 了解药物的拉丁名或英文名。书后所附《药用植、动、矿物学名索引》可以查阅植物药、动物药的拉丁学名以及矿物药的英文学名。

③ 了解中药化学成分的英文名称,可以利用书后所附《化学成分中英名称对照》。

④ 了解中药化学结构、查找化学分子式。所附《化学成分索引》将正文中每个词条"成分"

项所列化学物质的结构、分子式等集中编排。

⑤ 了解中药的药理作用。利用所附《药理作用索引》，可以了解同一药理作用的中药有哪些。

⑥ 了解中药的疾病防治信息，可以利用所附《疾病防治索引》。该索引根据中药的主治，将每病下有相同治疗作用的中药依次排列。

⑦ 查阅该书所引参考文献信息。正文所引用的中药化学成分、中药药理、用于疾病防治的临床报道等方面的参考文献信息可通过附篇中《成分、药理、临床报道参考文献》查找。

⑧ 查阅古今度量衡。可利用附篇中《古今度量衡对照表》。

《中药大辞典》第二版共选收中药 6 008 味，既保持了第一版的特色，在编排体例上与第一版保持一致，同时又注重反映当代中药学研究的新方法、新进展。

(2)《中华本草》

《中华本草》由宋立人主编，1999 年上海科学技术出版社出版。该书由国家中医药管理局主持、南京中医药大学联合全国 60 多个单位协作编写而成。全书共分 34 卷，分多批次出版，第一批出版的中药部分共 30 卷，后陆续出版藏药、蒙药、维药、傣药各分册。中药部分共收药物 8 980 味，插图 8 534 幅，引用古今文献 1 万余种，分总论、药物、附编和索引四个部分：

① 总论：总论分十四个专题，首列本草发展史，次列中药的资源、栽培与养殖、采集、贮藏、鉴定、化学、药理、炮制等。

② 药物：药物分矿物、植物和动物药三种，每药提供药物的各种名称、品种、化学成分、药理或毒理作用、药性、功能、主治、配伍、用量用法、宜忌等信息。

③ 附编：附编中纂辑《证类本草》《本草纲目》中内容不甚完备，无法确定基原的备考药物，以及历代本草类书目、解题，同时附编中还以《神农本草经·序例》为主体，提供古代本草学术体系概述，具有较强的可读性。

④ 索引：索引卷附有多种索引，如中文名称、药用植、动、矿物学名索引、化学成分中英名称对照索引、化学成分英中名称对照索引、化学成分结构式、药理作用索引、药物功能索引、药物主治索引。

全书所收药物品种数量空前，内容丰富翔实，旧识新知皆备，对中医药教学、科研、临床医疗、资源开发、中药研发等具有重要的参考价值。

《中华本草》可以通过电脑或手机端在线查阅。比如通过微信查找"中华本草"可以访问南京中医药大学文献研究所提供的《中华本草数据库检索与挖掘系统》，查阅中药事实型资料。

(3) 其他

①《彩图增订本中国药学大辞典》上、下册，陈存仁主编。

②《中药辞海》，中国药科大学、中国医药科技出版社主编。

③《现代中药学大辞典》上下册，宋立人等编著。

④《中医大辞典》中药分册。

2. 植物志/动物志

植物志提供植物的基本情况、分布、药用部分、化学成分、功效等的详细描述，并附有植物图，有些植物志还附有古代本草著作中的植物图，比如《中国药用植物志》同时收录《本草纲目》和《植物名实图考》所刊载的附图，作为古今比较。植物志中收录的植物有些分布区域较广，比如中国科学院中国植物志编辑委员会编辑出版的《中国植物志》，中国科学院植物研究所编写的《中药志》等，收录我国境内的植物，涉及面广。也有些植物志具有比较明显的地方特色，比如《秦岭植物志》《四川植物志》《上海植物志》《广州植物志》《海南植物志》等。为了便于总体把握，不少工具书也会附有不同区域的植物或药用植物分布图，比如由中国医学科学院药物研究所编写出版的《中药志》，每册书末均附有"药材生产及植物分布概况表"，第四册还附有"中国主要药材分布图"。

相应的，动物志主要的收录范围是动物。比如，中国科学院中国动物研究所中国动物志编辑委员会编辑出版的《中国动物志》。

此类工具书均附有索引，有些分册较多的植物志会有专门的索引册，以方便查阅。

若想查找图书馆收藏的此类工具书有哪些，可以使用分类途径查找，主要分类类别可以主要参考 Q94、Q95、R28 等，与中药事实型资料关系较为紧密的包括：

植物志：Q948 植物生态学和植物地理学
　　　　Q949 植物分类学（系统植物学）
动物志：Q958 动物生态学和植物地理学
　　　　Q959 动物分类学（系统动物学）
中药志：R282 中药材

3. 药典及标准类文献

此类工具书主要用于查找中药及各种制剂的标准性资料，详见教材标准文献检索部分。

4. 手册与汇编

手册与汇编是一类十分实用的工具书，与中药事实型资料查找关系比较密切的手册与汇编比较多，所收范围及篇幅大小不一，书名也不完全一样。本段对以"手册"、"辑要"、"汇编"等作为书名的此类工具书各举一例，以便大家对此类工具书有较为感性的认识。

(1)《中药鉴别手册》

《中药鉴别手册》由北京药品生物制品检定所、中国科学院植物研究所编，共两册，第一册 1972 年由科学出版社出版；第二册 1979 年科学出版社出版。第一册选辑常用中药 100 种，第二册选辑常用中药 50 种，主要反映同一药材的不同品种、各地的使用情况。重点品种则按别名、药物形态、采收加工、药材性状、成分、效用等顺序编写，并附图。使用者可通过书后附有的药物中文索引、拉丁名索引查阅中药信息。

(2)《历代中药炮制资料辑要》

该辑要由中医研究院中药研究所主编，1973 年中医研究院刊印。其将汉代到清代 167 部中医古籍中有关中药炮制方面的内容，辑要汇编。以书名立目，按成书先后排列。该书对开展中药炮制的科学研究，制订统一的炮制工艺规则，尤其是研究中药炮制的起源、沿革及炮制的理论依据等具有一定的参考价值。

(3)《全国中草药汇编》

该汇编由国家卫生部牵头，由中医研究院中药研究所、中国医学科学院药物研究所、北京药品生物制品检定所等单位组成的编写组编写，1975～1978 年人民卫生出版社出版。全书分上、下册，并附彩图一册。共收中草药 2 200 种左右。每种中草药均按正名、别名、来源、形态特征、生境分布、栽培（饲养）要点、采集加工、炮制、化学成分、药理作用、性味功能、主治用法、附方、制剂及附注等顺序编写。各册书后均附有"中文索引"和"拉丁学名索引"以便查阅。

彩图共收植物、动物类中药 1 152 幅，其中植物药 1 121 幅，动物药 31 幅，按类别分有藻类、菌类、地衣类、苔藓类、蕨类、裸子植物、被子植物、动物类。书末附有药物的拉丁名索引，索引中附有上、下册药物顺序号,以括号括起,以便查阅。

2014年,人民卫生出版社出版由王国强主编的《全国中草药汇编》,该套汇编是由中国中医科学院中药研究所组织全国中医药科研院所、院校的中药专家历时3年修订编写而成的。收载近4 000种中草药,分四卷出版。

二、方剂检索

方剂在古代又叫方书。战国时期的《五十二病方》被认为是我国现存最早的方剂著作。我国古代方剂著作颇丰,有个人撰写的著作,也有国家组织编写的大型方书。被称为方剂三巨著的《太平圣惠方》《圣济总录》《普济方》分别收方16 000首、20 000首、60 000首。再加上其他方书著作上所载方剂,其数量已十分可观。据《全国中医图书馆联合目录》记载,我国清代以前方书类医籍1 216种,近现代以来,方剂著作更是层出不穷,临床用于治疗疾病的方剂有些并无方名,其资源更是浩如烟海。方剂资料可分为事实型资料及方剂研究性资料,前者主要涉及方剂的名称、来源、主治功效、宜忌、用量用法等方面信息,后者主要为某一类或某一方的临床或实验研究性文献。研究型资料可主要利用数据库或检索系统,可参照本教材相关章节。本段主要介绍查找事实型方剂资料的工具,主要为综合型、专科型或类方辞典,由于相关辞书较多,使用者可在使用前通过图书馆书目查询系统,从R2-61的类号下选择。下各举一例,说明不同类型方剂辞典的特点。

1. 综合型方剂辞典

目前最著名的是《中医方剂大辞典》。1986年,《中医方剂大辞典》的编撰工作由国家中医药管理局作为科研课题下达给南京中医学院等7家中医院所。该辞书的编撰历时11年,全书共11册,收录历代有名方剂96 592首,是目前收方最多的一部大型方书。

该辞典以方名首字笔画排序,每一词目提供方名、方源、异名、组成、用法、功效、主治、加减、宜忌、临床报道、实验研究、备考等信息,对临床、科研、教学均有较高的参考价值。

2. 专科性方剂辞典

如王玉玺主编的《实用中医外科方剂大辞典》,1993年中国中医药出版社出版。该书是一部以临床分科形式编纂的大型方剂辞典,收载用于治疗数百种外科疾患的内服、外用方剂6 000余首,其中,古方5 300首,近代方1 000首,皆从古今著名医家的方书及相关文献记载中的二万多首外科方剂中精选而出,其中许多是鲜为人知的珍秘验方。每方提供方名、出处、别名、组成、制法与用法、功用、主治、宜忌、验例、按语等。书前有方名笔画为序的方名目录,书后附有中医病名索引、现代医学病名索引,按笔划排序。

3. 类方辞典

类方是由经方发展而成的方剂系统,为历代名医灵活运用古方之精华,亦被奉为临床处方用药之规矩与准绳。明代施济之《祖剂》、清徐大椿之《伤寒类方》开类方著作之先河。后又有多部类方辞典问世,比较有名的如段苦寒编纂的《中医类方辞典》,共收类方辞目2 540条,分187类,每条词目列出方名、出处、药物组成、服用方法、功能效用、主治病证、加减运用。每类方剂的第一个词目加注名医方论,详者至数十家,为读者了解方剂及其发展变化之脉络的重要参考工具。

第三节 电子型参考工具

目前多数搜索引擎,如百度、谷歌、必应等均提供电子字典、词典的查阅服务,而百度百科则是目前十分著名的中文在线百科全书,许多网站也附带有医学词典。而一些检索平台也提供工具书服务,如中国知网建有工具书、年鉴专辑,万方建有医学标准数据库与临床诊疗知识库,读秀开通了百科及词典频道等。本节主要介绍独立运行的电子型参考工具。

一、综合性参考工具

(一) 在线汉语字典(http://xh.5156edu.com/)

在线汉语字典网站可查阅字、词的音、义等内容,还建有成语词典、反义词查询、歇后语大全、万年历等工具导航,以及丰富的实用附录,如图 3-1 所示。

图 3-1 在线汉语字典检索首页

(二) 汉典(http://www.zdic.net/)

汉典网站首建于 2004 年,是一个提供字、词、词组、成语及其他中文语言文字的免费在线辞典,设有汉语字典、汉语词典、成语词典、汉典古籍、汉典诗词、汉典书法、实用附录、交流论坛等资源,如图 3-2 所示。汉典收录 75 983 个汉字,361 998 个词语、短语和词组以及 32 868 个成语的释义;汉典古籍收录了包含有 38 529 章节的 1 055 部古典文献书籍、203 篇古文,其中不乏中医文献。

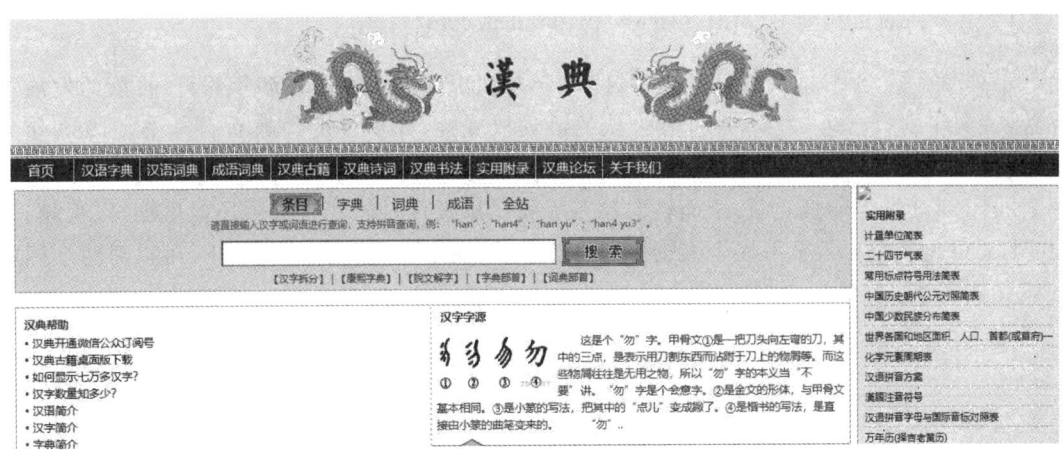

图 3-2 汉典网站首页

目前汉典也可以通过手机端访问(http://m.zdic.net)。

(三) 爱词霸在线词典(http://www.iciba.com/)

爱词霸提供英语在线查词和在线翻译频道,是金山公司研制的电子词典。可查询词汇的基本释义、常用词组、行业释义以及其他相关资料。

(四) YourDictionary(http://www.yourdictionary.com/)

YourDictionary是一个比较全面、权威的查找语言信息的门户网站,建于1999年,拥有2 500多种字典、词汇表,覆盖300多种语言。还提供语法学习的文章、学习指南、文字游戏等,如图3-3所示。

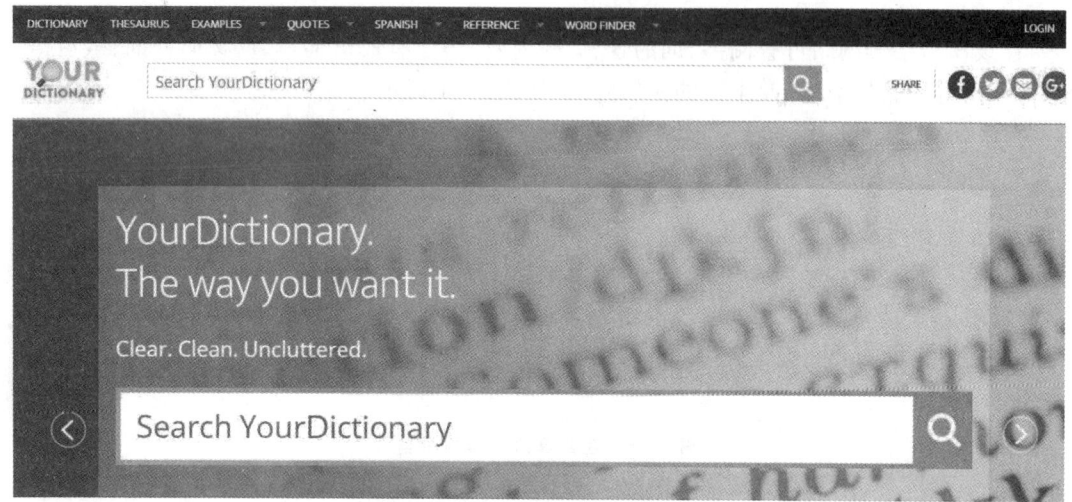

图3-3 YourDictionary首页

(五) Acronym Finder(http://www.acronymfinder.com/)

这是一个在线缩略语词典,收词1 000 000多个。可通过字母浏览,也可以直接输入检索词查询。该系统还可查找超过850 000个美国及加拿大的邮政编码。

(六) 不列颠百科全书(http://www.britannica.com/)

不列颠百科全书,即大英百科全书,1768年首次出版。历经两百多年修订、再版的发展与完善,英文印刷版已达32卷,是世界公认的最具权威性、知识性的经典百科全书。1989年大英百科全书电子版出版,1994年公司推出大英百科全球网络版,成为网络上的第一部百科全书。2012年3月停印纸质版,全面转向数字版和在线版百科。其学术版还提供动画、视频、来自EBSCO的文章以及2万多个人物传记等。另外,在学术版"国家比较"中,可以对两个国家的统计数据等事实型资料进行比较。

二、专业参考工具

(一) 全国科学技术名词审定委员会"术语在线"(http://www.cnctst.cn/)

全国科学技术名词审定委员会主页上的"术语在线"频道提供专业术语查询,在输入术语的中文或英文后,术语在线将提供该术语的规范中文名,相对应的英文名,所属的学科以及该术语的公布时间。

图 3-4 术语在线查询主页

(二) 国学大师"中医"频道(http://www.guoxuedashi.com/)

国学大师网是一个综合性的资源提供网站。设置了国学、字典、词典、成语、诗词、书目、书法、历史及中医等频道。其"中医"频道提供 8 万中药材、中药方剂及中医词条等的事实型资料查找,也提供千部中医著作的检索。

图 3-5 国学大师中医频道查询主页

(三) AHRQ(https://www.ahrq.gov/)

AHRQ(Agency for Healthcare Research and Quality)由美国卫生保健政策与研究处和美国卫生计划协会合作开发,汇总美国各大医师协会和学术机构制订的临床实践指南。

(四) 《新编全医药学大词典》(http://www.meddir.cn/)

《新编全医药学大词典》由北京金叶天盛有限公司出品,内置了国家名词委的术语数据以及三本权威术语词表(MeSH 主题词、中医药主题词和 SNOMED 术语集)。词典还收录了人名地名词典和涉及医学、分子生物等领域的部分缩略语词典。

此外,词典还收录了数十万条医学双语例句及 5 000 余份中文说明书和 2 000 余份英文说明书。可在医药导航网站(http://www.meddir.cn/)金叶医药产品栏目下载或购买《新编全医药学大词典》。

(五) A+医学百科在线词典(http://www.a-hospital.com/)

A+医学百科在线词典是一个开放的在线医学百科全书网站,提供医学图书、医学视频、中医百科、中药百科、中药图典、人体穴位图、疾病查询、疾病诊断等的在线查检。

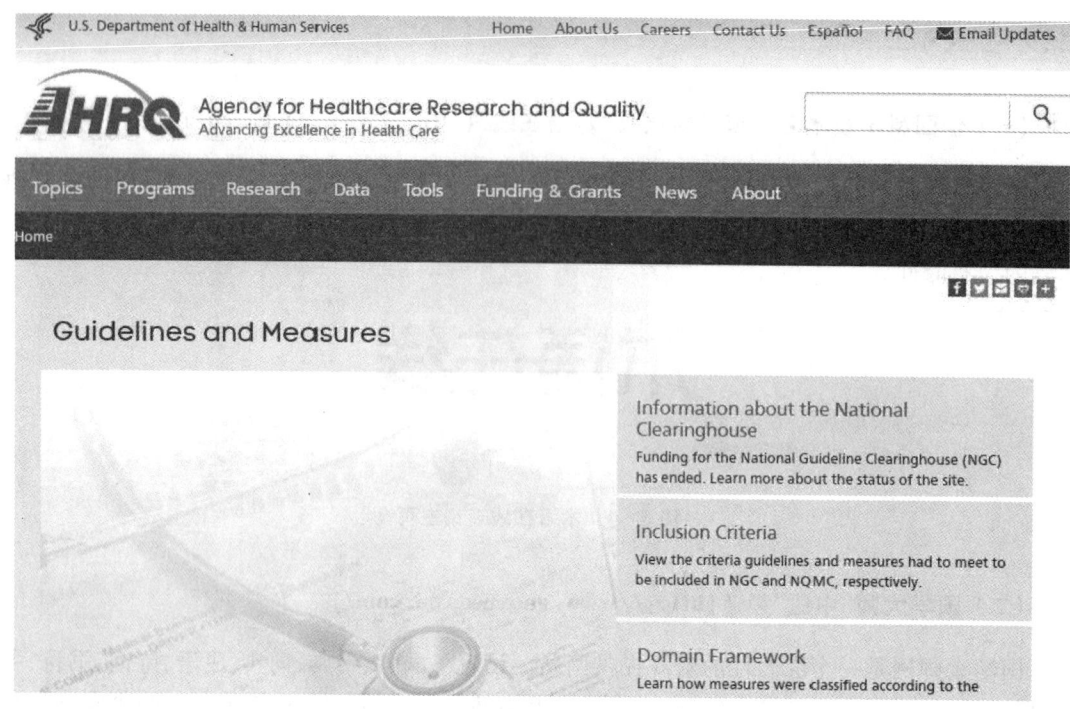

图 3-6 AHRQ 首页

(六)生物医药大词典(http://dict.bioon.com/)

生物医药大词典由生物谷网站(bioon.com)团队研发,是一个综合性的生物医学信息网站,设有词典、诗词、成语、翻译、百科、论坛等栏目,可以进行简体中文、英文、繁体中文、缩略语任意组合模糊查询。

思考题

1. 确定一味中药,举例说明查找中药资料的途径与方法。
2. 确定一首方剂,举例说明查找方剂资料的途径与方法。
3. 写出下列医籍中所记时间相对应的公历时间:
   "万历四十三年岁次乙卯春王正月上浣之吉"(《寿世保元》自叙)
   "乾隆四十八年岁次昭阳单阏氏皋月"(重订《广温疫论》沈茂发序)

(张稚鲲,周黎)

第四章　图书检索

图书是人类文明早期就出现的一种文献类型，它是我们系统学习以及全面、详细了解某一领域知识内容的重要文献类型。

我国古代的知识成果主要是以图书典籍的形式存留下来的。古有"学术在官"的说法，"官"即指掌握文化典籍的史官。春秋之前，一般人没有学习机会，贵族需要学习的必须到史官处学习，这是因为史官掌握各种图书典籍，被认为是知识最渊博的一类人。因此，在古代，图书代表着知识、才智。清代周永年的《儒藏说》中有："书籍者，所以载道纪事，益人神智者也。"

古往今来，书海浩瀚，读什么书是首先面临的问题。本章第一节将介绍查找图书的工具/书目；第二节将介绍将图书资料加以汇集后再整理的文献类型，以使大家对不同类型医籍的价值有初步的认识；第三节将着眼于汇集电子图书的检索平台，介绍部分在线获取资源。

第一节　书　目

书目，简言之，即图书目录，是帮助人们查找图书的检索工具。至少在汉代，我国就已经出现了专门的书目，之后各种官修、私修书目层出不穷。

清代王鸣盛在《十七史商榷》中有："目录之学，学中第一紧要事，必从此问途，方能得其门而入"。书目是指导读书门径，了解各历史时期的著作、收藏、流传及存佚等信息的工具，多数书目除提供书名、作者、卷数等基本信息外，还提供书的内容简介。因此，书目在我国古代又叫解题、提要，有些书目还附作者小传，还有些汇辑他人对该书的评价及研究资料。所以，后人可以通过书目来发现具有较高价值的古医籍，探知中医学术思想的渊源及发展，书目也因此成为中医学习与研究的重要工具。

我国已知最早的书目为东汉刘向父子所编的《别录》和《七略》，但均已散佚。后各朝各代均有不同规模的书目编制。早期的古代中医书目一直附载于子部医家类中。至明代，殷仲春首次编撰《医藏书目》，后单独编制的医学书目才陆续出现。因此，中医书目既有独立成册的中医专科或综合性书目，也有附载书目。

对中医药图书的查找可以首先考虑专科书目，如果无法满足检索需求，可再检索综合性书目，并本着由易到难、由近及远的原则，从身边的、易于获取的资源开始，先查本校图书馆馆藏资源，再查同类院校或单位收藏的资源（比如利用图书联合目录）。

一、利用中医药书目

(一) 中医专科书目

1.《中国医学大成总目提要》

该书为丛书《中国医学大成》之总目,由清代曹炳章辑,共辑录魏晋至明清历代重要医著及少数近代和日本医家著作 365 种,并按内容分为医经、药物、诊断、方剂、通治、外感、内科、外科、妇科、儿科、针灸、医案、杂著共 13 类。该书目对所收医书分别给予介绍及评论,并附历代医家评注。

2.《现存本草书录》

该书由龙伯坚编著,1957 年人民卫生出版社铅印。共收录现存本草著作 278 种,分神农本草经、综合本草、单味药本草、食物本草、炮制、诗歌、便读、杂著等七章。章下再分节,每节之内,按年代分述书名、卷数、撰著者、版本及刊行年代等项信息。一些重要的书还附有内容简介及其他详细信息,并附录历代文献中有关该书的记载,对本草研究很有参考价值。

3.《中国分省医籍考》上、下册

该书由郭霭春主编,1984~1987 年天津科学技术出版社出版。收录先秦至清末 3 000 种地方志中的古代医籍共 8 000 余种,是目前我国收录古典医籍最多的一部中医专科书目,根据我国现行省级行政区分省编写,囊括台湾在内的三十个省、区。每省分医经、伤寒、诊法、本草、针灸、方论、医史、医案、医话、养生、法医等不同类别。每类下,按朝代及作者所处年代的先后顺序排列。以书立目,每个条目下注明该书的卷数、朝代、作者姓名及作者小传。

4.《中国医籍提要》,上、下册

该书于 1984~1988 年由吉林人民出版社分上、下册出版。上册收录清以前医籍 504 种,包括日本、朝鲜的一些著名中医著作。下册收录清以后,1960 年以前的中医著作。全书共分基础理论、临床各科、综合、医史、法医、养生几个大类,大类下再分若干小类。每个条目提供书名、成书年代、撰作者、内容提要及版本信息。提要按原著卷目、章节、内容简介、学术成就、学术思想、学术源流及对后世影响、作者生平传略等分段撰写。书后附书名、人名笔画索引,以便查检。

5.《中国医学外文著述书目》(Catalogue of Publications on Medicine in China in Foreign Language 1656~1962)

该书由王吉民,傅维康编,1963 年上海中医学院医史博物馆出版。共收录 1656~1962 年间中医外文著作或中译本 433 种,内容包括中医药的发展、中医外传及西医内传等方面信息。该书目分通论、医史、脉学、临床各科、针灸、药学、卫生保健、书刊、传记、其他几大类。同类书再按年代排列。每个条目提供外文书名、著者、出版社、出版年、主文译名、简介、图表、原著者经历等信息。重要期刊注明创刊、停刊信息以及其他出版信息。书后提供中文、俄文及西文三个语种的作者索引。

6.《中国医籍通考》

该书由严世芸主编,上海中医学院出版社 1990 出版。《中国医籍通考》共四卷,所辑医书上溯出土文献,下迄清代医书,旁及日本、朝鲜的中医古籍,共收医书 9 千余种,同时收史可法、归有光、钱谦益等文集所未见之医籍序跋,涵盖孤本、珍本、手抄本及日本抄本,许多医籍提供序、跋、版本等方面信息。

7.《中国古医籍书目提要》

该书由王瑞祥主编，中医古籍出版社 2009 年出版，收录自马王堆帛书至 1911 年间中医典籍 10 061 种，其中现存书 7 028 种，亡佚书 3 033 种。每书除提供书名、著者、卷数、版本等信息外，还提供内容提要、著者事迹等信息。该书附有现存书书名索引、亡佚书书名索引、引用书索引，均按音序排列。

8.《中国医籍考》(《医籍考》)

该书由日本学者丹波元胤编于 1819 年，是关于中国古代医书的提要式书目，收录秦汉以来至清道光年间历代医书 3 000 多种，并分为医经、本草、食治、藏象、诊法、明常经脉、方论、史传、运气共九类，每书除注明出处、卷数、存佚等信息外，还列述各家序跋、相关考证、作者生平，每书均有内容提要。书后附书名、人名索引，按笔画顺序排列。该书是了解与研究我国古代医籍的重要工具书。

9.《中国医籍补考》

刘时觉编撰，人民卫生出版社 2017 年出版。该书考虑到日本丹波元胤《中国医籍考》成书于日本，未备之处在所难免。为纠误补缺，补《中国医籍考》所未备，参考《中国医籍考》体例，集中国历代医籍之著录、解题、考释为一编。书中分医经、本草、食治、养生、藏象、病机、诊法、明堂经脉、伤寒、温病、金匮、临床综合、方书、内科、外科、伤骨科、妇产科、儿科、咽喉口齿、眼科、法医、医案、医活医论、丛书全书、史传、书目、运气、其他共 28 个门类，收载我国古代医籍 3 608 种（较《中国医籍考》新增 2 506 种）。每书载录医籍的序跋，作者小传，以及来自文集、墓志铭、目录学著作中的提要、按语，兼及史传、方志、家族宗谱中有关医籍的记载。书末附有书名索引、作者索引及主要参考书目，以方便查考。

10. 其他

《三三医书书目提要》，裘庆元编。
《珍本医书集成总目》，裘庆元编。
《皇汉医学丛书目录》，陈存仁撰。
《皇汉医学书目一览》，裘吉元录存。
《和汉医籍小观》日本，左藤恒二著。
《和汉医籍学》日本，浅二贺寿卫著。
《朝鲜医籍考》朝鲜，三木荣氏著。

二、利用综合性书目

1.《四库全书总目提要》

清，纪昀等编纂。该书目为《四库全书》所收藏图书的总目录，于 1789 年编成，共 200 卷，收录图书 3 461 种，另有存目（有目无书）6 793 种，共 93 551 卷，基本上包括了清乾隆以前的中国古代著作。全书采用经、史、子、集四部分类法分类，四部下再分小类，小类下再分若干子目，某些子目下附有按语，用来阐明各种学术思想与学术流派的渊源。医家书目收于卷一百三至一百四、子部十三至十四中，收有医书 97 部，1 816 卷；医学类存目收于卷一百五、子部十五中，收有医书 94 部，共 682 卷。

每书提供作者生平、著述渊源、内容简介、版本及该书其他方面的特点，并用评述、考证等文字说明。

2.《中国丛书综录》3 册

该书由上海图书馆编,1959~1962 年上海中华书局出版。为我国目前最完备的一部丛书目录。收录全国 41 个图书馆馆藏的历代丛书 2 797 种,古籍 38 891 种。是丛书书目中最常用的工具书。

1982 年,南京大学图书馆编印《中国丛书目录及子目索引汇编》,收录《中国丛书综录》未收丛书 977 种,可视为该书目的续编。

3.《中国近代现代丛书目录》

该书目是由上海图书馆编制的馆藏书目,1979 年由上海图书馆手抄影印。共收录该馆 1902~1949 年出版的中文丛书(线装古籍部分除外)5 549 种,各类图书 30 940 种。凡《中国丛书综录》已录者不录。

该书目于正文之前附有按笔画顺序排列的《丛书书名首字索引》,书末附《丛书出版年表》,年代不详者集中排在最后。

4.《古籍目录》

该书目由国家出版局版本图书馆编,1980 年中华书局出版。收录范围包括五.四以前的著作、五.四以后对古籍加工整理的著作、从古籍中辑录选编的书籍,以及古籍的今译、新注和选本。所收条目共分九类:综合、学术思想、历史、文化教育、语言文字、文学艺术、农书、医药以及其他科技图书,其中医药类共收医籍 523 种。每书提供的信息包括:书名、作者、出版者、出版年月、开本、字数、单价等,部分书附有版本说明及内容提要。

5.《民国时期总书目》

该书目由北京图书馆编,书目文献出版社 1986~1987 年分册陆续出版。主要收录 1911~1949 年间我国出版的中文图书,共计 124 000 余种,其中,医药类 3 863 种。全书按学科分为二十大类,分册编辑出版。各分册卷末附有书名索引,以汉语拼音字母顺序排列。

6.《中国丛书广录》上、下册

该书目由阳海清编撰,1999 年湖北人民出版社出版。共收录我国古代丛书 3 279 种,其中,医学丛书 176 种,是继《中国丛书综录》之后的又一规模宏大、体例完备的古籍书目。它不仅收录现存丛书,也收录存目之丛书,所收版本除原该本、影印本外,也收录后世整理之作,以及港、澳、台及国外印行本。该书目对每一丛书之版本、异名等一一列出。各条目之下,从丛书内容、学术价值、编撰者生平等方面给予注录。

三、利用图书馆馆藏书目查询系统

图书馆书目查询系统是查找图书资料的重要来源。图书馆不仅是图书的聚散地,也是图书序化的场所,因此,掌握图书馆图书查找特点,将提高检索效率,缩短查找时间。利用图书馆查找图书,通常有以下几种情况:

1. **查找某一具体图书**

当我们想查找某一本具体的图书且知道书名的情况下,以书名字段检索即可。

第四章　图书检索

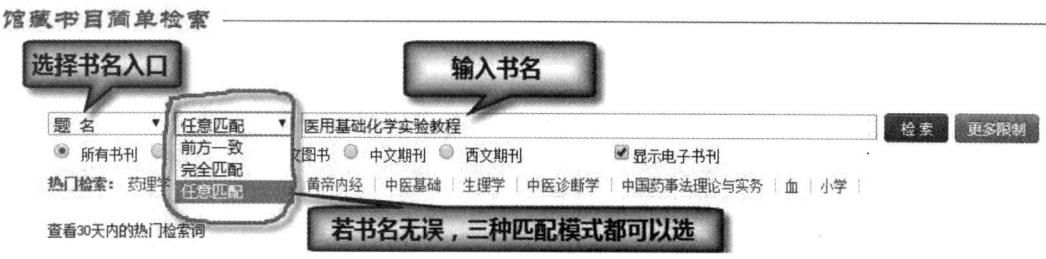

图 4-1　利用图书馆书目查询系统查找某一本具体图书

2. 查找某一主题的图书

若无具体的查找目标，只是想浏览某一主题图书，可以以主题类检索语言进行查找，检索时需注意检索系统匹配模式的选择，最好将匹配模式调整至"任意匹配"状态，以免漏检。

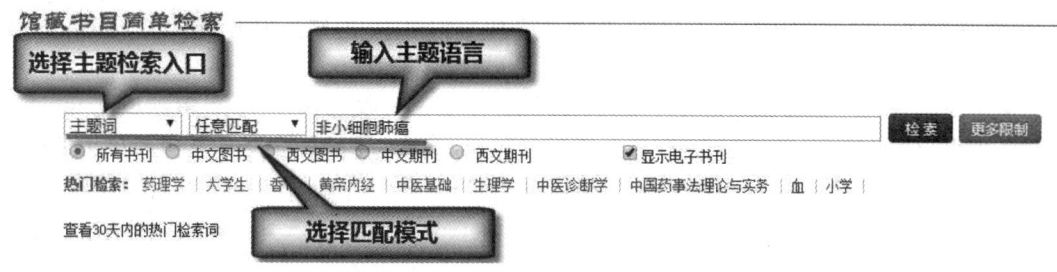

图 4-2　利用图书馆书目查询系统查找某一主题图书

3. 查找某一类图书

查找某类图书可以使用图书馆书目查询系统中的分类检索入口。比如想查找一个图书馆收藏了多少药理学方面的文献，可以通过分类号入口输入 R96 进行查找。

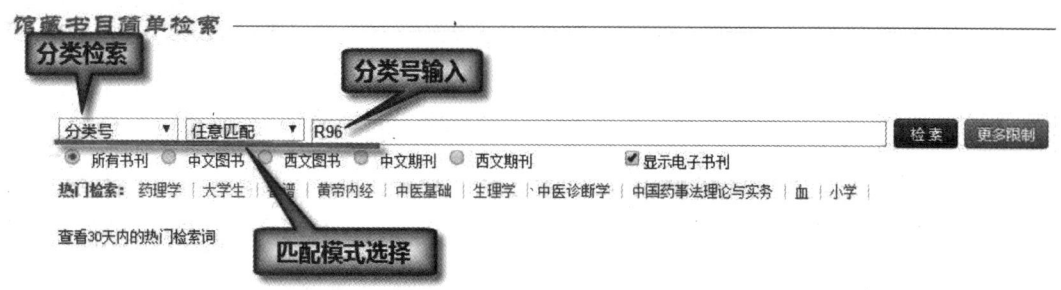

图 4-3　利用图书馆书目查询系统查找某类图书

四、利用联合目录

图书馆作为信息资源的集散地，聚集了大量的文献资源，且每个图书馆均根据自身发展的需要来开展文献资源建设，不仅不同类别的图书馆所收资源不同，同类图书馆所收资源也存在差异。联合目录是为实现资源的共用互补，最大限度地利用各馆资源而产生的。

联合目录是指汇集多家图书馆资源的书目查询系统。联合目录有印刷型联合目录，也有在线联合目录。

(一) 印刷型联合目录

1.《中国中医古籍总目》

《中国中医古籍总目》前身为《全国中医图书联合目录》。该书最早编撰于1959年,之后多次修订与再版。《中国中医图书总目》为2007年最新版,薛清录主编,上海辞书出版社出版。该总目共收录全国150家图书馆收藏的古籍13 455种,包括流失海外的部分古籍,及台湾地区"中央图书馆"、台北故宫博物院、台湾地区"中央研究院历史语言研究所"、台湾大学图书馆等6家图书馆的馆藏资源。重点收录1911年以前出版的中文中医药古籍和民族医药古籍,以及1912至1949年间出版的医书,也包括1949年以后影印、复制的古医籍,但不列收藏馆。所收图书中包括综合性或其他学科丛书中收录的中医药书籍,但不包括法医、中兽医著作。图书按医经、基础理论、伤寒金匮、诊法、针灸推拿、本草、方书、临证各科、养生、医案医话医论、医史、综合性著作进行分类,正文按年编排,每条书目所提供的信息包括书名、成书年代、著者、版本、馆藏代号等。书后设有书名笔画索引、书名音序索引、作者笔画索引、作者音序索引。

2.《新中国六十年中医图书总目》(1949~2008),上、下册

该书目由裘俭等主编,2010年人民卫生出版社出版。共收集1949年新中国成立60年来全国各地出版的中医图书37 572种,涉及中医学科研、临床、教育及管理等方面成果。所收图书以中国中医科学院图书馆馆藏医书为基础,同时收集全国各地、各系统图书馆、出版社、书店、学术团体、个人及网络医书信息。书中特别设立了少数民族医学类目,专门收录用汉语言文字和少数民族语言文字著述的民族医药书籍。此举为以往各类中医书目所罕见。书后附著者笔画索引和书名笔画索引,以方便查找。

(二) 在线联合目录

1. CALIS

CALIS为中国高等教育文献保障系统(China Academic Library & Information System)的英文简称。是由国家资助,由全国多所高校、科研机构图书馆参加建设的全国性的在线书刊联合目录。其总部设在北京大学,下根据学科设有文理、工程、农学、医学4个全国信息中心,主要为高校的教学、科研及重点学科提供文献保障服务。目前CALIS的成员馆已超过500家,成为我国最具影响力的书刊联合目录。

获取地址:http://opac.calis.edu.cn/

2. 全国图书馆参考咨询联盟

全国图书馆参考咨询联盟是由我国公共、教育、科技系统图书馆合作建立的共用共享平台,可以表单咨询、在线咨询、电话咨询以及文献远程传递服务等。

获取地址:http://www.ucdrs.superlib.net/

3. 国家科技图书中心(NSTL)

国家科技图书中心是2000年建成的一个虚拟科技文献信息服务机构,聚集中国科学院文献情报中心、中国科学技术信息研究所、机械工业信息研究院、冶金工业信息标准研究院、中国化工信息中心、中国农业科学院农业信息研究所、中国医学科学院医学信息研究所、中国标准化研究院标准馆和中国计量科学研究院文献馆等多家单位资源,收录国内外期刊、会议论文、科技报告、学位论文、标准文献、专利文献等数据资源,可通过电话、在线咨询等多种途径开展馆际资源的检索与传输服务。

获取地址:http://www.nstl.gov.cn/

4. 全国期刊联合目录

全国期刊联合目录是由全国400多家专业及公共图书馆以及相关机构提供的全国范围内的期刊查找目录,学科涉及数学、物理、化学、天文、地理、生命科学、农业、医药、信息科学、工业技术、社会科学等;其数据除中文期刊外,还提供西、日、俄等外文期刊,总量达8万多种,同时还可以浏览7 000多种期刊的目次文摘以及近百种期刊的全文。目前依托中国科学院国家科学数字图书馆的UNICAT①检索平台提供服务。

获取地址:http://union.csdl.ac.cn/

5. OCLC(Online Computer Library Center)

OCLC总部在美国,为世界上最大的在线图书馆协作中心,目前拥有成员两千多个。其成员遍布世界多个国家,如我国清华大学等国内高校图书馆也是其成员馆。

获取地址:http://www.oclc.org/

五、其他查找古代图书的途径

1. 通过古代医籍中的参考书目

不少古代医籍附有参考书目,可据此查找其他医籍信息。如李时珍的《本草纲目》,其书前就列有所参考的历代本草书籍42种,引据古今医学书目所收医书227种,引据经史类书籍440余种。

2. 利用史书中的艺文志、经籍志查找

史书在正史之后常附有艺文志、经籍志,是根据当时政府藏书并参考其他书目而编成的综合性书目,又称为史志书目。史志书目始于东汉班固所撰《汉书·艺文志》,后各史依例编纂《隋书·经籍志》《旧唐书·经籍志》《新唐书·艺文志》《宋史·艺文志》《明史·艺文志》和《清史稿·艺文志》六种。这些史志书目是查找古代医书的又一途径。如《汉书·艺文志》载有《黄帝内经》《黄帝外经》《扁鹊内经》《扁鹊外经》《白氏内经》《白氏外经》等医学著作,共载医书36种,868卷;《隋书·经籍志》中记有《陶氏疗目方》《甘浚之之疗耳眼方》等古代医书,收录唐初现存医书256部,4 510卷。查找这些史志中的书目可利用专门的检索工具,如:

(1)《艺文志二十种综合引得》。该书由哈佛燕京学社引得编纂处编写,1933年印行,1960年中华书局影印本。该书辑录汉代到清代十五种艺文志和五种禁毁书目,所收先秦到清末图书四万余种,按书名和作者编成,书前附有笔画索引。

(2)《二十五史补编》。二十五史刊行委员会辑,1936年上海开明书店印行,1957年中华书局重印。该书收录后人补编的从汉至金元的各代艺文志、补艺文志32种,已将二十五史基本收全,故名补编。

(3)《十史艺文经籍志》。商务印书馆辑,1955~1959商务印书馆印行。该书收有汉、隋、旧唐、宋、辽、金、元、明、清十史艺文志,并收录艺文志补编37种。每一史志单独编写,前有出版说明,后附书名、人名索引。全书后附有总索引。

4. 通过地方志查找

地方志是各省、府、州、县编撰的以地方资料为主要内容的方志,其中记载有当地的名家著

---

① UNICAT:是由中国科学院国家科学图书馆联合其他文献情报单位共同建设的联合目录平台,除期刊联合目录外,还包括电子资源知识库、图书联合目录等产品。

述,其中不乏医书。其收录的详尽程度远大于正史书目。如1979年由郭霭春等编纂的《河北医籍考》,所收河北医籍多数为历来公私书目所未见。

5. 通过词典类工具书查找

一些医籍类词典也是查找古代中医图书的较好途径,如裘沛然主编的《中国医籍大辞典》,收录先秦以来中医药图书23 000余种(包括近现代图书1万余种)。另外一些非医籍类工具书也多收有图书的词目,如《中医大辞典》收录医籍类词目2 258条,谢观所编之《中国医学大辞典》,收录我国古代医书二千余种。这些工具书常附有较为完备的索引,查阅十分方便。

第二节 类书、丛书与全书

查找图书,除专门的书目著作外,其他类型著作中也常有书目附篇。由于类书、丛书、全书常是对多部著作内容的重新整理与汇集,因此,可以通过这些著作获得更为广博的资料,相比于单行本,查找及获取的效率也更高。

类书是重新组织原有典籍的篇章结构,从原有文献中提取素材,根据内容主题,加以类化编排而成的。类书内容广泛,天、地、人、事、物均有涉及,有"一卷在手,万卷在目"之美誉。根据类书收录范围的不同,类书有综合性的,也有专科性的。比如,《艺文类聚》为涉及各学科的综合性类书,《医学纲目》为涉及多个医科的医学综合性类书,《备急千金要方》《外台秘要方》为方剂类书,《幼幼新书》为儿科类书,《遵生八笺》为养生导引类书等。

类书不再是以出版单元而是以主题内容为编撰主线,某种意义上说,具有了数据库或检索系统中通过主题查找资料的特点,这在没有计算机的年代尤为难得,对当时的人们来说,也尤其实用。早在三国时期,我国即已出现编纂的类书,后各代迭有编纂,但散佚较多,十分可惜。

丛书也叫群集式图书,常指出于某种目的,将多部在内容上相对独立的图书加以群集,并统以一个总的丛书名称。比如《近代中医名医名著丛书》中包括多部由不同作者撰写的相对独立的医著。

全书可以指众人合编之大型丛书,也可以指收集某人或某一专题文献并加以全面阐述的图书。

有时全书与类书在名称上没有十分严格的区分。比如,《四库全书》虽有全书之名,但实指众人合编之大型丛书。

一些类书或全书,本身就辑录了大量的医籍,且不少古书有注明出处、引用时忠实原文的特点,是查找古代医籍的另一途径。如明代徐春甫的《古今医统大全》卷一附有"古今医统采撷诸书",记录了二百多种医书的书目信息,清人陈梦雷等编撰《古今图书集成医部全录》列有该书引用的医学书目,共记医书116种。

本节主要介绍几种比较有代表性的综合性类书、丛书和全书。

一、综合类

1.《艺文类聚》,唐,欧阳询、裴矩等奉敕编纂

该书是我国现存最早的一部完整的官修类书。全书分46部,部下再分细目727个。每目下所引条文分"事"、"文"两类。"事"记载古书中关于天、地、人事等的基本概念,"文"引摘相关作品,便于检索其他文献。

其中与中医有关的部目有:卷十七人部一形体;卷七十五方技部疾、医;与中药有关的部目有:卷七十二食物部、卷八十一至八十二药香草部、卷八十五百谷部、卷八十六至八十七果部、卷八十八至八十九木部。

据近人研究,《艺文类聚》引用唐以前古书达1 431种,其中流传至今者已不足十分之一,故该书还具有校刊及辑录古书的价值。

2.《太平御览》,宋,李日方等奉敕编撰

该书编于宋太平兴国年间(976~984),全书共一千卷,卷帙浩繁。据近人考证,所引古书2 579种,被称为"类书之冠"。该书所收古书多数现今已失传,其所辑录资料更显弥足珍贵。

该书的分类十分详细,全书共分55个部,每部下再细分为不同的子目,共4 558个子目。每个子目下附录各书记载的有关资料。其中与中医药有关的部目有:第360卷至400卷人事部,记载人的形体与行动;第720~724卷为方术部,记载医学、养生;第378至743卷疾病部,记载各种疾病;第837~867卷为百谷部、饮食部;第952~1 000卷为木、果、菜、香、药、百卉部,记载各种植物和药物。

由于该书条目繁多,查阅不便,后人为此书专门编有条目索引。如《太平御览索引》《太平御览引得》等。

3.《永乐大典·医药集》,明,姚广、解缙等奉敕修纂

《永乐大典》共2万2千余卷,收录明以前经、史、子、集各类古籍7 000~8 000种,汇编成册。但成书后经火灾、兵劫,大多亡佚。经后人多方搜集整理出的也仅795卷,为原书之百分之三、四。医药集为从现存卷帙中辑录的医药类资料,按类排放,对了解宋元以前医药资料有一定参考价值。

4.《四库全书》

《四库全书》是中国历史上规模最大的一套丛书。清乾隆三十八年(1773年)开始编纂,历时9年成书。整套书收录了从先秦到清乾隆前期的众多古籍,涵盖了古代中国几乎所有学术领域,该套书还收录西洋传教士参与撰述的著作,包括从西洋传入中国的数学、天文、仪器及机械等方面著作。

该套丛书为官修丛书,参与人员众多,由乾隆第六子永瑢负责,内阁大学士于敏中为总裁,大学士以及六部尚书、侍郎为副总裁,著名学者纪昀为总纂官。陆锡熊、孙士毅、戴震、周永年、邵晋涵等清代著名学者参与编纂。曾参与编撰并正式列名的文人学者有3 600多人,抄写人员3 800余人。由于卷帙浩繁,为便于利用,编有专门的书目提要,本章第一节书目著作中介绍的《四库全书总目提要》即是为方便该套丛书的利用编辑而成的。

二、医学类

1.《古今医统大全》,明,徐春甫集

该书辑于明嘉靖三十五年(1556)。现被多次重印出版。该书本着"合群书而不遗,析诸方而不紊,舍非取是,类聚条分"的原则,将明代以前医书及经史百家有关医药方面的资料辑录而成。包括《内经》要旨、各家医论、脉候、运气、经穴、针灸、临证各科证治、医案、验方、本草、救荒本草、制药、通用诸方及养生等内容。卷一辑有明初及以前历代医家简明传略,共270人,书中附有参考的古代医书及有关经史古书简介。

该书除引录古说外,还有编者自己的阐述,体现"既集异同",又"井然区别"的特点,对中医基础及临床理论研究均有较大参考价值。

2. 《医学纲目》，明，楼英编纂

该书刊于明代嘉靖四十四年(1565年)，辑录《内经》以降之历代方书、文献。分十部论述：① 阴阳脏腑部，相当于总论，分述诊法、治法、虚实寒热、刺灸、调摄、宜禁等；② 肝胆部；③ 小肠部；④ 脾胃部；⑤ 肺、大肠部；⑥ 肾、膀胱诸部；⑦ 伤寒部；⑧ 妇人部；⑨ 小儿部；⑩ 运气部。每部之中，病证、方药、治法又各有不同，并在治法上区分"正门"和"枝门"，以阴阳为纲，以病症为目，对历代文献及百家观点进行梳理，以类相聚，纲著目彰。

3. 《证治准绳》(《六科证治准绳》)，明，王肯堂著

该书刊于1602年，是一部具有全书性质的临床诊疗丛书，包括《杂病证治准绳》《杂病证治类方》《伤寒证治准绳》《疡医证治准绳》《幼科证治准绳》和《女科证治准绳》。所涉病种十分广泛，每病先述历代医家经验，后结合自己临床经验，阐明己见。因证论治，立法处方。各方下注出处，以便查询。

4. 《东医宝鉴》，明，朝鲜，许浚撰

该书由朝鲜太医许浚于1610年撰成，是一部综合性的医学全书。该书辑录我国古代八十多种医籍，以及朝鲜的《医方类聚》《乡药集成方》等数种医书，分类撰成。全书共分五篇，"篇"下再分"门"。五篇中内景篇、外形篇、杂病篇为主要篇章，共分108门，按人体部位先述生理，再述病因病机及临床表现，后详列治则、方药等。所引各方均注明出处书名。汤液篇专述药物信息，如性味、功效、主治等。针灸篇介绍经络、俞穴和灸法。

该书内容丰富，条理明晰，在朝鲜医家所撰汉方医著中最负盛名，也是了解我国医学名著的重要参考图书。

5. 《古今图书集成·医部全录》，清，陈梦雷等编

该书是我国古代规模最大的一部医学类书，是从《古今图书集成》中辑录而出的。收录《内经》以降，直至清初的医学文献，共120余种。由于该书卷帙浩繁，故1959年，人民卫生出版社分八册出版，后又多次再版。八册内容分别为：① 医经注释；② 脉诊、外诊法；③ 脏腑身形；④ 诸疾；⑤ 外科；⑥ 妇科；⑦ 儿科；⑧ 总论、列传、艺文、记事、杂录、外编。后又有再版。

该书内容系统、全面，涉及面广，包括经典著作的注释、历代临床各科对疾病的诊治，以及与医学有关的艺文、记事和医学人物小传等，是了解清以前重要医学著作以及古代中医药专题资料的重要著作。

6. 《医宗金鉴》，清，吴谦等编

该书具有丛书性质，刊于乾隆七年，曾被清政府奉为国家医典。书中内容引自《内经》至清代医家著作，共九十卷，并根据内容分为十五种。该书内容丰富完备，所引资料均注明出处。其中伤寒、金匮部分除对原文订正、注释外，还征引清以前伤寒各家的论述。临床各科的诊治心法要诀，则以歌诀形式表述，十分易学。人民卫生出版社排印本后附有"各种附方索引"，以方便查找。

7. 《二十六史医学史料汇编》

该书由陈邦贤辑录，1982年北京中医研究院中国医史文献研究所出版。主要辑录二十六史中医学相关资料，按朝代汇编成册，每个朝代均按以下几个部分编写：① 医事制度。下又分为医事组织、医学职官、医学分科、医学教育及医事政令几项；② 医学人物；③ 医学文献；④ 寿命、胎产；⑤ 养生、卫生；⑥ 解剖史料、脏腑经络；⑦ 疾病，下又按临床各科分为传染病、内科病、妇科病、儿科病、五官科病几项；⑧ 病因、诊断、治疗；⑨ 药品；⑩ 兽医和兽疫。对借鉴利用史书中的医学文献很有参考价值。

第三节 电子图书

电子图书是将文字、图片、声音、影像等信息,通过数码方式记录在以光、电、磁为介质的设备中,并借助特定设备来读取、复制、传输。

一、超星图书(http://www.chaoxing.com/)

超星图书(汇雅书世界)是目前世界上最大的中文在线数字图书网,数据每日更新。网站上的图书不仅可以在线阅读,还提供下载和打印。包库或镜像单位用户可在本单位使用超星资源。个人用户可以通过超星网访问超星电子图书,注册成为超星网普通会员,或购买超星读书卡成为充值会员后,阅读下载所需资源,享有更多权利。

超星电子图书包含130多万种数字图书,每年增加数万种。超星电子书可以按《中国图书馆分类法》的分类体系,通过类别查找图书,因此,在没有具体书名的情况下,可以通过分类查找医药类图书。

超星电子图书可以采用超星阅读器阅读、网页阅读、PDF阅读三种方式。用户可以选择以PDF格式下载图书后阅读,也可以直接在线阅读,或扫描下载手机客户端,使用手机进行阅读。

二、国学大师(http://www.guoxuedashi.com/)

国学大师网在本教材第三章中医药事实型资料检索中提到过,该网站除可以提供字词解释等功能外,还提供约百万种古籍的查阅,包括宋刻本、明抄本、清抄本、民国版本等。在该网站的书目频道下,可以选择书名、作者等字段查找图书概况及基本的书目信息。

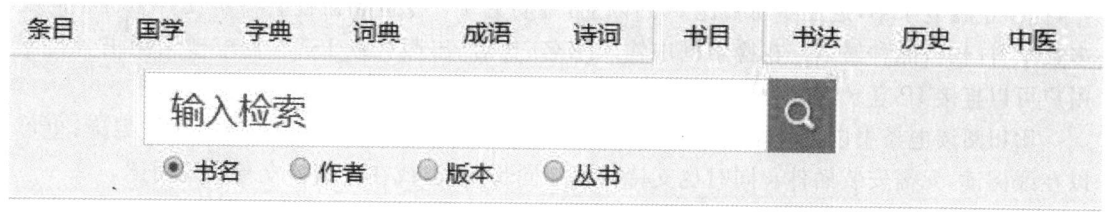

图4-4 国学大师网"书目"频道

三、知网图书(http://kns.cnki.net/kns/brief/result.aspx?dbprefix=WWBD)

知网图书检索涉及面十分广泛,跨自然科学及人文社会科学,这些图书信息主要来自世界上著名的出版商。知网提供检索,也提供题录、摘要及知网节的浏览,可以帮助用户链接到这些图书的原文提供者。

四、FreeBooks4Doctors(http://www.freebooks4doctors.com/)

FreeBooks4Doctors由Flying Publisher创建,主要提供医学类免费电子图书,目前该网站电子图书的数量为370种,可分别按主题、语种、出版年、星级评价、影响力等进行浏览。读者也可以按图书名浏览,选择图书文种,包括英文、法文、德文、西班牙文、葡萄牙文和其他文种,然后在同一文种下按书名字母顺序查找。该网站新书单独列出,并提供图书提醒服务

(Book Alert)，以 E-mail 方式通知用户新到电子图书。

五、InTech Books(https://www.intechopen.com/books/)

InTech 是开放获取电子图书的出版商，主要出版科技卫生类图书。自 2004 年起，InTech 出版了 3 800 多种开放获取电子图书，其中生命科学类 639 种，健康科学类 1 197 种。可以按主题浏览，也可以输入检索词查找图书。

六、方正 Apabi 中华数字书苑(http://www.apabi.cn/)

方正 Apabi 中华数字书苑是北大方正电子有限公司 2001 年推出的电子图书资源平台。该平台使用 IP 地址访问，或用户名和密码访问。方正 Apabi 对 75 余万册版权期内电子书采用《中国图书馆分类法》分类，其中医学类图书近 3 万册，中医学图书有 7 800 多种。另有数字报纸、工具书库、年鉴库、图片库和方正知库等资源。

在检索结果的图书详细信息页面，点击"在线浏览"或"借阅"阅读图书，阅读方正 Apabi 图书需要下载 Apabi Reader 阅读器。方正 Apabi 同时支持移动端阅读方式，用手机二维码扫码借阅图书。

七、中医世家图书频道(http://www.zysj.com.cn/lilunshuji/)

中医世家网站由近代名医王绍棠的传人制作，提供部分古今中医图书的在线阅读，也提供部分医籍的书目信息。

八、云田智慧田田阅读(http://www.ytzhihui.com/platformwcb/)

田田阅读是基于云田智慧云平台的电子图书服务平台。田田阅读与近两百家出版社合作，提供正版电子书，近三年新书比 90% 以上，每周更新。专业涵盖社会科学及自然科学的大多数学科门类，品种繁多。在检索框中输入书名、作者、出版社或 ISBN 均可搜索图书。包库用户可以直接 IP 登录，未注册用户可以试读图书的前 10 页。

田田阅读电子书以多种格式展现，用户可以选择 PDF、EPUB、JPG 等格式下载阅读；也可以在线阅读，无需安装插件。同时也支持移动端同步阅读，或在微信公众号实现阅读。

九、书生之家数字图书馆(http://edu.21dmedia.com/)

书生之家数字图书馆提供 400 多家出版社及相关作者授权的十多万种图书，提供电子图书全文在线阅读及下载服务。机构用户可以在 IP 范围内直接登录，其他用户注册后可以使用。用户可以按图书名称、出版机构、关键词、作者、ISBN 号、组合检索、全文检索等字段检索图书，或采用高级检索组合查询图书。全文检索定位到页，可实现对书中内容的检索。

(张稚鲲，周黎)

第五章　特种文献检索

特种文献在本教材第一章第二节介绍过,是一类出版形式及获取途径比较特殊的文献,本章主要介绍会议论文、学位论文、专利文献、标准文献、政府出版物、科技报告和病案等特种文献,涉及科学技术、生产生活的各个领域,是学习、科学研究过程中可以利用的重要文献。

第一节　专利文献检索

一、专利

(一) 专利及其相关概念

1. 专利

专利(patent)一词来源于拉丁语 Litterae patentes,意为公开的信件或公共文献,是中世纪的君主用来颁布某种特权的证明。现在是指一项发明创造,在向国家审批机关提出专利申请并经审查合格后,向专利申请人授予的在规定时间内对该项发明创造享有的专有权。

2. 优先权

优先权最早是《保护工业产权巴黎公约》中规定的一种权力,是巴黎联盟各成员国给予本联盟国申请人的一种优惠权。即当申请人在某一成员国提出申请专利时,以首次申请的日期(优先权日)作为判断新颖性和创造性的标准。优先权有一定的期限,发明和实用新型的优先权期限为12个月,外观设计的优先权期限为6个月。设立优先权的意义在于:可以排除其他国家对此专利的抄袭行为。

3. 专利族、同族专利、基本专利

由至少一个共同优先权联系的一组专利文献,称一个专利族(Patent Family)。在同一专利族中每件专利文献被称作专利族成员(Patent Family Members),同一专利族中每件专利互为同族专利。在同一专利族中享有最早优先权的专利文献称为基本专利。

(二) 专利的特点

1. 专有性

也称排他性。是指同一发明在一定的区域范围内,只有专利权人才能在一定期限内享有对其的制造权、使用权和销售权。其他任何人未经许可都不能对其进行制造、使用和销售,否则属于侵权行为。非专利权人要想使用他人的专利技术,必须依法征得专利权人的同意或许可。

2. 区域性

指专利权是一种有区域范围限制的权利,技术发明在哪国申请,就由哪国授予专利权,而且只在专利授予国有效,但同一发明可以同时在两个或两个以上的国家申请专利,获得批准后其发明在所有申请国均获得法律保护。

3. 时间性

指专利权仅在法律规定的期限内有效,保护期限结束以后,专利权人所享有的专利权便自动丧失,变为失效专利。失效专利随着保护期的结束而成为社会公有的财富,他人可以自由使用。专利保护期的长短由有关国家的专利法或国际公约规定,目前世界各国的专利法对专利的保护期限规定不一。世界贸易组织《知识产权协定》第三十三条规定专利"保护的有效期应不少于自提交申请之日起的第二十年年终"。

4. 实施性

除美国等少数几个国家外,绝大多数国家都要求专利权人必须在一定期限内,在给予保护的国家内实施专利,即利用专利技术制造产品或转让其专利。

(三) 中国专利的种类

根据《中华人民共和国专利法》的规定,专利有三种类型:发明、实用新型、外观设计。

1. 发明专利

指对产品、方法或者其改进所提出的新的技术方案。发明可以分为产品发明和方法发明。产品发明是指人工制造的新制品,如中成药、保健品、医药器械、诊断试剂、中草药有效提取成分、有药用价值的新化合物、化妆品等,都可以申请产品发明专利。方法发明则是指为制造某一产品或者转变某一物品所采用的方法和手段。中医药领域中药的生产方法、药材的炮制工艺、提取工艺以及各种医药器械、保健品的生产方法等,都可以申请方法发明专利。发明专利的审查时间较长,费用较高,但授权之后的法律状态[①]较为稳定,保护期为申请日起20年。

2. 实用新型专利

指对产品的形状、构造或者其结合所提出的适于实用的新技术方案。产品的形状是指产品所具有的、可以从外部观察到的确定的空间形状。产品的构造是指产品的各个组成部分的安排、组织和相互关系。在中医药领域,凡以光、电、磁、声、放射直接作用于人体的医疗器械或保健用品,可以申请实用新型专利。如碳离子治疗仪、腰椎间盘康复理疗器、针灸刮痧器、理疗按摩器、家用电灸器、自热理疗袋等。实用新型专利的审查时间较发明专利短,费用较低,但授权之后的法律状态的不稳定较弱,保护期自申请日起10年。

3. 外观设计专利

指对产品的形状、图案或者其结合以及色彩与形状、图案的结合所做出的富有美感并适于应用的新设计。中医药领域中的产品外包装、中药的物理形状、保健用品的外形图案等,可申请外观设计专利。外观设计专利注重的是产品的形状、图案、色彩或其结合,是产品直接为消费者所接受的外部形态,保护期是申请日起10年。

[①] 法律状态:主要指专利的实质审查请求的生效,专利权的无效宣告,专利权的终止,权利的恢复,专利申请权、专利权的转移,专利实施许可合同的备案,专利权的质押、保全及其解除,著录事项变更、通知事项等。

(四) 专利的授予条件

1. 授予发明和实用新型专利权的条件

按照专利法的规定,授予专利权的发明和实用新型必须具备新颖性、创造性和实用性,即通常所说的专利"三性"要件。这是各国专利法普遍采用的准则,也是世界贸易组织《与贸易有关的知识产权协议》(Agreement On Trade-related Aspects of Intellectual Property Right, TRIPS)所确认的准则。

新颖性:指在申请日以前没有同样的发明或者实用新型在国内外出版物上公开发表过、在国内公开使用过或者以其他方式为公众所知,也没有同样的发明或者实用新型由他人向专利行政部门提出过申请并且记载在申请日以后公布的专利申请文件中。

创造性:指与申请日以前已有的技术相比,该发明有突出的实质性特点。具有实质性特点是指相对于现有技术,对所属技术领域的技术人员来说是非显而易见的。

实用性:指该发明或实用新型能够制造或者使用,并且能够产生积极效果。如果申请物违背自然规律、不具备再现性、无法实现、缺乏有益性等,则不具备实用性。

2. 授予外观设计专利权的条件

新颖性:与发明和实用新型的标准相同。

创造性:与现有的外观设计不相同和不相近似。这里讲的"不相同",是指产品不相同和设计不相同。产品不相同是指产品的用途和功能不完全相同;设计不相同是指形状、图案、色彩三个要素不相同。应当指出的是,相同的设计,用在不同的产品时,不应认为是相同的外观设计。

不得与他人在先取得的合法权利相冲突:这里是指外观设计人在申请专利以前,他人已经取得的合法权利。主要是指商标权、著作权(主要是指美术作品)、肖像权等。

(五) 不授予专利权的领域

按照专利法规定,一项发明创造只要具备了取得专利的实质条件,就可以获得专利权,但是,为了保护国家、社会和公众的利益,我国专利法根据专利保护的特点和我国经济、科技发展状况,对一些主题作了不能取得专利权的规定,主要有以下几个方面:

1. 科学发现

科学发现仅仅是对自然规律的认识,而不是利用自然规律所做出的发明创造,它不能直接应用于生产实践,不具备实用性,因此不授予专利权。

2. 智力活动的规则和方法

智力活动仅仅是指导人们对其表达的信息进行思维、识别、判断和记忆,而不需要采用技术手段,不具备技术的特点,因此不能授予专利权。

3. 疾病的诊断和治疗方法

疾病的诊断和治疗方法是指以有生命的人或者动物为直接实施对象,对之进行识别、确定或消除病因或病灶的过程。考虑到医生的天职是救死扶伤,在诊断和治疗疾病的过程中,医生理应有选择各种方法的自由;另一方面,疾病的诊断和治疗方法是直接以有生命的人或动物为实施对象,无法在产业上利用,不具备实用性,不属于专利法意义上的发明创造,因而这类方法不能被授予专利权,但是用于诊断和治疗的仪器和物质材料则是可以授权的。也就是说治疗仪和药品是可以申请专利的。

4. 动物和植物品种

动物和植物品种指的是动物和植物品种本身,不包含生产动物和植物品种的方法。这里所说的生产方法是指非生物学的方法。一种方法是否属于"主要是生物学的方法",取决于在该方法中人工技术的介入程度,如果人工技术的介入对该方法所要达到的目的或效果起主要控制或决定性作用,则这种方法不属于"主要是生物学的方法",可以授予专利权。

5. 用原子核变换方法获得的物质

用原子核变换方法获得的物质由于可以用于军事目的,出于国家重大利益的考虑,专利法规定不授予专利权。需要指出的是,不仅用原子核变换方法获得的物质不能获得专利保护,而且原子核变换方法本身也不能获得专利保护。

6. 对平面印刷品的图案、色彩或者二者的结合做出的主要起标识作用的设计

这可以避免一项发明创造既申请商标保护,又申请外观设计的专利保护。如人们经常所见的一些简单文字商标,其设计的目的是起标识作用,因则不授予专利权。

二、专利文献

专利文献是记载专利的知识载体。据世界知识产权组织统计,世界上90%～95%的发明能在专利文献中查到,并且许多发明只能在专利文献中查到。专利文献几乎记载了人类取得的每一个新技术成果,是最全面的世界技术史。专利文献的特点主要有:

1. 内容新颖

大多数国家或国际组织专利法规定,专利申请实行先申请制,即分别就同样发明内容申请专利的,专利权将授予最先申请者,这就促使申请人为获取专利权而以最快速度提交专利申请。由于新颖性是专利性的首要条件,因此,发明创造总是首先以专利文献而非其他科技文献的形式向社会公布。

2. 数量巨大,内容广博

各国自建立专利制度以来,全球100多个国家与组织用约30多种官方文字出版专利文献,其数量占世界每年400万件科技出版物的1/4,目前全世界每年出版的专利说明书达150多万件,内容涉及人类科技发展的各个领域,是一部完整的人类科技进步史。

3. 内容完整而详尽,实用性强

专利说明书的内容表述必须依照专利法的规定对发明创造做出清楚、完整的说明,并且这种说明要以所属技术领域的一般技术人员能够实现为准。因此专利说明书对发明的技术特征、内容和细节都有详细的描述。它对发明的阐述具体、可靠,附图详细,对制定设计方案、技术措施有重要的参考价值。其次,专利说明书不仅详述发明内容,也对已知技术做简要介绍。

4. 质量可靠

专利说明书等有关文件的撰写大多是由受过专门训练的代理人会同发明人共同完成,只有描述准确、质量可靠的专利才会顺利通过专利局的严格审查。

5. 重复出版

重复报道的原因之一是同一项发明多国申请时产生多种语言的专利文献版本,该特点允许用户从同一发明的众多说明书中选择自己熟悉的语种阅读,为克服语言障碍、促进专利资源的共用共享提供了便利。

(三) 国际专利分类法

国际专利分类法(International Patent Classification, IPC)是根据1971年签订的《国际专

利分类斯特拉斯堡协定》编制的用于专利文献分类的等级列举式分类法,是目前唯一的国际通用的专利文献分类和检索工具。从第八版分类表(2006年)开始被划分为基本版和高级版,我国目前主要采用 IPC 中的高级版。

IPC 协定规定,国际专利分类法主要是对发明和实用新型专利文献进行分类,而外观设计专利文献则使用国际外观设计分类法(也称为洛迦诺分类法)进行分类。

IPC 采用功能分类与应用分类相结合,并以功能分类优先的原则,将与发明专利有关的全部技术内容按部、分部、大类、小类、主组、分组等逐级分类,组成完整的等级分类体系。

部:是分类表等级结构的最高级别,IPC 将全部科学技术领域分成 8 个部,分别用 A-H 大写英文字母表示(2018 版)。

A 部	生活需要	E 部	固定建筑物
B 部	作业;运输	F 部	机械工程;照明;加热;武器;爆破
C 部	化学;冶金	G 部	物理
D 部	纺织;造纸	H 部	电学

大类:每一个大类的类号由部的类号和两位数字组成,如 A61(医学或兽医学;卫生学)。

小类:每一个小类类号由大类类号加上一个英文大写字母组成,如 A61K(医用、牙科用或梳妆用的配制品)。

大组:每一大组类号由小类类号加上 1~3 位数及"/00"组成,如 A61K35/00(含有原材料或其与不明结构之反应产物的医用配制品)。

小组:每一个小组类号由小类类号加上一个 1~3 位数,后面跟着斜线"/",再加上除"/00"以外的至少两位的数组成,如 A61K35/78(来源于植物的材料)。

一个完整的分类号由代表部、大类、小类、大组或小组构成,一般为 5 级结构。例如 A61K31/716。

部	A 生活需要
大类	A61 医学或兽医学;卫生学
小类	A61K 医用、牙科用或梳妆用的配制品
大组	A61K31/00 含有机有效成分的医药配制品
小组	A61K31/716. 葡聚糖

三、专利信息资源

(一) 常用国内外专利检索系统

1. 国家知识产权局专利检索系统

国家知识产权局网站是由国家知识产权局建立的政府性官方网站。该网站提供专利申请、专利审查、专利公报、专利年报、专利证书发文、法律状态、收费信息等的查询。此外,还可以直接链接到国外主要国家和地区的专利数据库、国外知识产权组织或管理机构的官方网站、国内地方知识产权局网站等。

国家知识产权局网站主页上设有专利检索及分析功能。该系统共收集了 103 个国家、地区和组织的专利数据,同时还收录了引文、同族、法律状态等数据信息。中国专利收录了自 1985 年 9 月 10 日以来已公开或公告的全部专利信息,包括发明、实用新型和外观设计三种专利的著录项目及摘要、各种说明书全文及外观设计图形。国内专利数据每周更新二次,滞后公开日7天。注册后可以免费检索并下载专利说明书全文,高级用户可以使用其分析功能。

该系统专门设置了药物检索功能,可进行中西药物专利检索,特别是中药方剂专利的检索。系统还可以从申请人、发明人、区域、技术领域等角度进行专利分析,并可进行同族查询,引证/被引证查询、法律状态查询、申请人(专利权)人别名查询,分类号关联查询和双语词典等。

网址:http://www.sipo.gov.cn/

2. 中国知识产权网专利信息服务平台

中国知识产权(China Intellectual Property Right,CNIPR)网由知识产权出版社于1999年创建。其服务平台主要提供中国专利(包括中国发明、中国实用新型、中国外观设计、中国发明授权、中国失效专利及中国香港、中国台湾专利)及国外专利(包括美国、日本、英国、德国、法国、加拿大、EPO(European Patent Office)、WIPO、瑞士等国家和组织)的检索。

利用国家知识产权局网站检索专利(5-1)

该平台提供的服务包括:① 机器翻译:对英文专利进行即时翻译。② 分析和预警:通过数据挖掘、分析整理出相关统计信息或潜在知识,以直观易懂的图或表等形式展现。

网址:http://www.cnipr.com/

3. 美国专利商标局(USPTO)专利数据库

美国专利商标局网站是由美国专利商标局建立的政府性官方网站,除提供专利数据库检索外,还提供专利概述、专利申请、文献公布程序、美国专利分类体系等信息。

数据库分为授权专利数据库和申请专利数据库,前者提供1790年至今各类授权的美国专利,后者只提供2001年3月15日起申请说明书的文本和图像。数据每周更新。

利用中国知识产权网专利信息服务平台检索专利信息(5-2)

网址:http://www.uspto.gov/

4. 欧洲专利局网站Espacenet专利检索系统

该网站是1998年由欧洲专利局在互联网上建立的Espacenet数据检索系统。其专利数据由欧洲专利局及其成员国提供,共收录1920年以来(各国的起始年代有所不同)世界上100多个国家和地区出版的共计1.5亿多万件专利文献,另提供专利公报、INPADOC(International Patent Documentation Center)数据库信息及专利文献的修正等方面信息。

利用美国专利商标局检索专利信息(5-3)

Espacenet专利检索系统可划分为四个数据库:worldwide数据库(收录100多个国家超过1亿件的已公开申请专利文献)、worldwide EN数据库(已公开申请英文全文专利文献)、worldwide FR数据库(已公开申请法文全文专利文献)、worldwide DE数据库(已公开申请德文全文专利文献)。

Espacenet数据检索系统可以从欧洲专利局主页进入,也可以从欧洲专利各成员国站点进入,各成员国的站点支持本国的官方语种。该数据库提供图片式全文显示,可单页显示、下载或打印。

网址:http://worldwide.espacenet.com/

5. 世界知识产权组织专利数据库

该网站由世界知识产权组织建立,其知识服务处提供 PATENTSCOPE 专利检索系统、马德里国际商标体系查询、全球外观设计数据库、Hague Express 数据库等。其中 PATENTSCOPE 检索系统可以检索到包括中国在内的 50 多个国家组织或者地区的数百万份专利文献。此系统可提供专利说明书全文阅览和免费下载,其中化学结构检索需要登录状态、英文界面。

利用欧洲专利局检索专利信息(5-4)

网址:https://patentscope.wipo.int/search/zh/search.jsf

6. 日本特许厅专利数据库

由日本特许厅工业产权数字图书馆提供,收集了日本专利的各种公报(特许和实用新案),有英语和日语两种语言。英文版收录自 1993 年至今公开的日本专利题录和摘要;日文版收录 1971 年至今的公开特许公报,1885 年至今的特许发明明细书,1979 年至今的公表特许公报等专利文献。

网址:http://www.jpo.go.jp/

7. 德温特世界专利数据库

德温特世界专利数据库(Derwent Innovation Index,DII)是科睿唯安公司的产品。该库融合了"世界专利索引(World Patent Index,WPI)"和"专利引文索引(Patent Citation Index,PCI)"的内容,收录来自 40 多个国家和地区的 2 千多万项基本发明,4 500 多万条专利,是检索全球专利的著名数据库。其中专利文献索引回溯至 1963 年,专利引文索引回溯至 1973 年。涵盖化学、电气、电子及机械工程等专业。每周增加来自全球 40 多个专利机构授权的、经过德温特专家深度加工的 25 000 篇专利文献。DII 还提供描述性标题(指原专利标题含糊和不明确,德温特索引编制专家根据专利内容重新撰写简明精确的标题,揭示发明内容与新颖性)、描述性的摘要(德温特专家根据专利全文撰写 200~250 字介绍专利的声明、用途和优势的摘要)、德温特分类代码、专利家族和专利发明图示等资料。

利用日本特许厅专利数据库查找专利信息(5-5)

网址:http://apps.webofknowledge.com/

8. SCIFINDER 中的专利检索

SCIFINDER 中收录了来自 63 个专利授权机构的专利说明书,因而该数据库也是一个重要的专利检索工具。

网址:https://scifinder.cas.org/

(二)其他网上专利检索网站

➢ INNOJOY 专利搜索引擎 http://www.innojoy.com/search/index.html
➢ SOOPAT 专利搜索引擎 http://www2.soopat.com/Home/IIndex
➢ 免费专利在线 http://www.freepatentsonline.com/
➢ 佰腾专利检索 https://www.patexplorer.com/ads.html

第二节 标准文献检索

标准文献是指具有法律效应的、应用于一定区域或行业的规范化文件。该类文献可按不同标准划分为不同的类别,如按使用范围可分为国际标准、国家标准、行业标准、地方标准等,按使用的成熟度可分为强制性标准、推荐性标准、指导性标准等。

一、标准文献的编号

了解标准文献编号有利于正确使用标准号查找标准文献，提高检索效率。

（一）国际标准编号

主要由国际标准化组织标准代号、国际标准发布顺序号和国际标准发布年代三部分组成。如"ISO 15195—2008"为标准代号，"实验室医学 基准测量实验室的要求"为对应的标准名称。

（二）中国标准编号

中国国家标准的标准代号有以下几种：GB 代表强制性国家标准，GB/T 代表推荐性国家标准，GB/Z 代表中华人民共和国国家标准化指导性技术文件，GBJ 代表工程建设国家标准，GBZ 代表国家职业卫生技术标准，GJB 代表国军标。如"GB 9685—2016 食品安全国家标准 食品接触材料及制品用添加剂使用标准"为强制性国家标准。

1. 行业（专业）标准

根据我国"行业标准管理办法"规定，强制性行业标准的代号用行业名称的两个汉语拼音字母表示，如"YY 1001.1—2004 全玻璃注射器"为医药行业强制性标准，若为推荐性行业标准，字母后加斜线"/"加"T"表示。

2. 地方标准

自从我国"地方标准管理办法"颁布后，强制性地方标准的代号用"DB"加省、市、自治区代码前两位数加斜线"/"表示，推荐性地方标准的代号在斜线后再加上"T"表示。如"B34 121—1995 负氧离子发生器卫生要求"和"DB36/T426—2004 鲜淮山"分别为强制性地方标准和推荐性地方标准。

3. 企业标准

根据我国"企业标准管理办法"规定，企业标准的代号，用"Q"加斜线"/"加企业的数字代号表示。中央直属企业，企业的名称代号由中央各部规定；地方企业，由各省市规定，地方企业代号要加所属省市的简称。如"Q/CG94—2001（高压容器用无缝钢管）"。

二、现行常用中医药印本标准

（一）中医部分

1.《中医病证诊断疗效标准》（ZY/T001.1～001.9-94）

该标准是国家中医药管理局医政司编制，1995 年 1 月 1 日起正式实施的中华人民共和国中医药行业标准，中国中医药出版社 2017 年出版最新版。全书共由中医内、肛肠、眼、耳鼻喉、外、骨伤、妇、皮肤、儿科等 9 科标准组成。所列病证按《中医病证分类与代码》进行编码。每种标准著录项目有病证名、诊断依据、证候分类、疗效评定 4 个部分。

2.《中医病证分类与代码》（GB/T15657—1995）

它由国家技术监督局于 1995 年批准，1996 年 1 月 1 日起实施。适用于中医医疗、卫生统计、中医病案管理、科研、教学、出版及国内外学术交流。先按内、外、妇、儿、眼、耳鼻喉与骨伤科归类编排，每类之中再按病证排列。

3.《中医临床诊疗术语》(GB/T16751.1～3—1997)

该标准由国家技术监督局于1997年发布，1997年10月1日起实施，适用于中医医疗、教学、科研、卫生统计、医政管理、出版及国内外学术交流。全标准共分疾病、证候、治法3个部分。

第一部分：疾病。规定了中医内、外、妇、儿、眼、耳鼻喉、皮肤、肛肠等科930种疾病的名称及定义，并按中医认识疾病的规律分类。另有症状性术语49条，当病种难定时可作暂时性诊断。

第二部分：证候。规定了中医八纲辨证、病因、气血津液辨证、脏腑辨证、六经辨证、卫气营血辨证与三焦辨证等800种临床常见证候的名称及其定义。

第三部分：治法。规定了中医临床常用治则与治法1050个名称及其定义。

各部均由前言、适用范围、引用标准与标准正文4部分组成，并附拼音与笔画索引。著录项如有同义词，则列于定义之后。凡名称中用方括号括起的字，可以代替前面使用。如"辛凉解[透]表"，也可用"辛凉透表"。凡是用圆括号()括起的部分，表示可以省略。

4.《中医基础理论术语》(GB/T 20348—2006)

该标准由国家中医药管理局提出，辽宁中医药大学起草，国家质量监督检验检疫总局和国家标准化管理委员会于2006年5月25日批准发布，从2006年10月1日起正式实施。其界定了中医基础理论中阴阳、五行、脏象、气血精津液、经络、体质、病因、病机、养生、预防、治则、五运六气等的术语及定义，适用于中医教学、医疗、科学研究、管理、出版及国内外学术交流。

5.《中医护理常规 技术操作规程》(ZYYXH/T1.1～1.18—2006)

由中华中医药学会提出并发布，由中国中医药出版社于2006年10月1日出版，适用于中医护理管理及临床护理人员，可作为临床实践、操作规范及质量评定的重要参考依据。全标准共分《中医护理常规》《中医护理技术操作规程》《中医护理文件书写规范》及《中医护理工作规章制度》四部分。

6.《亚健康中医临床指南》(ZYYXH/T2—2006)

由中华中医药学会亚健康分会起草，由中国中医药出版社于2006年10月1日出版，是我国第一部指导和规范亚健康研究及干预的文件。该指南的编写和颁布旨在为中医、中西医结合与相关学科研究及干预亚健康状态提供参考，使亚健康的诊断和干预科学化、规范化，为寻求切实可行的健康管理方案及亚健康干预措施提供依据。

7.《糖尿病中医防治指南》(ZYYXH/T3.1～3.15—2007)

该指南是指导和规范中医防治糖尿病的纲领性文本，由中华中医药学会于2007年7月28日发布。全书包括糖尿病前期、糖尿病、糖尿病肾病、糖尿病视网膜病变、糖尿病周围神经病变、糖尿病勃起功能障碍、糖尿病自主神经病变、糖尿病合并心脏病、糖尿病合并脑血管病、糖尿病足、糖尿病合并高血压病、糖尿病合并脂代谢紊乱、代谢综合征、糖尿病代谢性骨病及糖尿病合并皮肤病，共15个部分。

8.《中医内科常见病诊疗指南》(ZYYXH/T4～135—2008)

该标准是中华中医药学会内科分会实施编写的一部指导中医内科各级医师诊断治疗行为的医疗文件，由中国中医药出版社于2008年7月出版。分为两个分册，第一分册收录中医46种病证，采用中医病名，保持中医特色，选择相对优势病证；第二分册收录西医86种疾病，采用西医病名，提供西医诊断依据，适应病证结合的诊疗模式。

9.《肿瘤中医诊疗指南》(ZYYXH/T 136~156—2008)

该标准由中华中医药学会肿瘤分会承担编制,是国内第一部指导中医肿瘤临床诊疗的技术规范性文件,由中国中医药出版社于2008年11月出版。全标准共分为鼻咽癌、甲状腺癌、肺癌、乳腺癌、食管癌、胃癌、大肠癌、胰腺癌、肝癌、恶性淋巴瘤、急性白血病、慢性粒细胞白血病、多发性骨髓瘤、前列腺癌、睾丸肿瘤、卵巢癌、宫颈癌、膀胱癌、肾癌、皮肤癌、癌性疼痛21个部分,每一部分都是具体肿瘤病种的中医诊疗指南。其目的在于规范肿瘤的中医临床诊断、治疗,为临床医师提供肿瘤中医标准化处理策略与方法。

10.《中医体质分类与判定》(ZYYXH/T157—2009)

该标准是国家中医药管理局主管,中华中医药学会体质分会编制完成,是我国第一部指导和规范中医体制研究及应用的文件,内容包括术语和定义、中医体质9种基本分类和特征、中医体质分类的判定,适用于从事中医体质研究的中医临床医生、科研人员及相关管理人员,可作为临床实践、判定规范及质量评定的重要参考依据,并为治未病提供了体质辨识的方法、工具与评估体系。

11.《针灸技术操作规范》(GB/T 21709.1~10—2008,GB/T 21709.11~20—2009,GB/T 21709.21~22—2013)

该标准由国家质量监督检验检疫总局、国家标准化管理委员会分三批于2008、2009、2013年发布,共分艾灸、头针、耳针、三棱针、拔罐、穴位注射、皮肤针、皮内针、穴位贴敷、穴位埋线、电针、火针、鍉针、眼针、鼻针、口唇针、腕踝针、毫针基本刺法、毫针针刺手法和刮痧,共22个部分。

标准中涉及的针灸技术操作规范,均为针灸临床常用的、发展成熟的针灸优势特色技术。标准中严格规范了各种技术的操作步骤与要求、操作方法、注意事项与禁忌等内容。

12.《腧穴名称与定位》(GB12346—2006)

此标准由中华人民共和国国家质量监督检验检疫总局和中国国家标准化管理委员会于2006年发布并实施,是对GB12346—1990(《经穴部位》)的修订。标准规定了人体腧穴定位的方法和362个经穴、46个经外奇穴的定位及名称,其穴位命名称依据1991年世界卫生组织(WHO)颁布的《针灸穴名国际标准》。

13.《腧穴定位人体测量方法》(GB/T 23237—2009)

该标准由国家质量监督检验检疫总局与国家标准化管理委员会于2009年批准并实施。

14.《耳穴名称与定位》(GB/T 13734—2008)

此标准由国家质量监督检验检疫总局和国家标准化管理委员会于2008年批准并实施,是GB/T 13734—1992(《耳穴名称与部位》)的修订本,规定了人体耳穴的名称和标准定位。

15.《中医病历书写基本规范》(国中医药医政发〔2010〕29号)

该规范由国家卫生健康委员会、国家中医药管理局于2010年施行。中医病历书写是指医务人员通过望、闻、问、切及查体、辅助检查、诊断、治疗、护理等医疗活动获得有关资料,并进行归纳、分析、整理形成医疗活动记录的行为,其规范了门(急)诊病例、住院病例书写内容及要求,打印病例内容及要求。

(二)药物标准

1.《中华人民共和国药典》

由中华人民共和国国家药典委员会编写,记载了中国药品的标准、规格,是中国药品生产、供应、使用和管理部门检验药品的共同依据,具有国家法律效力。

我国于新中国成立之初即开始着手国家药典的编纂工作,至今为止,中国药典分别于1953、1963、1977、1985、1990、1995、2000、2005、2010和2015年出版,所收药品种类也从1953年的513种增加到2015年的5 608种。

2. 《药品生产质量管理规范》(GMP)(2010年修订)

该规范2011年3月1日起正式实施,是国家食品药品监督管理总局为生产优良药品而制定的标准规则,也是一套适用于制药、食品等行业的强制性标准。要求企业从原料、人员、设施设备、生产过程、包装运输、质量控制等方面按国家有关法规达到卫生质量要求,形成一套可操作的作业规范,帮助企业改善企业卫生环境,及时发现生产过程中存在的问题,确保最终产品的质量符合法规要求。

3. 《药物非临床研究质量管理规范》(GLP)(2017修订)

该规范于2017年经国家食品药品监督管理总局发布并施行,是就实验室实验研究从计划、实验、监督、记录到实验报告等一系列管理而制定的法规性文件。它是针对医药、农药、食品添加剂、化妆品、兽药等进行的安全性评价实验而制定的规范。其主要目的是严格控制化学品安全性评价试验的各个环节,即严格控制可能影响实验结果准确性的各种主客观因素,降低试验误差,确保实验结果的真实性。

4. 《药品经营质量管理规范》(GSP)(2016年修订)

该规范于2016年由国家药品监督管理局发布并施行。它是药品经营企业质量管理的基本准则,是针对药品流通过程中的计划采购、购进验收、储存、销售及售后服务等环节而制定的保证药品质量的一项管理制度。其核心是通过严格的管理制度来约束企业行为,对药品经营全过程进行质量控制。

5. 《中国药品检验标准操作规范》(2010年版)

该规范是中国药品生物制品检定所和中国药品检验总所根据《中华人民共和国药典》2010年版附录中收载的剂型和相关检测方法编写,由中国医药科技出版社于2010年9月出版,该书基本上包涵了2010年版药典一部和二部附录中相关内容,并新增了检验检测方法19个,包括制剂、检验方法和指导原则及生物检定法和微生物检定法等方面,同时还对已有的检验检测方法进行了修订,共计45个。此书是执行药典标准的重要依据和补充。

6. 《药品检验仪器操作规程》(2010年版)

中国药品生物制品检定所和中国药品检验总所编写,2010年中国医药科技出版社出版,是《中华人民共和国药典》2010年版配套用书。包括各项仪器常规使用的基本规范性操作方法,各类仪器分析方法的基本原理、仪器性能要求、规范性的操作要点、使用注意事项以及检验的取样份数、误差允许范围等。该规程按仪器类型分为23类,收载的仪器操作规程共计436项,新起草规程195项,其中个别项目虽为相同仪器型号,但若软件版本及操作不同,亦一并收录。

7. 《中药新药研究指南(药学 药理学 毒理学)》

由中华人民共和国国家卫生健康委员会药政管理局1994年编写并出版,目的是使新药研究设计合理,结论可靠,为药政管理机构提供药品安全有效的科学依据。虽然指南不具备行政法规的效力,但可作为"新药审批办法"及有关规定的技术参考资料。

8. 《中成药临床应用指导原则》

由国家中医药管理局会同国家卫生健康委员会制定,并由国家中医药管理局2010年6月

11日印发,是临床应用中成药的基本原则,有利于提高中成药临床管理及临床应用水平,保证临床用药安全。

三、电子资源

(一) 标准数据库

1. 万方数据知识服务平台的"中外标准数据库"

该资源运行于万方平台上,包括中国国家标准、行业标准、国际标准、欧洲标准以及美、英、德、日等国家的标准,共计200余万条记录,每条数据提供标准号、中文或英文标准名称、标准发布日期、标准状态等信息。

网址:http://g.wanfangdata.com.cn/index.html

2. 中国知网的标准文献资源

中国知网检索平台提供了《国家标准全文数据库》《中国行业标准全文数据库》《中国标准题录数据库》和《国外标准题录数据库》。《国家标准全文数据库》收录由国家标准化管理委员会发布的所有国家标准,占国家标准总量的90%以上。《中国行业标准全文数据库》收录了现行、废止、被代替以及即将实施的行业标准,全部标准均获得权利人的合法授权。《中国行业标准全文数据库》收录了现行、废止、被代替以及即将实施的行业标准,全部标准均获得权利人的合法授权。知网提供标准文献题录和摘要的免费检索、免费浏览,全文需要权限。

网址:http://www.cnki.net/

3. NTSL中外标准数据库

NSTL标准数据来源于中国标准化研究院标准馆。收录中国国家标准(GB)、英国国家标准(BS)、德国国家标准(DIN)、法国国家标准(AFNOR)、日本工业标准(JIS)、国际标准化组织(ISO)和国际电工委员会标准(IEC)等七个国内外标准库,注册后可以请求原文传递。

网址:http://www.nstl.gov.cn/

4. PERINORM标准数据库

由德国DIN、法国AFNOR和英国BSI三大标准化组织共同推出的标准信息数据库,收集了24个国家,约150万条标准信息(现行有效约75万)。用户注册后可以购买原文。

网址:https://www.perinorm.com/

(二) 标准网

1. 国家卫生部标准网站

目前已包括2 000余条卫生方面的国家标准(全文)和卫生行业标准(全文)及更新信息,涵盖了环境卫生、食品卫生、职业卫生、血液卫生、放射卫生、化妆品卫生、传染病、地方病、职业病等领域。提供关键字检索和浏览查询,标准全文可以提供PDF格式下载。点击中华人民共和国国家卫生健康委员会网站数据查询处的卫生标准链接可以进入查询界面。

网址:http://www.nhc.gov.cn/

2. 中国标准服务网

是国家级标准信息服务门户,也是世界标准服务网的中国站点,由中国标准化研究院标准馆负责维护。共收藏60多个国家、70多个国际和区域性标准化组织、450多个专业学(协)会的标准,还收集160多种国内外标准化期刊及标准化专著。

网址:http://www.cssn.net.cn/

3. ISO Online

该网站是由国际标准化组织(ISO)提供的一个官方网络,可以检索 ISO 已颁布的标准,另外还可以查找已废除的标准。

网址:http://www.iso.org/iso/home.html

4. 其他

➢中国标准在线服务网(http://www.spc.org.cn/)
➢国家标准化管理委员会网(http://www.sac.gov.cn)
➢中国标准化研究院网站(http://www.cnis.gov.cn/)
➢深圳市标准技术研究院网站(http://standard.sist.org.cn/)
➢全球标准化资料库(NSSN)(https://webstore.ansi.org/)
➢美国标准网(ANSI)(http://www.ansi.org/)

利用中国标准服务网查找标准文献(5-6)

第三节 学位论文检索

学位论文检索主要指硕士和博士论文检索。与普通学术论文相比,学位论文具有选题新颖、专业性强、参考文献丰富等特点。学位论文除保密论文外,答辩通过后会在不同范围内公开。各国国家图书馆多收藏本国学位论文,如日本的国会图书馆统一管理该国的学位论文。在我国,中国科学技术信息研究所和国家图书馆是学位论文的指定收藏单位。中国科学技术信息研究所集中收藏和报道国内授予单位的自然科学和技术科学领域的学位论文。查找学位论文除可以到图书馆阅览外,还可以利用学位论文数据库。

一、商业数据库

1. 中国知网学位论文全文库

知网收录全国 465 家培养单位的博士学位论文和 752 家硕士培养单位的优秀硕士学位论文。学科覆盖基础科学、农业、哲学、医学、人文、社会科学等各个领域。

网址:http://www.cnki.net/

2. 万方中国学位论文全文数据库

万方提供的学位论文来源于国家法定学位论文收藏机构—中国科技信息研究所,数据包括自 1980 年以来我国自然科学领域的硕士、博士及博士后论文。

网址:http://g.wanfangdata.com.cn/index.html

3. ProQuest 学位论文全文数据库

2002 年开始,为满足国内对学位论文全文的需求,由 CALIS 组织国内高校、学术院所以及公共图书馆共同采购国外优秀博硕士论文,建立了 ProQuest 博硕士论文全文数据库,在 CALIS 建立了 PQDD 本地服务网,提供学位论文检索服务。

网址:http://pqdt.bjzhongke.com.cn/

利用 ProQuest 查找学位论文(5-7)

二、网上免费资源

1. CALIS 高校学位论文数据库

收录包括北京大学、清华大学等全国著名大学在内的 80 余个 CALIS(China Academic Library & Information System)成员馆的硕士、博士学位论文,可浏览文摘。该库中检索到的论文索书号为研究生培养单位的馆藏号,可通过这些学校找到论文全文。

网址:http://www.calis.edu.cn/

2. OATD(Open Access Theses and Dissertations)

这是具有开放存取性质的网络学位论文资源,具有十分丰富的学位论文全文,且多可以免费下载。

网址:https://oatd.org/

3. 其他

➤读秀学术搜索—学位论文频道(http://www.duxiu.com/)
➤NSTL 学位论文检索系统(http://www.nstl.gov.cn/)

第四节 会议论文检索

一、会议文献及其类型

会议文献(conference literature)是指在各类学术会议上形成的资料和出版物,按出版时间的先后可分为会前、会中和会后文献。会前文献是指在会议召开之前产生的有关会议的各类资料,包括会议通知、会议日程安排、供交流的论文手稿和论文预印稿、论文摘要;会中文献指在会议过程中产生的资料,包括会议的开幕词、闭幕词、讲话稿、会议纪要、决议、备忘录、以及在会议交流中产生的课题计划书、项目合作协议书、意向书;会后文献是指在会议结束后总结会议情况而产生的资料,包括会议纪要、会议总结和会议论文集。会后文献的名称形形色色,常见的有:会议录(Proceeding)、会议论文集(Symposium)、学术讲座论文集(Colloquium Papers)、议事录(Transactions)、会议记录(Records)、会议文集(Papers)、会议出版物(Publications)、会议辑要(Digest)等。

会议论文是在会议上宣读或公开的论文。许多新发现、新进展、新成就以及新设想,都是以会议论文的形式公之于众的,其利用率在目前的十大科技信息源中,仅次于科技期刊。

会议论文的主要出版形式有两种。

1. 图书

许多会后文献常以图书形式出版。这种会议文献通常汇集了某次会议上的所有论文,并经编者补充和修改,出版周期需在半年至一年左右。以图书形式出版的会议文献,多数以其会议名称作为书名,也有另加书名,将会议名称作为副书名的。

2. 期刊

指定期连续出版的会议文献,如专门刊载会议文献的会刊,通常在会后 3~4 个月出版,是跟踪了解会议文献的重要信息源。

二、会议文献的获取途径与方法

由于会议本身形式多样,发行分散,涵盖了白色文献、灰色文献和黑色文献。所以,"好用不好找",本节主要介绍一些常见的、检索医药会议文献信息的数据库或网站。

(一) 国内外会议论文数据库

1. 中国重要会议论文全文数据库

是中国知网的子库,重点收录1999年以来,中国科协系统及国家二级以上的学会、协会、高校、科研院所、政府机关举办的重要会议以及在国内召开的国际会议上发表的文献。其中,国际会议文献占全部文献的20%以上,全国性会议文献超过总量的70%,部分重点会议文献回溯至1953年。

网址:http://www.cnki.net/

2. 万方会议论文数据库

为万方数据知识服务平台的子库。收录了由中国科技信息研究所提供的,1982年至今世界主要学会和协会主办的会议论文,以一级以上学会和协会主办的高质量会议论文为主。每年涉及近4 000多个重要的学术会议,年增20万篇,每月更新。

网址:http://g.wanfangdata.com.cn/index.html

3. 中国会议论文数据库

国家科技图书文献中心(National Science and Technology library,NSTL)的中国会议论文数据库收录1985年以来我国国家级学会、协会、研究会以及各省、部委等组织召开的全国性学术会议论文,以自然科学为收藏重点,每年涉及600余个重要的学术会议,年增加论文4万余篇。外文会议论文数据库主要收录1985年以来世界各主要学会、协会、出版机构出版的学术会议论文,部分文献有少量回溯。学科范围涉及工程技术和自然科学等领域。每年新增论文约20余万篇。

网址:http://www.nstl.gov.cn

4. 读秀中文学术搜索的会议频道

读秀会议论文频道提供会议论文的题录及摘要查询。也可以通过邮箱请求全文。

网址:http://www.duxiu.com/

5. Web of Science 的 CPCI(Conference Proceedings Citation Index)

由科睿唯安公司提供,运行于Web of Science检索平台,提供会议论文的文摘索引信息。它是收录最多、覆盖学科最广泛的学术会议录文献数据库,是查找国外会议文献的重要数据库。它收录1990年以来近15万个国际会议的会议文献,每年增加约4万篇会议文献,涵盖了250多个学科领域。所收录的会议有一般性会议、座谈会、研究会、专题讨论会等。索引内容的65%来源于专门出版的会议录或丛书,其余来源于以连续出版物形式定期出版的系列会议录。

网址:http://www.isiwebofknowledge.com/

6. OCLC PapersFirst 与 Proceedings

OCLC FirstSearch是OCLC的一个网络参考服务系统,包括70多个数据库。检索系统中的PapersFirst(国际学术会议论文索引)和Proceedings数据库提供世界范围内的会议文献检索。

PapersFirst数据库收录世界范围内各类学术会议上发表论文的索引信息,它覆盖了自1993年以来在"大英图书馆资料提供中心"的会议录所收集的所有大会、专题讨论会、博览会、讲习班和其他会议上发表的论文,每两周更新一次。PapersFirst中的每条记录对应着

Proceedings 数据库的某个会议记录，Proceedings 是 PapersFirst 的相关库，收录了世界范围内举办的各类学术会议上发表论文的目次，利用该库可以检索"大英图书馆资料提供中心"的会议录，了解各会议的概貌和学术水平。

网址：http://firstsearch.oclc.org/

7. 美国会议论文索引数据库（Conference Papers Index，CPI）

它是剑桥科学文摘中的一个子库，收录 1982 年以来世界范围内的会议文献信息，提供会议论文和公告会议的索引。每两月更新一次，其学科范围主要涉及农业、生物化学、化学、化学工程、林学、生物学、环境科学、土壤学、生物工艺、临床学等领域。现已集成到 ProQuest 检索平台。

网址：https://www.proquest.com/APAC-CN/

（二）会议网站

1. 中国学术会议在线

由教育部科技发展中心主办，提供学术会议预告、会议专题报告视频、会议新闻等信息的网站。包括国内及境外会议日程信息，可以通过电子邮件免费注册定制会议信息。

网址：http://mtop.chinaz.com/site_www.meeting.edu.cn.html

2. 首席医学网之医学会议

隶属于首席医学网，网站提供会议动态、最近会议、会议课件等，可按学科、会议类型、会议地点等查找会议信息。

网址：http://conference.9med.net/

3. 医脉通之医学会议

提供国内外会议的热点报道、专家访谈、视频、PPT。可以通过关键词搜索或分类浏览会议信息。

网址：http://meetings.medlive.cn/

4. 欧洲研究会议（Europe Research Conferences）

由欧洲科学基金会维护，主要提供各学科已经召开与即将召开的会议信息。

网址：http://www.esf.org/

5. 生物科学与医学方面的会议（Meetings in Bioscience and Medicine）

该网站提供了将在未来一年半内召开的生物科学与医学方面的国际会议预告。

网址：http://hum-molgen.org/meetings/meetings/

6. CME emedevents 医学会议

是一个全球最大的 CME 医学会议列表网站，可提供心血管、牙科、急诊、儿科和放射科等各科的医学会议信息。

网址：https://www.emedevents.com/

第五节 检索实例

一、检索需求

某同学拟了解天然产物丹参素的单体及合成的知识产权保护及主要研发力量。

二、分析检索需求

了解某一主题知识产权保护方面的信息应根据文献类型及特点选择专利文献为主要查找的文献类型。通过对当前申请及获批专利的主题以及主要申请单位等的信息收集,了解相关知识产权保护概况及主要研发力量。

三、确定检索词

分析项目内容所涉及概念,提取表达有关概念的检索词

中文检索词:丹参素、单体、提取、合成

英文检索词:danshesu、Salvianic Acid A、extraction、extracting、extracted、synthesis、synthetic;CAS:76822-21-4,分子式:$C_9H_{10}O_5$

四、选择数据库,实施检索

1. 国家知识产权局—专利检索与分析系统(http://www.pss-system.gov.cn/)

选择该系统的表格检索或药物专题检索,默认中外专利联合检索,检索时间为系统默认时间,选择命令编辑区,编制检索表达式。

检索表达式为:丹参素 AND (单体 OR 提取 OR 合成)

2. 中国知识产权网—专利信息服务平台(http://search.cnipr.com/)

选择该平台的高级检索,数据库范围为全选,选择逻辑检索,编制检索表达式。(高级会员可以选择特定字段限制某个检索词出现的位置,游客与普通会员无此功能)

检索表达式为:丹参素 AND (单体 OR 提取 OR 合成)

3. 中国专利信息中心——专利之星检索系统(http://www.patentstar.cn)

选择表格检索,单选中国专利或世界专利数据库,选择命令行检索编制检索表达式。

检索表达式:丹参素/TX*(单体/AB+合成/AB+提取/AB)

注:"*"是"逻辑与"运算符;"+"是"逻辑或"运算符;TX 为文本词字段;AB 为摘要字段。

4. 美国专利商标局(USPTO)专利数据库(https://www.uspto.gov/)

选择该数据库的授权专利子数据库,时间为1976至今,检索途径为高级检索,选择该数据库的申请公布数据库的高级检索,编制检索表达式。

检索表达式:(ttl/" danshensu " or ttl/"Salvianic Acid A" or abst/" danshensu " or abst/"Salvianic Acid A") and (ttl/extract $ or abst/extract $ or ttl/synthe $ or abst/synthe $)

注:ttl 表示专利名称字段,abst 表示文摘字段,$ 为无限截词符,双引号为短语限定符。

5. 欧洲专利局专利数据库(https://www.epo.org/)

选择该数据库的高级检索,数据库范围选择 worldwide,选择在"Title or abstract"(标题或摘要)下进行编制检索表达式。

检索表达式:(danshensu or Salvianic Acid A) and (extract* or synthe*)

五、结果处理与分析

1. 数据处理

将国内所有关于丹参素提取和合成的专利数据的题录信息导出,并汇总至 EXCEL 中进行合并,去除重复专利,进行基本专利统计分析,以了解国内丹参素的专利申请情况。

2. 国外专利概况

国外专利数据库有关丹参素的上述检索结果均为零,因而调整检索表达式为在标题或摘要字段检索:(danshensu OR Salvianic Acid A),发现在美国专利数据库仅有 2 篇相关专利信息。

3. 国内专利概况

(1) 申请人统计分析

有关丹参素单位或合成一共有 272 项专利申请,有 176 个专利申请人,768 个发明人,其中专利申请排前 5 名的为:贵州景峰注射剂有限公司、天津天士力现代中药研究开发有限公司、中国人民解放军第四军医大学、广东医学院、天津天士力制药股份有限公司。

表 5-1 丹参素申请人统计分析

序号	申请人	专利数
1	贵州景峰注射剂有限公司	14
2	天津天士力现代中药研究开发有限公司	11
3	中国人民解放军第四军医大学	8
4	广东医学院	8
5	天津天士力制药股份有限公司	8
6	江南大学	7
7	西北大学	6
8	天士力制药集团股份有限公司	6
9	复旦大学	6
10	山东绿叶天然药物研究开发有限公司	5
11	上海华源安徽锦辉制药有限公司	4
12	广东药学院	4
13	深圳市生物谷科技有限公司	4
14	上海景峰制药有限公司	4
15	西安石油大学	4
16	天津天士力之骄药业有限公司	3
17	贵州拜特制药有限公司	3
18	贵阳云岩西创药物科技开发有限公司	3
19	天津大学	3
20	南京中医药大学	3

(2) 专利申请量趋势分析。

从图5-1得知,丹参素的专利申请在1985～1997年基本上为零,从1998年始,步入专利申请的上升期,直至2005达到最高,达到28件,之后处于平稳趋势。

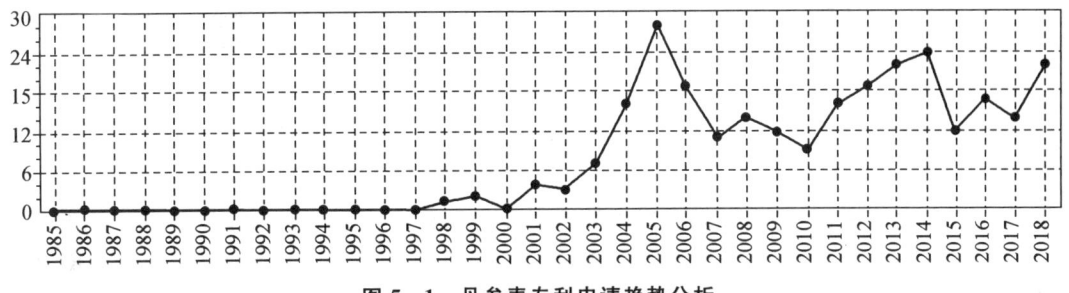

图5-1 丹参素专利申请趋势分析

(3) 专利申请类别归属分析。

将272件专利申请按照IPC分类的大类归类统计发现,其主要分布于以下4类,最多的为A类农业、其次依次为化学冶金类、物理类和作业运输类(如图5-2示)。

六、本项检索的价值与意义

通过对丹参素的单体及合成相关的国内外专利进行检索,可以大致了解国内外相关专利的申请情况。根据研究目的,如果有必要进

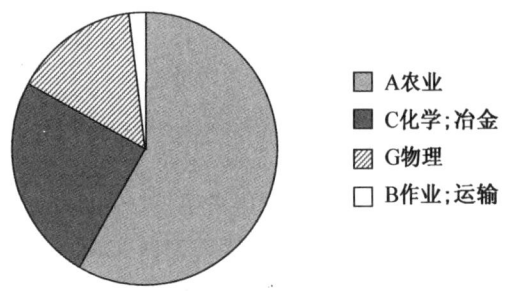

图5-2 IPC类别归属分析图

一步更深入把握丹参素相关专利的申请情况及法律、技术、经济等信息,则需要进一步了解专利权人的分布,专利的有权、无权,专利权的稳定性,技术水平,技术上的可替代性,有无撰写上的漏洞,专利权转移情况,专利的许可实施情况等,甚至有必要对其中的某些专利进行逐一阅读。

> **思考题**
>
> 1. 采用什么方法可以了解某种专利技术的最新进展?通过什么方法可以解决专利文献的语言障碍?
> 2. 专利文献、标准文献、学位论文与会议论文与期刊论文间的区别主要体现在哪里?
> 3. 查找《中华人民共和国药典》(2015年版),举例说明药典各部分所收载的内容及特点。

(郝桂荣)

第六章 医药类数据库检索

本章主要介绍医、药学领域具有代表性的中外文数据库,包括"中国生物医学文献服务系统"、"中国中医药数据库检索系统"、"PubMed"、"SCIFINDER"等。其中,"SCIFINDER"为化学专业数据库,虽非专属于医学、药学领域,但却是查找化学相关医药资料的主要数据库,故也列入该章。

第一节 中国生物医学文献服务系统

一、系统简介

中国生物医学文献服务系统(SinoMed)由中国医学科学院医学信息研究所研发,是集题录、摘要及全文传递于一体的中西文文献整合平台。

1. 中国生物医学文献数据库(CBM)

其前身可追溯到1963年创刊的印刷型检索工具《全国医学科学技术资料联合目录》,由当时的中国医学科学院医学情报所主编,用于报道国内医学相关的期刊、汇编、学术会议资料等信息,是查阅国内医学论文的重要工具。该刊1978年起改名为《中文科技资料目录》(医药卫生),2007年停刊。1994年,以该刊内容为主要数据建成了《中国生物医学文献数据库》,由于一开始使用的是DOS操作系统,故称为CBMDOS,后改用Windows操作系统,光盘版被称为CBMDisc。2004年起,网络版开始提供服务,称为CBMWeb。2008年,该库被集成到SinoMed检索平台,提供查询服务。

该系统收录1978年以来发表在1 800多种期刊上的医学文献以及医学类汇编、会议论文资料,内容涉及现代医学及中国传统医学各领域。

2. 其他

该系统还提供科普文献、学位论文等七个不同类型的数据库,详见 http://www.sinomed.ac.cn/。

二、数据库特点

SinoMed由8个相对独立的数据库组成,学科范围广泛,用户可根据需要选择一个或数个数据库进行检索。

SinoMed同时提供自然语言和规范语言的检索。规范性检索语言主要有主题语言与分类语言。该系统的分类语言主要依据《中国图书馆分类法》。主题词中的现代医学词汇参照美国国立医学图书馆编制的《MeSH》词表,中医学词汇参照中国中医科学院编制的《中国中医药学主题词表》。

SinoMed 支持布尔逻辑检索、截词检索、限定检索、扩展检索、加权检索等多种检索技术。对 1989 年以后的记录实现了与维普全文数据库的链接,允许用户在当前界面下链接到全文。系统还可以对检出结果进行数据分析,以帮助用户快速了解概况。

三、跨库检索

跨库检索是指在一个拥有多个数据库的检索平台上,对其中的任意两个或以上的数据库同时进行检索,在 SinoMed 首页上点选跨库检索即可进入跨库检索界面。目前 SinoMed 跨库检索界面提供"快速检索"、"高级检索"、"主题检索"和"分类检索"这 4 个功能。用户在输入检索词后可根据需要选择一或多个数据库进行检索,如图 6-1 所示。

图 6-1 SinoMed 跨库检索界面

利用跨库检索查找急性肺栓塞方面的文献(6-1)

四、单库检索

SinoMed 中各数据库的检索途径与方法大致相同,本节将以中国生物医学文献数据库(CBM)为例介绍主要检索途径与方法。CBM 建有多个检索频道,比如高级检索、主题检索、分类检索、期刊检索、作者检索等。

(一) 高级检索

高级检索属字段检索。检索时,通过选择所需字段,输入相应的检索词,点击"发送到检索框",将检索词依次送入检索框后,即可点击"检索"按钮,完成检索过程。

1. 单字段检索

高级检索状态下提供的单字段有:标题、摘要、主题词、关键词、特征词、分类号、人名主题、参考文献、作者、作者单位、国省市名、出版年、刊名、期、基金。

2. 联合字段检索

联合字段检索是指将两个以上字段联合起来检索,各字段之间默认逻辑或的关系,与单字段相比,其检索范围较广,查全率较高。中国生物医学文献数据库中的"常用字段"和"全文"字

图 6-2 CBM 高级检索界面

段即为较具代表性的联合字段。

（1）常用字段：指标题、主题词、关键词、摘要四个字段的联合检索。

（2）全文：指在所有可检索字段中进行联合查找。

3. 限定检索

限定检索是指将检索词限定在特定范围内。CBM 限定检索可以在高级检索界面下完成，除字段限定外，还可进一步通过年代、文献类型、特征词等限定检索范围，提高查准率。

4. 字段检索注意事项

（1）所输入的检索词应与字段相一致，即确认所输入的内容包含在字段范围之内。比如，选择"作者"字段，则输入的检索词只能是作者名，如果选择"主题词"，则输入检索词只能是《MeSH》或《中国中医药主题词表》中的规范主题词。而当选择联合字段时，如"常用字段"，则输入标题、关键词、摘要、主题词字段中可能出现的检索词。

如何查找急性肺栓塞的病例报告
(6-2)

（2）在键入符号、数字时，使用半角格式。

（二）主题检索

主题检索提供规范语言主题词的检索，可通过主题词与副主题词的组配及其他选项的限定来准确查找所需资料。

1. 检索步骤

第一步：主题词输入。

打开主题检索界面后，其检索入口有"中文主题词"和"英文主题词"两种，根据需要选择检索入口，在输入框内输入主题词后，点击"查找"。

图 6-3 CBM 主题检索入口

第二步：确定主题词。

数据库会将检索者输入的主题词与该库的辅助主题词表相对照，提供主题词列表及主题词注释，供检索者最终确定具体主题词。点击该主题词，即进入副主题词选择界面。

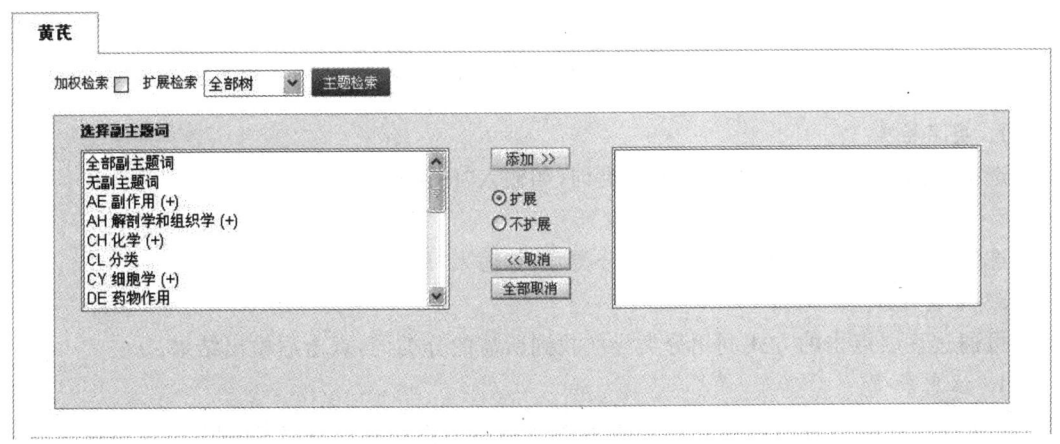

图6-4　系统推送带有检索词"黄芪"的主题词列表

第三步:选择副主题词。

可以与当前主题词相组配的副主题词以列表形式显示,检索者根据需要从左侧备选框中选择一或多个副主题词添加到右侧输入框。在不勾选任何副主题词的情况下,系统默认为全部副主题词。

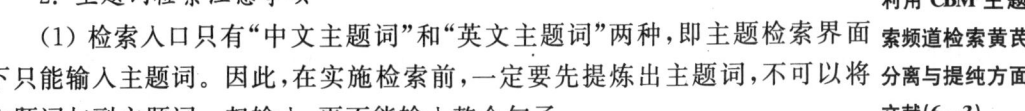

图6-5　CBM副主题词列表

第四步:对当前界面的扩展、加权等选项进行勾选。如不做勾选,默认为扩展检索、非加权检索状态。

第五步:点击"主题检索"按钮,检出结果。

2. 主题词检索注意事项

(1)检索入口只有"中文主题词"和"英文主题词"两种,即主题检索界面下只能输入主题词。因此,在实施检索前,一定要先提炼出主题词,不可以将主题词与副主题词一起输入,更不能输入整个句子。

(2)检索词的调整:由于主题词与自然语言中的词形可能有所区别,因此,当系统无法为输入词提供词表支持时,可选择输入词的上位词进行查找。

利用CBM主题检索频道检索黄芪的分离与提纯方面的文献(6-3)

例如,当输入"萎缩性胃炎"无法进一步检索时,可改为输入其上位词"胃炎"进行查找。

(3) 重视辅助词表注释:该库的主题词和副主题词均提供注释,无论是主题词注释还是副主题词注释,均十分重要,在选词前要认真阅读注释项,以帮助选择适合的主题词或副主题词。

(三) 分类检索

分类检索界面下,检索者可选择"分类词"或"分类号"作为检索入口进行检索,也可以通过分类导航,以逐层点击的方式检索。

图 6-6　CBM 分类检索频道

1. 类名检索

选择"类名"字段,输入需查找的分类词,如输入"中医护理学"。

2. 类号检索

选择"分类号"字段,输入需查找的分类号,如输入"R248"。

3. 分类导航

可通过逐层点击的方式利用分类导航找到所需的分类词,点击后检出结果。

4. 注意事项

(1) 在不熟悉分类体系的情况下,可使用"分类词"入口输入需检索的词语,以查找方式确定检索词,实施检索。

(2) 有些分类词有复分检索项,是对主分项的说明,其目的是为了提高专指性,缩小检索范围。

(3) 重视分类检索界面提供的注释项,对准确或全面查找资料十分重要。

(四) 期刊检索

期刊检索除可以获取期刊上刊载的论文,还可以了解期刊出版信息。

利用分类检索频道查找咳嗽中药疗法方面的文献
(6-4)

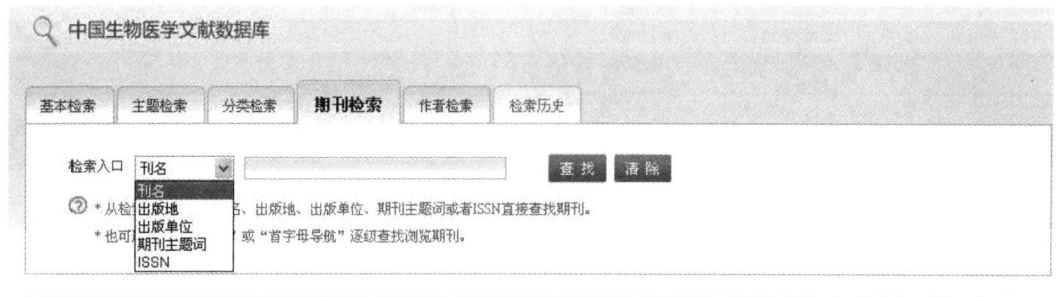

图 6-7　CBM 期刊检索界面

1. 查找期刊

检索某刊上发表的论文或某刊信息,首先需查找到指定期刊,查找途径有以下几种:

(1) 通过字段查找:期刊检索界面提供刊名、出版地、出版单位等字段。查找时,选择检索入口下拉菜单,选择字段后输入检索词,点击"查找",在系统提供的音序排列的期刊列表中查找需要的期刊。

(2) 通过"期刊分类导航"查找:通过逐层点击期刊分类导航前的加号,查找需要的期刊。

(3) 通过"首字母导航"查找:首字母导航按刊名汉语拼音的首字母进行排序。检索时首先点击相应的首字母,在下方出现的期刊列表中查找所需期刊。

2. 检索期刊论文

点击需检索的期刊,进入期刊检索确认界面后点击"浏览本刊"按钮即可检出某刊上刊载的论文信息。如果希望查找该刊上发表的某一主题的论文,可在"浏览本刊"按钮前的输入框内输入检索词。另外,此界面也可以对期刊的出版年、期号等进行限定后,再进行检索。

期刊确认界面还可了解每种期刊的刊行信息,检索者可以详细了解该刊的出版者、出版地、出版周期、刊名变更信息、ISSN 等(如图 6-8 所示)。

(五) 作者检索

作者检索频道提供作者的精确检索。输入作者名后,点击"查找",系统即显示所有包含输入词的作者列表。如输入"王一",则作者列表中即列出所有作者名中包含有"王一"的作者。检索者只需点击需检索的作者名即可得到检索结果。

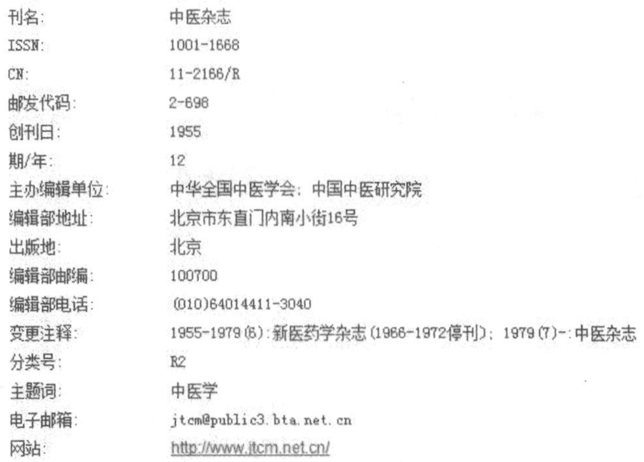

刊名：	中医杂志
ISSN：	1001-1668
CN：	11-2166/R
邮发代码：	2-698
创刊日：	1955
期/年：	12
主办编辑单位：	中华全国中医学会；中国中医研究院
编辑部地址：	北京市东直门内南小街16号
出版地：	北京
编辑部邮编：	100700
编辑部电话：	(010)64014411-3040
变更注释：	1955-1979(5)：新医药学杂志(1966-1972停刊)；1979(7)-：中医杂志
分类号：	R2
主题词：	中医学
电子邮箱：	jtcm@public3.bta.net.cn
网站：	http://www.jtcm.net.cn/

图 6-8　CBM 期刊检索确认界面所提供的期刊信息

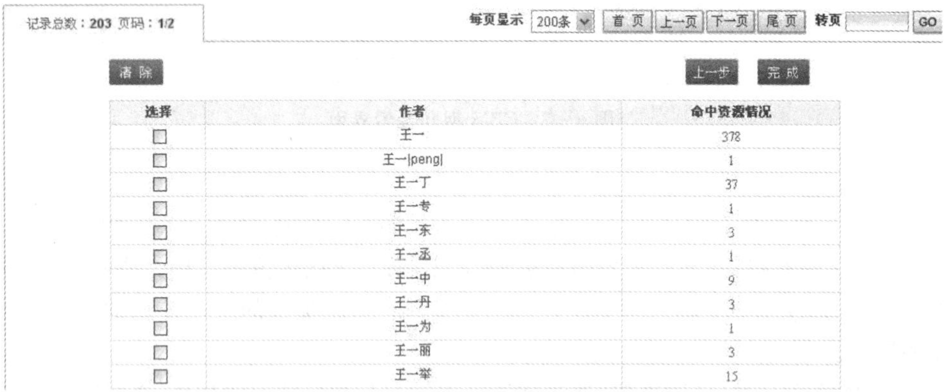

图 6-9　CBM 作者列表

(六) 机构检索

当我们需要了解某一机构的科研实力(发文情况、主要学科、核心研究人员等)时,可以使用机构检索频道。机构检索与之前的期刊检索、作者检索一样,均使用名称类检索语言进行检索,因此,检索界面相似。

(七) 基金检索

当我们想了解某项基金所资助的主要内容及论文时,可以使用基金检索频道。

利用机构检索频道了解南京中医药大学的年度发文及被引以及主要学科、核心作者等信息 (6-5)

利用基金检索频道了解国家中医药管理局科研基金资助的论文情况 (6-6)

如何了解南京中医药大学作者的文章被引用的总体情况(6-7)

(八) 引文检索

引文检索主要用于查找文献的引用与被引信息。CBM 的引文检索频道，可以通过被引文献的题名、作者、出处、机构、基金等等进行引文检索。其中，"出处"可以查找期刊的引用数据，了解期刊上所刊载文献的学术影响力。

引文检索频道与其他检索频道最突出的区别在于，在引文检索结果界面，每篇文献有被引次数显示，点击后可以查看具体引用数据。

(九) 其他辅助功能

1. 分析功能

检索结果界面可以对机构、基金、作者等进行初步的统计分析，以帮助用户快速了解概况。

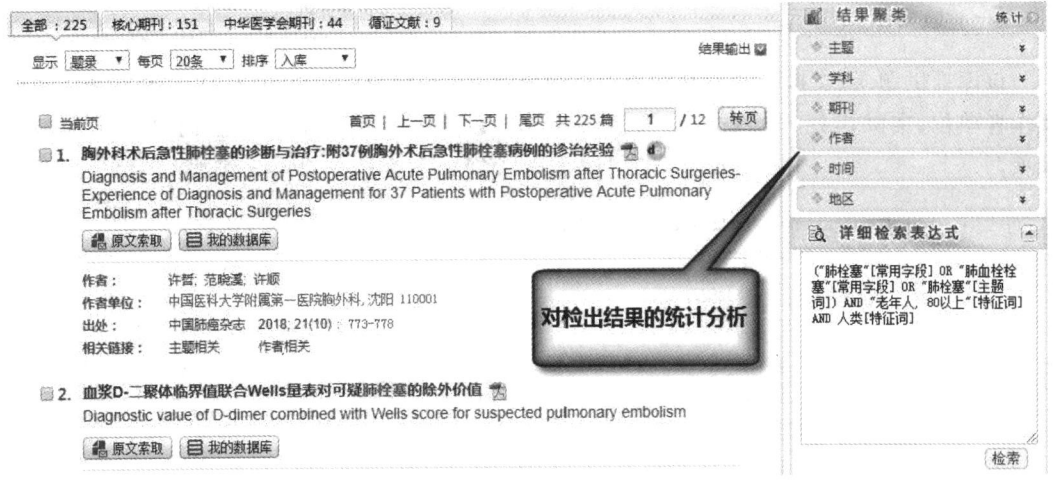

图 6-10　CBM 结果聚类与分析

2. 链接检索

在检索结果显示界面，所显示的作者、刊名、关键词、文献出处等字段字体颜色为蓝色，检索者可点击这些链接点进一步检索。

3. 智能检索

智能检索是指将检索词以及该词的同义概念一并检出的模式。

4. 定题跟踪功能

定题跟踪是指对某一检索主题进行跟踪，以随时了解该主题的研究进展。这一功能可以利用 CBM 的"我的空间"实现。首次使用时需先注册，设置好用户名、密码后登录，然后可以从检索历史中调用需要跟踪的检索课题的检索策略，并保存。即可完成定题检索的定制。之后只要登录"我的空间"，调用已保存的检索策略，就可以获取最新资料，或重新检索该课题资料。主要适用于在较长一段时间内需要多次、反复检索同一主题内容时使用。

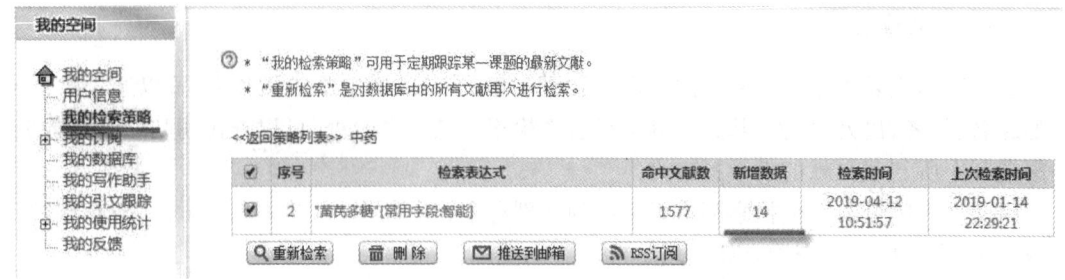

图 6-11　利用"我的检索策略"进行定题跟踪检索

五、检索结果的处理

(一) 检索结果显示

该库提供题录、文摘等显示格式。其中题录格式为简洁格式,提供每篇文章的题目、作者及作者单位、文献出处等信息。文摘格式是在题录格式基础之上增加了摘要、关键词等注录项。

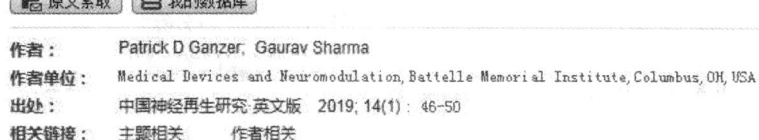

图 6-12　CBM 题录格式

(二) 检出结果分析

该库可对检出结果从主题、学科、期刊、作者、时间、地区等方面进行聚类分析,帮助用户了解某一主题的科研概况。

(三) 检出结果排序

检索者可以点击结果显示界面右侧的排序方式,根据需要选择按相关度、年代、作者、期刊、入库等对检出结果进行排序。

(四) 检索历史

"检索历史"界面记录所有检索过程,所提供的信息主要包括:
① 检索序号:根据检索的时间顺序随机编制的流水号。
② 命中文献数:显示该数据库中命中文献的篇数。
③ 检索表达式:提供详细的检索表达式,供检索者参考、存储或调用。
④ 组配检索:可对两个及以上表达式进行布尔逻辑组配,满足新的检索需求。

(五) 检索结果输出

选择检索结果显示区右侧的"结果输出",可根据需要导出题录数据。

第二节 中国中医药数据库检索系统

中国中医药数据库检索系统是由中国中医科学院中医药信息研究所研发的大型中医药学数据库群,平台提供期刊文献、疾病诊疗、中药、方剂、医药企业、标准等多种类型的数据库四十多个,数据总量一百多万条。该系统中医药特色突出,其资源时间跨度大,涉及古今各类中医药学文献,是检索中医药信息,尤其是事实型数据的重要检索系统。可通过中医药在线(http://www.cintcm.com/)访问。

一、资源简介

中国中医药数据库检索系统包括线索和事实两种类型的数据库

(一) 线索型数据库

线索型数据库资源包括《中国中医药期刊文献数据库》和《国民时期期刊文献库》,主要用于检索期刊论文的题录或摘要,前者主要用于查找当代论文,后者主要用于查找清末至1949年之间发表的中医药期刊论文。

(二) 事实型数据库

1. 中药类数据库

中药类数据库包括《中国中药数据库》《中国中药药对数据库》《中国中药化学成分数据库》及藏、蒙、维吾尔、苗、傣、瑶6个少数民族药数据库。是检索中药及民族药的性味归经、功效主治、用量用法、服用禁忌、化学成份、药理毒理、栽培养殖、采集加工、炮制方法、药材鉴别等方面信息的重要信息源。

2. 方剂类数据库

方剂类数据库包括《中国方剂数据库》和《方剂现代应用数据库》,前者提供七百多种古今文献中的方剂信息,包括名称、别名、处方来源、药物组成、功效、主治、用药禁忌、药理作用、制备方法、临床应用等;后者提供古今方剂的基础及临床的现代研究成果。

3. 药品类数据库

药品类数据库包括《国家药品标准化学药说明书》《临证用药配伍指南数据库》《中国藏药药品标准数据库》《中国中药新药品数据库》《中药成方制剂标准数据库》《中药非处方药数据库》《中国药典数据库(2005版)》《中国药典(2005年版)临床用药须知》《中国国家基本药物数据库》《中国中成药主要产品产量数据库(1999~2002年)》《中成药、中药材进出口品种数据库(2004~2005年)》《国家药品标准藏、维、蒙药、中成药说明书数据库》。

4. 不良反应类数据库

其资源包括《有毒中药合理应用数据库》《药物不良反应数据库》《有毒中药古籍文献数据库》,提供药物的不良反应、毒副作用、代谢、中毒处理、成分及用法等方面信息。

5. 疾病类数据库

其中的《疾病诊疗数据库》，提供 3 776 种疾病的诊疗信息，其数据参考中西医学权威著作，从中、西医学两种角度详述每种疾病的临床诊疗和基础研究等方面信息。

6. 机构类数据库

包括《中国医药企业数据库》《中国 GMP 认证企业数据库》，以及多个 1999 年至 2005 年的企业年度报表数据库。是了解国内各类医药企业信息的重要数据资源。

7. 标准文献类

中国中医药数据库检索系统提供的标准文献有以下几类：① 术语标准，包括《中医临床诊疗术语国家标准》中的疾病部分、证候部分和治法部分；② 分类与代码标准，包括《国家标准—中医证候分类与代码》《国家标准—中医疾病分类与代码》；③ 诊疗标准，其资源为《中医病症诊疗标准数据库》，是中医药数据标准化处理与加工的重要参考。

8. 其他类

其他类包括《中医药新闻数据库》和《海外古籍书目数据库》，前者主要报道 1989 年以来中医药报刊上刊载的新闻信息，后者收录战国至清代的海外中医古籍信息。

二、数据库特点

① 该系统兼顾人工语言与自然语言，针对不同资源特点建有不同的检索途径与方法。

② 资源丰富：该系统兼有二次文献与三次文献，并各有特点，其二次文献资源不仅包括当代中医药资源，还包括国民期间的期刊论文。

③ 中医药特色突出：该系统充分体现中医药文献长时效性的特点，对古代资源也多有反映。除各类事实型数据库外，还收录清以前的中医古籍信息。

④ 参考价值高：该系统有多个事实型数据库，涉及中药、方剂、药品标准等，具有较高的参考价值。

三、检索途径与方法

（一）通用检索途径与方法

目前该系统共 48 个数据库，可实现单库与多库选择查询。单库检索可选择最专指的一个数据库进行相应字段的检索。多库可以进行跨库、多类检索。

1. 单库检索

即根据需要，点击数据库名称选择某个库进行单独检索。单库检索提供快速检索和高级检索两种途径。

（1）快速检索

快速检索可在全部字段执行智能检索。如输入"大黄"，系统将用"大黄"一词在全部字段中进行智能检索。可通过"二次检索"按钮缩小检索范围，精确检索结果。

（2）高级检索

高级检索为表达式检索，检索者通过选择字段、输入检索词、选用截词符号、选择逻辑关系等步骤构成表达式来完成检索过程。如图 6-13 所示。

图 6-13　中国中医药数据库检索系统单库检索：高级检索界面

2. 多库检索

即跨库检索。是选择平台上提供的两个以上数据库同时进行检索。如图 6-14 所示。一般来说，跨库检索的查找字段通常是平台上所有数据库共有的字段，包括中文题名、中文摘要、年份、关键词、主题词、方剂名称、中药名称、疾病名称和全字段。检索时，可根据需要选择相应字段，并在检索框内输入检索词，点击"检索"即可。

图 6-14　中国中医药数据库检索系统多库检索界面

（二）《中国中医药期刊文献数据库》检索途径与方法

该库除与其他数据库一样提供快速检索与高级检索外，还提供主题检索、分类检索、期刊检索、限定检索、语义检索及历史检索等多种检索途径。如图 6-15 所示。

1. 主题检索

进入期刊文献数据库主题检索界面后，可以直接输入检索词，也可以点击检索页面所提供的主题词表，通过树形结构表中的"＋"号逐级展开，选择主题词、副主题词以及加权、扩展检索等条件，还可以选择年代限定及进行逻辑运算。该库的主题词来自美国国立医学图书馆的《MeSH》主题词表和《中国中医药学主题词表》。其检索步骤与中国生物医学文献数据库主题检索相似，此处不再赘言。

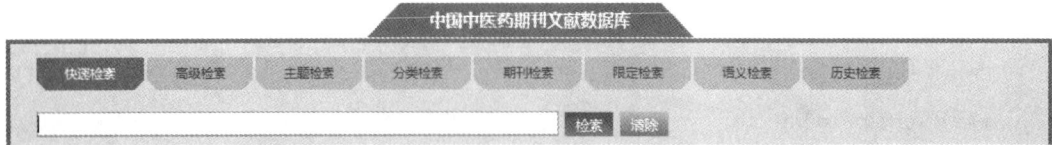

图 6-15　中国中医药期刊文献数据库检索界面

2. 分类检索

分类检索以《中国图书馆分类法(医学专业分类表)》为依据。分类检索可以单独使用或与其他检索方式组合使用。用户可以展开分类树型结构寻找感兴趣的类别,将选中的分类号"发送到检索框"直接进行检索;也可以在检索框内直接输入分类号,查看与该分类号有关的主题词,选中分类后点击"匹配当前分类号"检索相关文献信息。

3. 期刊检索

可通过刊名、主办单位、地址及 ISSN 等字段输入检索词,查找特定期刊信息及该刊上刊载的论文信息,检索方法同快速检索。

4. 限定检索

限定检索指从专题库、年代、资助类别、文献类型、医学史、年龄组、性别、对象类型、摘要、病例数等多维度进行限定,提高检索精准度。

5. 语义检索

中国中医药数据库检索系统构建了以中医药学科体系为核心构建的大型计算机化语言系统,共收录约 10 万个概念、30 万个术语以及 127 万条语义关系。选择"语义检索",输入相应检索词,系统会提示并检索与输入词相关的语义词,扩大检索范围。

6. 链接检索

在检索记录显示界面,检索者可通过点击桔黄色字样的词语进行相应的链接检索。作者名和刊名均可进行链接检索。

7. 历史检索

历史检索也叫检索历史,主要用于记录检索过程,最多能保存 200 条检索表达式。可通过布尔逻辑运算符对以往检索式进行重新组配检索。

8. 获取全文

《中国中医药期刊文献数据库》检索结果默认以"题录"格式显示,也可以选择以"摘要"格式显示。点击检索结果界面的"原文索取"链接,即可跳转到相应的百度学术搜索界面,并指示了获取该文献的各种途径,包括"全部来源"、"免费下载"或"求助全文"。用户可根据本单位定购数据库的情况,选择链接到本馆万方、知网、维普等数据库进行全文下载,或通过相应平台免费下载,或通过文献互助平台发起求助,成功后即可免费获取论文全文。

第三节　PubMed

PubMed(http://www.ncbi.nlm.nih.gov/pubmed)为美国国立医学图书馆的附属单位美国国立生物技术信息中心(National Center for Biotechnology Information,NCBI)及其协作单位共同开发研制的生物医学文献检索系统,是 NCBI 研发的大型检索系统 Entrez 的一部分。

一、PubMed 溯源

PubMed 数据库最早可回溯到 17 世纪 60 年代创刊的印刷本检索刊物 *Index Medicus*（美国《医学索引》，简称 IM）。《IM》由美国内战期间的一位军中外科医生（后负责军中图书馆工作，该图书馆为美国国立医学图书馆前身）Dr. John Shaw Billings 在私人财团的资助下创建，于 1879 年开始刊行，月刊，定期报道医学信息。1960 年，美国国立医学图书馆接任了 IM 的编辑工作。1964 年，美国国立医学图书馆在全面接任 IM 的编辑与出版工作后，在印刷版《IM》的基础之上，对数据进行了计算机处理，并补入更多内容，建成医学文献分析与检索系统（Medical Literature Analysis and Retrieval System，MEDLARS）。1966 年，开发了联机版 Medline（MEDLINE），即 MEDLARS Online，并于 1971 年开始公开对外发布，提供联机服务。1982 年，光盘版 Medline 问世。20 世纪 90 年代以后，美国国立医学图书馆下属的生物信息技术中心（NCBI）及其协办单位在 Medline 的基础之上，开发了网上免费生物医学数据库 PubMed。于 1997 年开始在网上免费供用户使用。

二、PubMed 的收录范围

PubMed 的数据每日更新，内容涉及普通医学、护理学、牙科学、兽医学、卫生保健及医学研究。其数据主要由以下几个部分组成：

（一）Medline

Medline 最早指代其联机或光盘检索系统，收录世界上 70 多个国家的 5 000 多种生物医学期刊，其中半数以上为美国国内学术期刊，89% 为英文文献。其内容除包括全部的印刷版《IM》外，还收有护理、牙科、艾滋病等方面内容。所收之出版物主要为学术期刊，为满足一些特殊用户的需求，也收入少量报纸、时事通讯等载体上刊载的医学信息。

PubMed 收录 Medline 的全部内容，这部分数据带有"PubMed-indexed for MEDLINE"的标识。在 PubMed 中，Medline 指已经经过人工标引的部分。其优点是无论使用自然语言还是人工语言，均可查到。

（二）OLDMEDLINE

此库专门收录早期文献，始建于 1996 年，由 NLM 与德国的世界 MEDLARS 中心（DIMDI）共同协作建成。以早期印刷版《IM》索引为主要收集对象，收录 1965 之前的医学文献。

（三）PubMed-in Process

指未及加工、标引的新文献，也被称为 PreMedline。这部分文献标引完成后正式进入 PubMed，其标识将由"PubMed-in Process"变成"indexed for MEDLINE"。

（四）PubMed-as Supplied by publisher

指由出版商直接传输过来的电子文献。这些文献在 PubMed 决定正式收录后，进入未标引库（"PubMed-in Process"）等待标引，同时抹去"PubMed-as Supplied by publisher"标识。

(五) PMC

美国国立医学图书馆的免费全文电子期刊 PMC(PubMed Central)上发表的文献。

(六) 其他

部分载有生命科学文献的 Medline 期刊(如一些科学通论期刊和化学期刊)未收入的文献,如板块构造学和天体物理学方面的文章。

三、数据库特点

(一) 检索界面友好、检索功能完备

PubMed 支持自然语言和人工语言检索。其词语自动转换功能(Automatic Term Mapping)可将输入词自动转换到相应字段进行查检,着眼于一般用户的使用。同时,该库还提供能够构建复杂表达式的较为专业的检索途径与方法,以满足不同检索者的需求。

(二) 数据更新快

PubMed 的数据更新频率为 24 小时,"PubMed-in Process"和"PubMed-as Supplied by publisher"库从周二到周六的每个工作日都有新进入数据。

(三) 建立多种链接

PubMed 为每条记录建立了多种链接,为满足不同的检索需求提供了便利。其中的全文链接功能为每条记录提供了全文获取信息,用户可据此链接到提供全文的数据库、网址、供应商、在线期刊、图书馆等。

(四) 辅助功能完备

PubMed 编制了文本、视频等多种格式的在线用户指南,使用户可以尽快了解该库的检索功能及具体使用方法。同时,为用户个性化要求考虑,该库的"My NCBI"可实现种类多样的个性化设置。

四、检索途径及方法

PubMed 提供基本检索、主题检索、高级检索、限定检索等多种检索途径,所使用的检索技术包括布尔逻辑检索、截词检索、限定检索、加权检索、扩展检索等。

(一) 基本检索

基本检索为默认检索界面下的检索,可直接输入单个检索词,也可输入整个检索表达式,允许使用多种检索技术。

1. 文本词检索

文本词主要指出现在篇名、摘要中的词汇,也包括其他任何有检索意义的词汇,如主题词、副主题词、化学物质名称、人名主题、出版类型、分子序列获取号等。

文本词检索的范围包括所有未标引和已标引数据。登录主页后在输入框内直接输入需查

检的单词、词组、字母、数字、缩写符号等,系统将在输入框下出现与输入词相关的词汇列表,选择某一特定词汇后,即可进行检索,如果不需要系统所提供的词汇列表,可点击列表右下方的"turn off",将其关闭。确定检索词后,点击"Search"按钮,进入检索程序。

文本词检索嵌入自动匹配技术(Automatic Term Mapping)。自动匹配技术是指在不使用精确检索(双引号)和截词检索(星号)的情况下,系统首先将检索词视为主题词进行检索,若没有找到对应结果,会再将输入词视作刊名进行检索,若仍未有检出结果,会再将输入词视为作者名进行查找,这一过程将在找到检索结果时终止。自动匹配检索技术激活状态下的检索会同时在"All Fields"中查找,具体的检索过程用户可以通过检索结果界面的"Search details"查看。比如,输入"Cancer","Search details"所显示的表达式为:"neoplasms"[MeSH Terms] OR "neoplasms"[All Fields] OR "cancer"[All Fields]。

2. 字段标识检索

当希望仅在某一字段范围内检索输入词时,需要在输入词后加字段标识,如输入"Cancer[TI]",意思是查找篇名中包含输入词"Cancer"的文献。如果输入"Cancer[TIAB]",是指在篇名及文摘中查找"Cancer"。当输入词带上字段标识后,系统默认的词语自动匹配功能将关闭。

表 6-1 PubMed 常用字段及字段标识

字段名	标识	注释
Affiliation	AD	作者单位
All Fields	ALL	全部字段
Author	AU	第一作者
Corporate Author	CN	合作者
EC/RN Number	RN	酶编号及化学文摘社登记号
Grant Number	GR	受美国公共健康服务部门资助的项目资助号或合同号
Issue	IP	期
Journal Title	TA	刊名
Language	LA	语种
MeSH Date	MHDA	数据被标引主题词的时间
MeSH Major Topic	MAJR	主要概念主题词
MeSH Subheadings	SH	副主题词
MeSH Terms	MH	主题词,每篇标注 10~12 个
Pagination	PG	起始页
Other term	OT	非主题词
Personal Name as Subject	PS	人名主题
Pharmacologic Action MeSH Terms	PA	药理作用主题词
Place of Publication	PL	期刊出版国
Publication Date	DP	出版时间

(续表)

字段名	标识	注释
Publication Type	PT	出版类型
Subset	SB	子集、专集
Text Words	TW	文本词(包括 TI/AB/MH/SH/PT/PS/OT 等字段)
Title	TI	题名
Title/Abstract	TIAB	题名或摘要
Transliterated Title	TT	原语种为非英文的文章题名
Volume	VI	卷

3. 截词检索

PubMed 支持截词检索技术，如输入 bacter＊，可检出文中出现 bacter、bacteria、bacterium 等的文献。另外，一些特殊字段也适用截词检索技术，如输入作者名"chen k＊"，可检出"chen K"、"chen kj"、"chen kH"等。当截词检索被使用时，系统的词语自动匹配功能将被关闭，同时系统默认的扩展检索功能也将处于关闭状态。

4. 短语检索

当输入一个意义完整的短语或术语时，可加上双引号，以短语形式进行检索。当查找的词语中有所属关系的标记时，检索时应去除。如检索"crohn's disease"，应输入"crohn disease"。短语检索状态下，系统将输入的短词作为一个完整的单元来对待，不再启用词语自动匹配功能对输入词进行相应的拆分与转换。需注意的是，当输入的短语不是 PubMed 的可检索词汇时，双引号将被忽视，系统将重新启用自动匹配功能进行词语的匹配与转换。

5. 布尔逻辑检索

布尔逻辑检索是指在输入框内直接输入带有逻辑运算符的检索表达式进行的检索。布尔逻辑检索各运算符之间的先后顺序按输入词的先后由左到右依次运算，如果希望先运算某一部分，可将该部分用括号括起。如以下表达式：

Toxicity and Chai hu or bupleurum

此时，系统将按以下步骤实施检索：

第一步　Toxicity and Chai hu；

第二步　第一步的检索结果 or bupleurum。

如果将表达式调整为：

Toxicity and (Chai hu or bupleurum)

则运算步骤为

第一步　Chai hu or bupleurum；

第二步　Toxicity and 第一步的检索结果。

(二) 高级检索

高级检索可通过多个字段的组配来精确检索结果，提高查准率。各字段检索项之间的逻辑关系有逻辑与、逻辑或、逻辑非。每个输入项右侧有"show index list"的链接，作用是帮助检索者选择检索词。

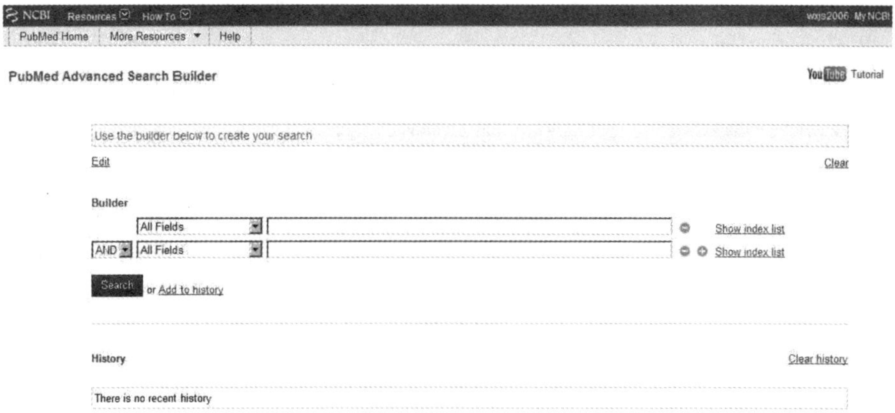

图 6-16 PubMed 高级检索界面

（三）主题检索

PubMed 的主题检索可通过两种方式实施，一是在基本检索状态下直接输入检索表达式，可单独检索主题词，以"检索词[字段标识]"的格式输入即可。字段标识可以是全称，也可以是缩写，不区别大小写，比如主题词的字段标识可输入[MeSH]，也可以输入"MH"、"mesh"、"MESH"。如果需要与副主题词相组配，则以"主题词/副主题词"的格式输入，副主题词可以是全称，也可以是缩写。这种检索方法要求检索者具有一定的检索基础，熟知主题词与副主题词的范畴及使用方法，会构建完整而正确的表达式。另一种方式是通过辅助词表确定主题词、选择副主题词及送入检索框等的操作完成主题检索，这里以查检柴胡毒性方面的文献为例介绍第二种检索方式。

第一步、确定主题词：PubMed 首页上，检索入口选择"MeSH"，输入检索词，点击"go"，系统将调出与该词相关的主题词列表供检索者选择。本例中点击"Bupleurum"。

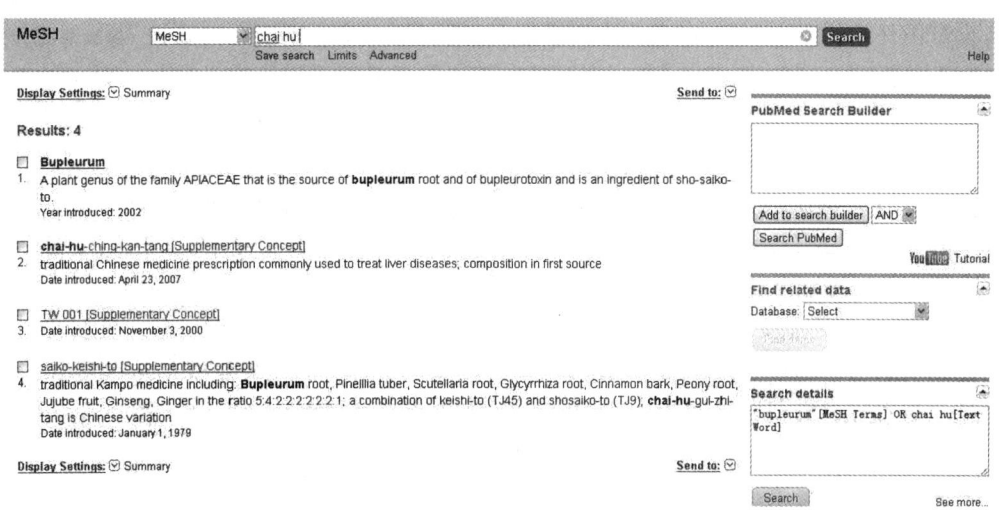

图 6-17 PubMed 主题词列表

第二步、选择副主题词：点击所确定的主题词进入副主题词选择区，勾选副主题词。

图 6-18 PubMed 副主题词选区

第三步、勾选辅助检索项：在确定副主题词后，再对是否扩展、是否进行核心概念查找等项进行勾选（如图 6-18 所示）。检索者可根据当前界面提供的树形结构了解该词所在的位置及下位词，以帮助判断是否需要扩展检索，"Do not Explode this term"为不扩展模式，如需要，可勾选。核心概念检索可以提高检出文献的相关性，如需要，可勾选"Restrict Search to Major Topic headings only"。系统默认为非核心概念检索。

第四步、实施检索：点击界面右侧"Add to search builder"（如图 6-18 所示）将所选的主题词与副主题词送入检索框后，点击"Search PubMed"，完成整个检索过程。

（四）期刊检索

1. 检索期刊上刊载的文献

PubMed 期刊中所包括的中医药期刊，有国内期刊的英文版，如《中医杂志》，也有国外编辑、出版的，如《美洲中医杂志》。期刊论文检索可以在高级检索界面下选择刊名字段后，输入刊名，也可以在基本检索界面下直接输入期刊的全称、缩写或 ISSN。比如，查检《中医杂志》，可输入 *Journal of traditional Chinese medicine*、*j tradit chin med* 或 0254-6272，检出结果相同。

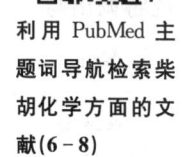

利用 PubMed 主题词导航检索柴胡化学方面的文献(6-8)

另外，如果刊名同时也可能是一般概念，应加字段标识，以免将检索词匹配到其他字段。例如，输入"Cell"，系统将首先将"Cell"作为主题概念去查检，而如果输入"Cell[ta]"，检出的仅是"Cell"期刊上发表的文献。

2. 检索期刊的出版信息

期刊出版信息的检索是对期刊的出版者、出版地、出版周期、印刷版及电子版 ISSN、期刊的全称与缩写等的查找。可通过点击 PubMed 主页下方的"Journals in NCBI Databases"链接，或在 PubMed 基本检索界面下选择"NLM Catalog"入口，进入期刊检索界面。输入主题概念、期刊的全称、缩写或 ISSN 号均可。

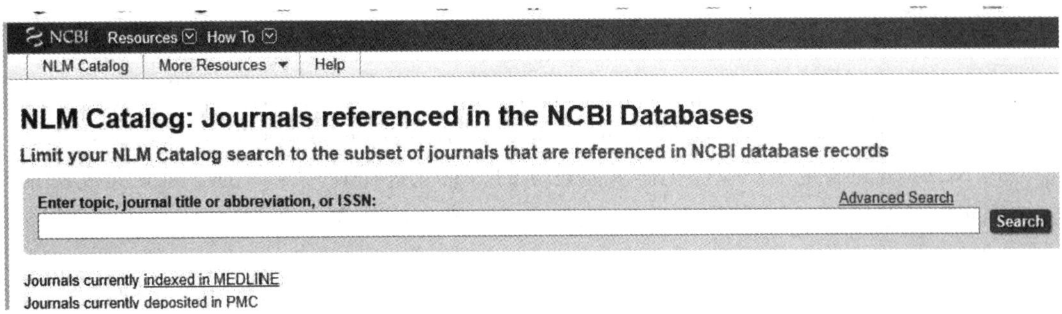

图 6-19 PubMed 期刊出版信息检索界面

3. 期刊检索注意事项：

（1）检索期刊时最好以期刊的全称或缩写形式进行检索，这是因为，有些早期记录没有ISSN号，相关记录无法检出。

（2）刊名中带有标点符号的，输入时可忽略。

（五）作者检索

1. 检索作者发文信息的途径

（1）PubMed首页直接输入作者名，点击"go"，即可得到检索结果。作者的姓名输入格式为：姓在前，用全称，名在后，用缩写，姓名之间空格。如查检"陈可冀"，输入"chen kj"，系统即可识别输入词为作者名，并将之限定在作者字段进行查检。

（2）高级检索（Advanced search）界面，选择作者字段，输入作者名检索。

2. 作者检索注意事项

（1）当仅输入作者姓时，系统将在所在字段查找输入词，而当作者姓也是某种实意词或主题概念时，则可能检出其他不相关文献。如检索杨姓作者发表的文献，当输入"yang"时，系统可能查找到主题词"Yin-Yang"（阴阳），所检出的结果很可能是涉及阴阳学说的文献。此时，可通过补加字段标识来解决，如输入"Yang[AU]"即可限定在作者字段检索。

（2）当输入的作者名为姓名全称时，检出的记录必须满足两个条件，一是原始文献发表于2002年以后，一是文章采用的作者格式亦为姓名的全称。

（3）作者名中出现逗号的，在检索时可以输入，也可以忽略。

（4）作者名中带有称号、称呼、前缀等，在输入时一律放在最后。如："vollmer charles jr"。

（5）作者名在输入时区分大小写，比如在检索作者"Rucini R"时，不可以输入"rucini r"。

（六）最佳匹配检索

PubMed中最佳匹配检索可通过点击检出结果界面右侧的"Best Match"实现。"Best Match"是一种通过机器学习技术筛选高相关度文献的检索模式。需注意的是，"Best Match"并不是通常意义上的"按相关度排序"，用户可通过"Search details"查看系统是如何进行最佳匹配检索的。

五、辅助功能

（一）My NCBI

My NCBI 是为满足用户个性化需求而设立的。它允许用户用专门的空间来存放检索策略、定题跟踪专题资料、制定特定显示格式、管理个人帐户信息等。

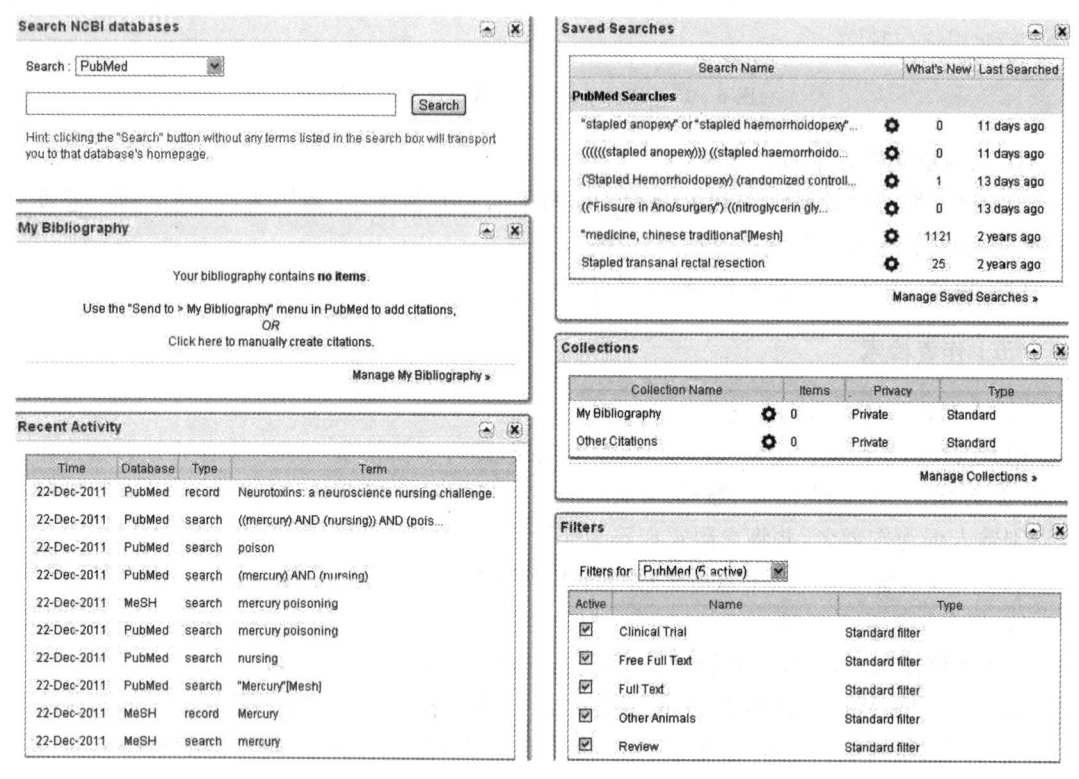

图 6-20 My NCBI

在 MY NCBI 右上角，有 NCBI site preferences、customize this page 等选项，前者主要提供个人账户信息，后者可对当前显示的界面进行调整，以适应个人喜好。比如，"Filters"是对检索结果的再过滤。如检索"traditional Chinese medicine"，如果想分别了解检出结果中 clinical trial、free full text、full text、other animals、review 各多少，可在 Filters 栏对相关项目进行勾选，之后可在检出结果界面右侧看到过滤结果（如图 6-21 所示）。

（二）LinkOut

在检出记录显示界面或在 PubMed 主页下方的"LinkOut"链接主要用于链接相关记录的在线资源，包括提供原始文献的出版商、其他生物医学数据库，以及在线健康资源等。

（三）引文匹配工具（citation Matcher）

在 PubMed 主页 "PubMed Tools" 列表中的 Citation Matcher（包括 Single Citation Matcher 和 Batch Citation Matcher）允许用户以引文格式查找文献信息。当检索者掌握所需记录的期刊名、卷号、期号或页码等其中的一项或几项时，可使用此功能查找完整的记录信息。

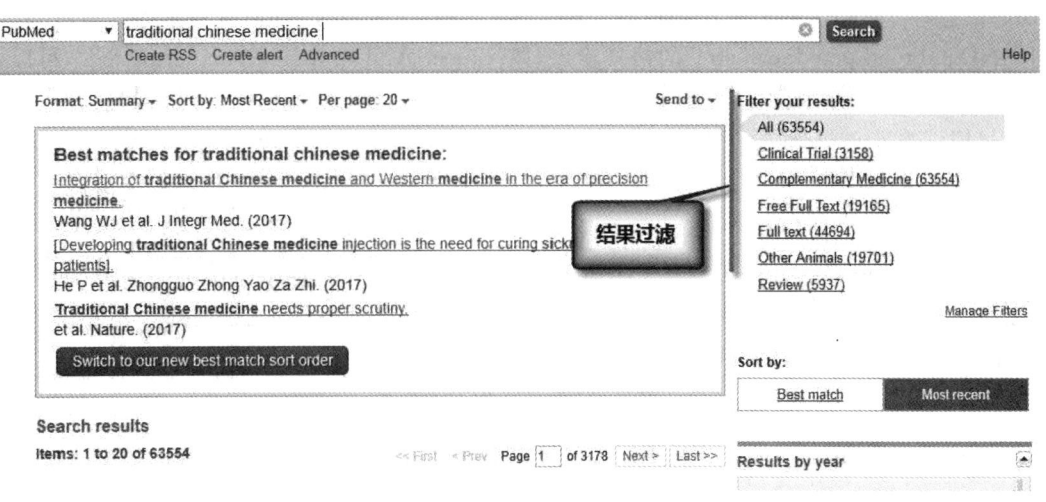

图 6-21　PubMed 过滤结果

(四) 临床检索工具(Clinical Queries)

PubMed 主页"PubMed Tools"中的"Clinical Queries"链接,用于检索 PubMed 中临床研究信息。可检索内容包括:① 临床资料中涉及病因、诊断、治疗及预后信息;② 临床医学系统综述方面的信息,具体涉及循证医学、系统综述、Meta 分析、临床试验的综述类文献等,也提供综述型期刊上的文献。③ 医学遗传学资料。

(五) 专题检索工具(Topic Specific Queries)

在 PubMed 主页"PubMed Tools"中的"Topic Specific Queries"提供多种帮助检索的工具:

① 为临床医生及健康服务研究者提供的资料(Queries Targeted for Clinicians and Health Services Researchers)。

② PubMed 专题(Subjects):PubMed 专题也叫 PubMed 子库,主要包括艾滋病、医学伦理学、补充医学、毒理学等 15 个专题。用户可通过此链接实施检索。检索时,以"检索词 AND 专题库名称[sb]"的格式进行输入。比如,在补充与替代医学专题库(cam)中检索癌症资料,则可以在检索框中输入"cancer AND cam [sb]"来实施检索。

③ 其他资料检索(Additional Search Queries/interfaces):提供六个不同专题的检索,其中"cam on PubMed"提供补充医学和替代医学信息检索,是检索中医药学资源的重要途径之一。

④ 期刊检索(Journal Collections):提供核心期刊、护理学期刊、牙科学期刊等期刊专集的检索。

六、获取全文

(一) 免费全文

PubMed 相关主题的免费全文信息可通过限定项"free full text"来了解。其免费全文来自 PMC、免费的在线期刊或数据库等资源。PMC 是 PubMed 中提供免费全文的子库,检索途径有:① 进入 PubMed 主页,在选库下拉菜单中选择"PMC",之后所输入的检索词将被限定在

PMC 中检索。被检出的记录左侧带有"FREE IN PMC"图标。② 在默认检索界面下以"检索词 AND pubmed pmc local[sb]"的格式输入,如"cancer AND pubmed pmc local[sb]",可以检出 PMC 中的文献,系统不仅显示 PMC 中的免费全文,还提供该期刊的网址链接,以方便检索者通过网页查看免费全文。

(二) 全文信息链接

在显示结果界面选择 Linkout→点击 display,可以查看每条记录的全文获取信息。在这种情况下,所提供的全文可能是免费的,也可能是需付费的。

七、检索结果处理

(一) Search Details

Details 是对词语自动匹配功能的解释,它可以详细告知检索者,其所输入的词语是如何被系统翻译转换的。如输入"acupuncture"检索后,在结果显示界面的右侧的"Search Details"中显示如下内容:

"acupuncture"[MeSH Terms] OR "acupuncture"[All Fields] OR "acupuncture therapy"[MeSH Terms] OR ("acupuncture"[All Fields] AND "therapy"[All Fields]) OR "acupuncture therapy"[All Fields]。

说明,此次检索系统不仅将检索词以"主题词"、"全部字段"进行了检索,而且对检索词进行了智能匹配,如果检索者需要对系统的这种转换进行修改,可直接在"Search Details"框内进行修改后重新检索。

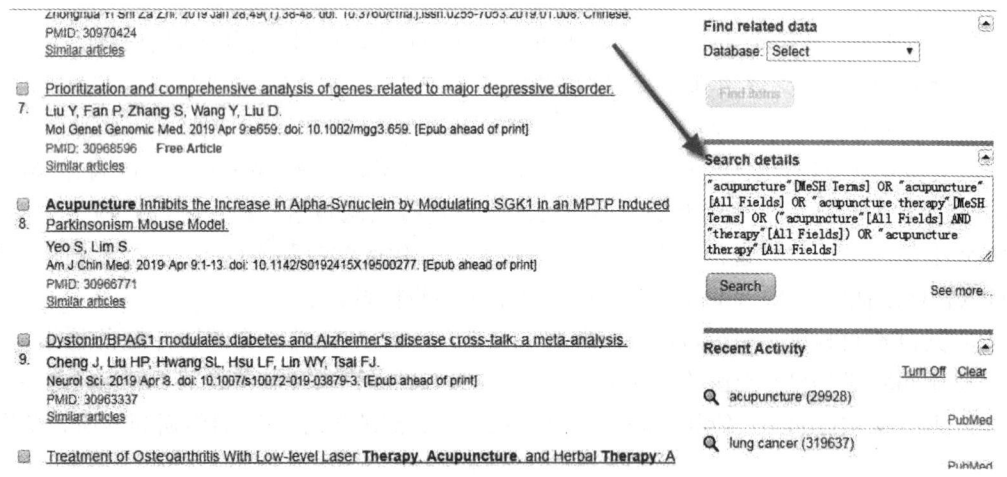

图 6-22 search details

(二) History(检索历史)

检索历史用于存放所有的检索结果及表达式,最多可存放 100 条检索结果,历史记录保留八小时,如果八小时后数据库处于非激活状态,则检索历史清零处理。

检索历史也常是组配检索界面,即通过检索历史界面,检索者还可以选择两个或以上的检索表达式进行组配,开始新的检索。

(三) Display(检索结果的显示)

所检出的文献可通过点击检出结果页面上的"Display",在展开的下拉菜单中选择不同的显示格式来浏览,常用的显示格式包括 Summary、Abstract、MEDLINE 等。如下例的 Summary 格式,提供作者、篇名、出处、语种、PubMed 记录编号、相似论文链接等。

[Patented technology status quo and development trend for Chinese herbal medicines]①
Li C, Huang L.②
Zhongguo ZhongYao Za Zhi. 2009 Jun; 34 (11):1468 – 72.③ Chinese.④
PMID:19771885
Similar articles⑤
① 篇名;② 作者;③ 出处;④ 语种;⑤ PubMed 记录编号;⑥ 相似论文

(四) Show(每页显示条数)

PubMed 可根据检索者需要在检索结果显示区每页显示 5～200 条信息。点击主页"Show"右侧的下拉菜单即可选择不同的显示条数,系统默认每页显示 20 条。

(五) Sort(排序方式)

PubMed 可将检索结果按出版时间、期刊、作者、题目等排序,出版时间按远近顺序,其他按音序排列。点击检索结果显示页面的"Sort by"右侧之下拉箭头可选择。

(六) Send to(检索结果的输出)

点击检索结果显示区上方的"Send to"右侧之下拉箭头,在下位菜单中选择输出格式,完成检索结果的输出。可选择的输出格式有:

1. File(输出到文件)

默认设置是将所有检索结果均保存并输出到文件。如需要,可先勾选所需记录,再输出记录,所输出的记录最多为 1 万条。

2. collections(输出到我的收藏)

将记录添加到 My NCBI 的"My Collections"(我的收藏)中。

3. Order(全文订购)

该选项是获取 Loansome Doc 成员馆提供的全文的途径。该项服务为付费服务,用户在使用前需先注册,用户可从 PubMed 侧栏菜单中找到"Order Documents"并点击,查看自己所属地区提供此项全文传输服务的图书馆,注册后按步骤完成全文索取过程。

PubMed 为每篇记录提供不同的全文链接服务,点击记录左侧的链接,有免费全文可直接点击查看全文,非免费全文可链接到获取地点,如 Loansome Doc 成员馆、提供免费全文的期刊主页、出版商网页或其他的信息保障部门。

4. Clipboard(输出到剪贴板)

剪贴板是临时存放检索结果的地方。当系统八小时处于非激活状态时,剪贴板信息清零。当不选具体记录时,点击发送到剪贴板,系统默认将全部检索结果发送到剪贴板。

5. E-Mail(输出到邮箱)

可将检索结果通过网络直接发送到自己指定的邮箱。PubMed 用于发送的邮箱为自动邮件发送系统,发送成功后,检索者可在指定邮箱中发现发件人为 nobody@ncbi.nlm.nih.gov 的邮件。该邮箱为非功能邮箱,检索者如需要向 PubMed 发送电邮,可将邮件发送到其客户服务中心"custserv@nlm.nih.gov"。

6. My bibliography(我的书目)

将记录添加到 My NCBI 中的我的书目中。

7. Citation manager

将检出结果输出为文献管理软件需要的格式。

八、小提示

① 对于不熟悉 PubMed 检索界面的检索者,可以先学习中文数据库《中国生物医学文献数据库》(CBM),通过对照帮助自己尽快熟悉该库的检索功能。

② 在利用中药名、方剂名或中医专有词汇检索时,可使用汉语拼音作为入口词。同时,应注意相应的日文名称。

③ 输入词中带有括号等符号的(如化学物质名),在输入时应将符号替换成空格。

④ PubMed 默认的检索状态为词语自动匹配、扩展检索。在特定检索状态下,如使用截词、引号、字段标识等,其词语自动匹配功能及扩展检索状态处关闭状态。

第四节 SCIFINDER

一、概述

(一) 简介

SCIFINDER 的前身为印刷型检索刊物美国《化学文摘》(Chemical Abstracts,简称 CA),由美国化学学会化学文摘服务社(Chemical Abstracts Service,简称 CAS)编辑出版,为著名的化学化工专业文摘型检索工具。CA 创刊于 1907 年,其前身是 1895~1906 年出版的《美国化学研究评论》(Review of American Research)和 1897 年出版的《美国化学会志》(Journal of the American Chemical Society)中的文摘部分。

1969 年 CAS 合并了具有 140 年历史的德国《化学文摘》,成为世界上发行量最大的专业性文摘检索工具。CA 曾有印刷本、光盘、磁带、缩微胶片和联机数据库等多种载体形式。印刷本自 2010 年起停刊,目前常用网络版 SCIFINDER,也是本节主要介绍的内容。

(二) SCIFINDER Web 的收录范围

SCIFINDERWeb 中主要包括 CAS REGISTRY、CASREACT、CAplus、CHEMLIST、CHEMCATS、MARPRAT 和 MEDLINE 子数据库。

1. CAS REGISTRY

涵盖从 1802 年至今的特定化学物质,包括有机化合物、生物序列、配位化合物、聚合物、合金、片状无机物等,是查找结构图示、CAS 化学物质登记号、特定化学物质名称、实验数据等的有效工具,可以用化学名称、CAS 化学物质登记号或结构式检索,每日更新。

2. CASREACT

涵盖了从 1840 年至今源自期刊和专利文献中的单步或多步反应信息,以结构式表示其反应物、试剂、生成物,可以用结构式、CAS 化学物质登记号、化学名称(包括商品名、俗名等同义词)和分子式进行检索,每日更新。

3. CAplus

涵盖 19 世纪初至今的 150 多个国家,60 多个专利发行机构,1 万多种期刊的文献,包括期刊、专利文献、会议文献、学位论文、技术报告、图书等,覆盖化学、生化、化学工程以及相关学科,可以用研究主题、著者姓名、机构名称、文献标识号进行检索,每日更新。

4. CHEMLIST

收录 1979 年至今的世界各国和地区的管控化学品信息(化学名称、别名、库存状态等),可以用结构式、CAS 化学物质登记号、化学名称(包括商品名、俗名等同义词)和分子式进行检索,每周更新。

5. CHEMCATS

化学品商业信息数据库,用于查询化学品提供商的联系信息、价格情况、运送方式,或了解物质的安全和操作注意事项等信息,可以用结构式、CAS 化学物质登记号、化学名称(包括商品名、俗名等同义词)和分子式进行检索,每周更新。

6. MARPRAT

收录了 1961 年至今专利文献中的有机物和有机金属结构,每日更新。

7. MEDLINE

是美国国家医学图书馆(NLM)建立的生物医学文献数据库。

二、SCIFINDER Web 的检索途径与方法

(一) 文献检索(References Explore)

文献检索可以从研究主题(Research Topic)、作者姓名(Author Name)、机构名称(Company Name)、文献识别号(Document Identifier)、刊名(Journal)、专利(Patent)和标签(Tags)进行限定检索。

1. 按研究主题(Research Topic)检索

使用 at、in、by、with 和 of 等介词连接描述主题概念的术语,然后点击"Search"按钮进行检索。如输入"anti-inflammatory with natural product",然后在主题检索候选项页面选择"concepts……closely associated with"选项,表示要求两个概念词要在同一句话中出现,点击"Get References"按钮,则进入到文献检索结果列表页面。页面左侧区提供检索结果的分析(Analyze)、精炼(Refine)和学科分类(Categorize)功能。分析功能可以从研究人员、研究机构、出版刊物、语种、化学物质登记号和文献类型等十余个方面进行再次限定;精炼功能可以从研究主题、作者姓名、机构名称、文献类型、出版年代、语种和数据库方面进行二次限定。

2. 按作者姓名(Author Name)检索

姓氏必须全称(Last Name),名字或中间名可省略,对于复姓的可直接输入;如果带有元音变音的,输入字母即可,或在后面接一个 e,可同时搜索名、姓以及姓、名;对于不确认的名字,可以输入首字母。如在 Last Name 栏内输入 wang,first 栏内输入 g,即可通过作者索引列表找到要查询的作者姓名,点击"Get References"按钮则进入到文献检索结果列表页面。

3. 按机构名称(Company Name)检索

可输入机构全称、简称或其中一部分。

4. 按文献标识（Document Identifier）检索

可输入化学文摘号、专利号或 DOI 码，一次最多输入 25 个，分行输入。例如，输入化学文摘号 1983：4296

5. 按刊名（Journal）检索

查询期刊或非专利信息（如图书或会议文集）的文献，可以输入刊名、卷、期、起始页码，以及篇名，作者姓名、出版年代来限定查询。通过此方式检索，至少需要输入刊名或作者姓氏。

6. 按专利（Patent）检索

可以输入专利号、申请人、发明人和出版年代来限定查询。采用发明人检索时，姓氏必须全称，其他可以省略。如果仅进行专利号检索，也可通过按文献标识检索入口进行查询。

7. 按标签（Tags）检索

只有在以前检索时曾对感兴趣的文献添加标签后（在检索结果列表页面的 Tools 选项下有添加标签选项）才能进行按标签检索。

（二）物质检索（Substances Explore）

物质检索可以从化学物质结构（Chemical Structure）、马库西结构（Markush）、分子式（Molecular Formula）、物质理化性质（Property）和物质标识符（Substance Identifier）几方面进行限定检索。

通过非 Java 程序编辑器进行青蒿素的物质信息查询(6-9)

1. 按化学物质结构（Chemical Structure）检索

可以采用专门的 Java 绘图工具绘制化学物质结构图进行检索，或者通过非 Java 程序编辑（如图 6-23 所示），或导入含有化学物质结构的 CXF 文件来进行检索。在首次采用 Java 绘图工具检索时，需要安装相应的 Java 程序。检索类型可以选择精确结构、亚结构或者相似结构检索。

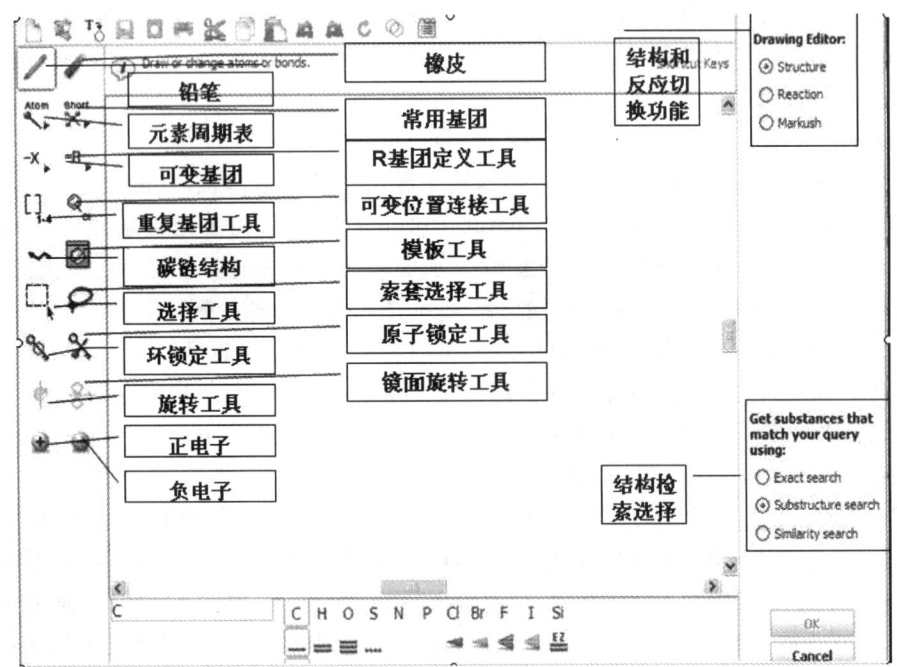

图 6-23 非 Java 编辑器

2. 按马库西结构(Markush)检索

可以采用专门 Java 绘图工具绘制马库西结构的方法进行检索,绘制方法如化学物质结构检索。或者通过非 Java 程序编辑(图 6-23 示),或导入含有马库西结构图的 CXF 文件来进行检索。

3. 按分子式(Molecular Formula)检索

输入分子式时需要按 Hill 排序①,元素之间用数字或者字母隔开;如果是多组分的物质,如聚合物、盐类等,则各个组分之间以英文的"."隔开。如 H2O4S.2Na。当只知道起始原料的聚合物检索时,组分间用点分开,每个组分采用 Hill 排序,括号外用 x 表示。如(C4H6O2.C2H3Cl.C2H3F)x。当知道结构重复单元(SRU)的聚合物检索时,采用 Hill 排序,括号外用 n 表示。如(C12H22N2O2)n。

4. 按化学物质理化性质(Property)检索

有物质实验性质(Experimental)和物质预测性质(Predicted)两个选项。选择实验性质时,首先要根据物质的学科分类性质进行选择,然后输入一个具体的数值或范围进行检索;选择预测性质时,要选择一个预测指标,然后输入一个具体的数值或范围进行检索。

5. 按物质标识符(Substance Identifier)检索

直接输入物质名称、化学物质登记号(CAS NO),一次最多可以检索 25 个物质,采用换行方式隔开。

(三) 反应检索(Reaction Explore)

化学反应检索可以采用专门的 Java 绘图工具绘制反应结构,或者通过非 Java 编辑或导入含反应结构的 CXF 文件,然后进行条件限定后进行检索。检出结果左侧区可以进一步对作者、催化剂和溶剂以及反应结构、产率、反应步骤和反应分类等方面进行限定。

通过物质标识符途径查询青蒿素的物质、文献和反应信息(6-10)

(四) 检索结果处理

1. 文献检索的结果显示、保存和打印

文献检索检出结果以题录列表格式显示,可通过 Display Options 进行显示设定。检索结果可以通过 Sort by 选项按时间或引用频次等排序。每条文献下面有"Quick View"和"Full Text"链接,另外还有链接到物质、反应和参考文献链接。在检索结果页面左侧区提供再次精练功能,包括:"Get Substances"(链接到文献报道中物质)、"Get Reaction"(获得相关反应)、"Get Related Citations"(获得相关引文信息链接)、"Get Full Text"(链接到全文)和"Tools"(工具选项:有去除重复、合并结果和添加标签选项)链接。点击检出结果单篇文献标题,可进入详细记录格式,此格式包含了索引、概念和物质等信息。

利用 SciFinder 检索"隐丹参酮"相关信息(6-11)

2. 物质检索的结果显示、保存和打印

化学物质检索结果可按相关度、文献序列号、参考文献数量、商业来源数量、分子量和分子式排序等进行排序。每个化学物质均可以通过点击">>"图标查看该物质的详细信息、采用此物质进行化学物质结构检索、获取含有该物质的文献和导出图片等。也可选择放大镜图标

---

① Hill 排序系统:化学分子式的排序方法。先排 C 原子,其次排 H 原子,其他原子按拉丁字母顺序排列。

进行快速查看。通过点击该物质的化学结构或化学物质登记号链接,可以获得化学物质详情。在化学物质检索结果列表页面的左侧提供:"Get References"(获取文献)、"Get Reaction"(获得相关反应)、"Get Commercial Sources"(获取商业信息)和"Tools"(工具选项:合并结果)链接。

3. 反应检索的结果显示、保存和打印

反应检索结果可以按时间、相关度、实验程序、反应步骤、产率等进行排序。每个反应中的物质都有商业来源链接和详情查询等链接,每个反应都提供了反应详情(View Reaction Detail)和相似反应(Similar Reactions)链接。"View Reaction Detail"显示反应详情,在此页面上,提供"Get Reference Detail"(获取参考文献)、"Full Text"(获取含有此反应的参考文献全文)和"Get Similar Reactions"(获取相似反应)链接。在反应检索结果列表页面的左侧索引区有进一步限定检索功能;在此页面上部分,有"Get References"(获取文献)和"Tools"(工具选项:添加反应和合并结果)链接。在此页面右上角,有存储、打印和输出链接。

第五节　检索实例

一、检索需求

某药学专业同学想了解隐丹参酮抗炎的作用机理,以及核心研究论文、近年研究趋势、主要研究力量等信息。

二、选择信息源

考虑到研究主题及数据库特点,选取 SCIFINDER 作为主要检索用数据库。

三、主题分析

"隐丹参酮抗炎"是对一个化合物某方面药理作用的研究,应该在 SCIFINDER 中的文献检索(REFERENCES)中选取"Research Topic"入口进行检索。该主题包括"隐丹参酮"、"抗炎"两个检索条件。

检索词:隐丹参酮,Cryptotanshinone,CAS:35825-57-1,分子式:$C_{19}H_{20}O_3$。

四、实施检索

在 Research Topic 界面下,在检索框中输入"anti-inflammatory with Cryptotanshinone",点击"Search",选择"55 references were found containing the two concepts "anti-inflammatory" and "Cryptotanshinone" closely associated with one another"。点击"Get References",得到55条相关题目。

五、检索结果及分析

1. 论文发表时间分布情况

由下图可见,2002 年至 2015 年,"隐丹参酮抗炎"相关研究论文并不多,年发文量一般在 1~5 区间波动,近三年来,相关论文发表量有所增加,呈小幅增长趋势。

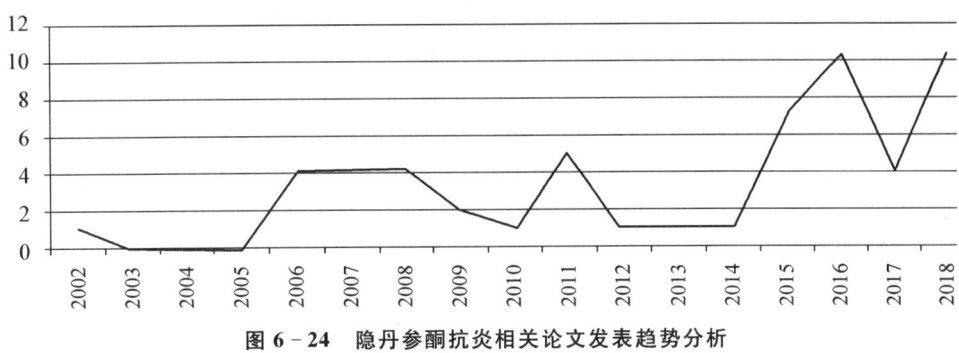

图6-24 隐丹参酮抗炎相关论文发表趋势分析

2. 高被引论文分析

表6-2 隐丹参酮抗炎相关高被引(被引次数＞10)论文

序号	论文篇名	被引次数
1	Cryptotanshinone inhibits cyclooxygenase - 2 enzyme activity but not its expression.	45
2	Cryptotanshinone Suppressed Inflammatory Cytokines Secretion in RAW264.7 Macrophages through Inhibition of the NF-κB and MAPK Signaling Pathways.	43
3	Cryptotanshinone, a lipophilic compound of Salvia miltiorrriza root, inhibits TNF-α-induced expression of adhesion molecules in HUVEC and attenuates rat myocardial ischemia/reperfusion injury in vivo.	43
4	Inhibition of prostaglandin and nitric oxide production in lipopolysaccharide-treated RAW 264.7 cells by tanshinones from the roots of Salvia miltiorrhiza bunge.	27
5	Cryptotanshinone inhibits endothelin - 1 expression and stimulates nitric oxide production in human vascular endothelial cells.	26
6	Cryptotanshinone suppressed inflammatory cytokines secretion in RAW264.7 macrophages through inhibition of the NF-κB and MAPK signaling pathways.	25
7	Cryptotanshinone inhibits chemotactic migration in macrophages through negative regulation of the PI3K signaling pathway.	23
8	Evaluation of the anti-inflammatory activities of tanshinones isolated from Salvia miltiorrhiza var. alba roots in THP - 1 macrophages.	20
9	Cryptotanshinone inhibits LPS-induced proinflammatory mediators via TLR4 and TAK1 signaling pathway.	20
10	Structural elucidation of in vitro and in vivo metabolites of cryptotanshinone by HPLC-DAD-ESI-MSn.	18

从上表可以看出,排在前十位的高被引论文中,截至2018年11月30日,最高引用次数为45,排在第十位的引用次数为18次,这些论文主要的研究内容侧重于隐丹参酮对细胞通路的影响研究。

3. 作者分析

发表论文较多的作者有:Gao Hongwei、Jeon Su Jin、Jiang Jian、Kim Yeong Shik、Liu Pei

Qing、Qiu Fu Rong、Shen Xiao Yan、Son Kun Ho、Xu Qiong Ming、Yang Shilin、Zeng Jin,上述作者发文量均为3篇,尚没有形成真正的核心作者群。

4. 机构分析

这55篇论文的发文机构主要集中于 Sun Yat sen University, Peop Rep China（中山大学）、Capital Medical University, Peop Rep China（首都医科大学）、China Pharmaceutical University, Peop Rep China（中国药科大学）、National Research Institute of Chinese Medicine, Taiwan（台湾中医药研究所）、The Second Affiliated Hospital and Yuying Children's Hospital of Wenzhou Medical University, Peop Rep China（温州医科大学附属第二医院育英儿童医院）。除中山大学发表3篇之外,其他4家机构均发表2篇。可见,本主题目前也暂时没有高发文机构。

5. 载文期刊分析

这55篇论文中,刊文最多的为 *Archives of Pharmacal Research*、*European Journal of Pharmacology*、*International Immunopharmacology* 这三种期刊,各刊载4篇,*Phytomedicine*、*Scientific Reports* 两种期刊各刊载3篇论文。

6. 抗炎作用机理分析

表6-3 炎症相关因子在隐丹参酮抗炎相关论文标引词中出现频次

炎症相关因子	词频
NF-κB	14
Interleukin - 6	9
Soluble tumor necrosis factors	9
Cyclooxygenase - 2	8
Tumor Necrosis Factor-alpha	8
Nitric Oxide	8
Nitric Oxide Synthase Type II	6
Transcription factor IκB	5
Transcription factor RelA	5
Interleukin - 1β	5
Toll-like receptor 4	5
intercellular adhesion molecule 1	3

由上表可知,隐丹参酮发挥抗炎作用的机理可能主要涉及对上述炎症相关因子进行抑制或拮抗,从而发挥抗炎作用。

思考题

1. 在中国生物医学文献服务系统的各数据库的字段中，存在多个用于主题检索的字段，请同时用常用字段、关键词字段、主题词字段进行检索，从全面性与准确性方面对检出结果进行比较。
2. 简述中国中医药文献服务系统的资源收录特点及利用价值。
3. 在 PubMed 中，当查找"Cell"杂志上发表的论文时，在默认输入框中输入"Cell"，检出文献中有许多并非发表在该杂志上的结果，请解释原因，如果调整以满足检索需求。
4. 如何通过 PubMed 查找中药、方剂信息？
5. 检索一个化合物是否为新发现物质，可以采取什么方法查询相关文献。
6. 利用 SICFINDER 查找有关对二乙苯的(产率>99%)的合成反应。

（张稚鲲，周黎，郝桂荣）

第七章 综合类数据库检索

综合类数据库是指数据库所收录的内容涉及多个学科,但医药类文献均为各库的重要组成部分,因此,综合类数据库也是查找与利用国内外医药文献的重要资源。

第一节 CNKI 中国知网

一、概述

中国知识基础设施工程(China National Knowledge Infrastructure,简称 CNKI 工程),由清华大学发起,以实现全社会知识信息传播共享与增值利用为目标建成的以学术研究为中心的中国信息资源体系——《中国知识资源总库》。《中国知识资源总库》内容涵盖我国自然科学、工程技术、人文社会科学各领域,收录了中国期刊、博硕士论文、报纸、会议论文、年鉴、工具书、学术图片、专利、科技成果、引文、科研统计与期刊评价、学术不端、政府文件、法律法规及互联网信息汇总等各类知识资源。

用户可以通过网上包库、镜像站点、购买知网卡、手机版等方式访问知网。单位用户可在 IP 地址范围内直接使用。个人用户可以注册 CNKI 账户,充值后获得使用权限。

访问地址:http://www.cnki.net

知网是一个知识发现的网络综合平台(简称 KDN),其数据来源广泛。平台资源主要包括国内资源总库和外文资源总库两大部分,以下为平台上比较常用的几个数据库。

1. 中国学术期刊网络出版总库

收录自 1915 年至今出版的期刊,部分期刊回溯至创刊。内容覆盖自然科学、工程技术、农业、哲学、医学、人文社会科学等领域。期刊库所收期刊有八百多种为网络首发,含医药卫生科技类期刊一百多种。

2. 中国博士学位论文全文数据库

收录自 1984 年至今的博士学位论文。内容覆盖基础科学、工程技术、农业、医学、哲学、人文、社会科学等领域。

3. 中国优秀硕士学位论文全文数据库

收录自 1984 年至今的硕士学位论文。重点收录 985、211 高校以及中国科学院、社会科学院等重点院校、研究机构的优秀硕士论文,覆盖基础科学、工程技术、农业、哲学、医学、哲学、人文、社会科学等领域。

4. 中国会议论文全文数据库

重点收录 1999 年以来,中国科协系统及国家二级以上的学会、协会、高校、科研院所、政府机关举办的重要会议以及在国内召开的国际会议上发表的文献。其中,国际会议文献占全部文献的 20% 以上,全国性会议文献超过总量的 70%,部分重点会议文献回溯至 1953 年。

5. 中国重要报纸全文数据库

收录 2000 年以来各级党报及特色行业报等重要报纸 500 余种,报纸网络出版平均滞后印刷出版 3 天。

6. 中国年鉴网络出版总库

内容覆盖 1949 年以来我国基本国情、地理历史、政治军事外交、法律、经济、科学技术、教育、文化体育事业、医疗卫生、社会生活、人物、统计资料、文件标准与法律法规等领域,包括我国中央、地方、行业和企业等各类年鉴的全文文献,是目前国内最大的动态年鉴资源全文数据库。

7. 中国工具书网络出版总库

收录我国 300 多家出版社正式出版的 8 000 多部工具书,包括语言词典、专科辞典、百科全书、鉴赏辞典、图谱年表、手册指南等,内容涵盖社会科学、自然科学、工程技术等各个方面。

8. 学术图片知识库

CNKI 学术图片知识库来源于 CNKI 学术期刊库、博硕士论文库、会议论文库、工具书库中的图片,与上述几个源数据库同步更新,并可以链接到图片所在源数据库当前页在线浏览。收录自 1994 年至今不少于 5 500 万张图片。

9. CNKI 学术搜索

为加快国际学术资源在中国的传播,中国知网开发了 CNKI 学术搜索(CNKI Scholar),与国际最具影响力的 530 多家出版社如 Elsevier、Springer、Taylor & Francis、ProQuest、Wiley、PubMed、Cambridge University Press 等合作,收录期刊、会议论文、学位论文、专利、标准、图书等外文文献,内容涵盖科学、生物医学、化学、药剂学、地球科学、医疗与公共卫生等多个学科领域。CNKI Scholar 实现了知识资源的跨类型、跨语种一站式检索。

图 7-1　CNKI 学术搜索(CNKI Scholar)

10. 其他资源

CNKI 资源总库还包括中国专利全文数据库、海外专利摘要数据库、国际会议论文数据库、中国法律知识资源总库、中国政报公报期刊文献总库、中国图书引证统计分析数据库、中国科技项目创新成果鉴定意见数据库(知网版)、标准数据总库、国学宝典数据库、中国引文数据库等资源。

二、检索途径与方法

(一) 跨库检索

1. 文献检索

知网首页提供文献检索、知识元检索和引文检索等检索频道,默认"文献检索"频道(如图7-2),采用一框式检索,直接输入自然语言或多个检索短语即可实施检索。"文献检索"可以通过勾选期刊、博士、硕士、会议、报纸、年鉴、专利、标准和成果等中的1个或数个进行单库或多库检索。

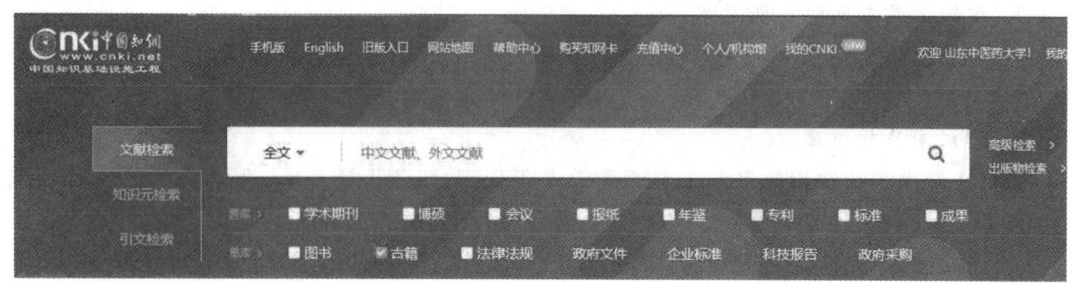

图7-2 KDN文献检索平台页面

2. 知识元检索和引文检索

"知识元检索"检索范围可以选择知识问答、百科、词典、手册、工具书、图片、统计数据、指数、方法或概念关系中的任意一项。"引文检索"可以在中国引文数据库中检索文献的引用与被引信息。

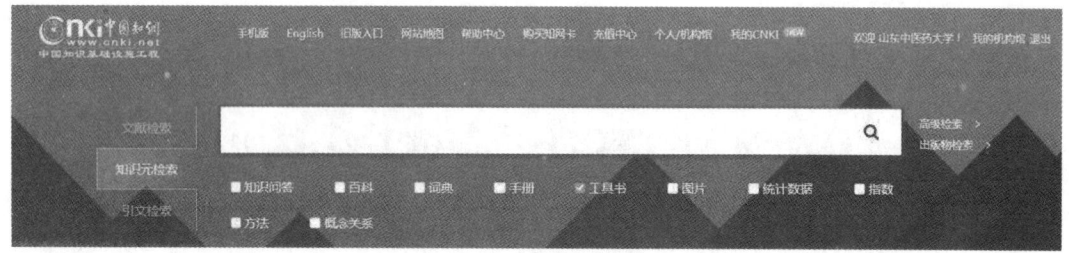

图7-3 CNKI知识元检索界面

3. 高级检索

知网首页输入框右侧点击"高级检索"链接,即可进入CNKI高级检索界面。高级检索输入检索词时需注意,横向输入的两个词必须限定在同一字段中,如果有多个检索词且特征描述不同,需要限定在不同的字段中,则必须纵向输入在不同行中。

另外,高级检索界面还设有专业检索、作者发文检索、句子检索等频道:

(1) 专业检索

专业检索直接输入检索表达式检索。比如在检索框中输入:"TI=糖尿病 and KY=护理 and (AU%张+李)",可以检索到篇名字段包括"糖尿病"并且关键词字段包括"护理"并且作者字段包含"张"姓或"李"姓的文章。

利用CNKI高级检索查找资料(7-1)

(2) 作者发文检索

作者发文检索是指通过作者姓名或第一作者姓名、作者单位来查找某作者的发文信息,如发表文献的题名、来源、文献被引用及下载情况等。

(3) 句子检索

句子检索指输入多个检索词,限定这些检索词出现在命中文献的同一句或同一段中,查找同时包含这些检索词的句子或段落。句子检索实际上是对检索词进行位置限定运算。

利用 CNKI 专业检索查找资料 (7-2)

(二) CNKI 单库检索

CNKI 各个数据库的单库检索界面大致相似,检索方法也基本相同,但不同数据库所供检索的字段不完全相同,如期刊库提供的可检索字段有主题、篇名、关键词、作者、单位、刊名、摘要、全文、被引文献、中图分类号、DOI 号等,而学位论文库则提供了主题、题名、作者、导师、学位单位、关键词、摘要、目录、全文、被引文献、中图分类号、学科专业名称等可检索字段。

利用 CNKI 句子检索查找资料 (7-3)

(三) 出版物检索

出版物检索主要用来查找文献的出版信息。比如,点击知网首页的"出版物检索",可切换至出版来源导航界面(如图 7-4),在期刊、学术辑刊、学位授予单位、会议、报纸、年鉴、工具书等出版来源导航项中检索。比如用户可以通过期刊导航,输入刊名、主办单位、ISSN 号或 CN 号等了解某刊物的基本情况,或选择年、期来阅读某期刊。可以按照学科专业导航或地域导航浏览博士、硕士授予单位的导师及学位论文发文、被引等信息,也可以直接输入学位授予单位名称检索相应资料。

图 7-4 CNKI 出版来源导航检索

(四) 检索结果处理

CNKI 的检索结果显示界面(如图 7-5 所示)可按主题、发表年度、研究层次、作者、机构、基金等指标分组浏览检出结果。可以按相关度、发表时间、被引、下载等对检出结果进行排序，默认按发表时间排序。同时，检出文献在题录也可以在中文和外文之间切换。

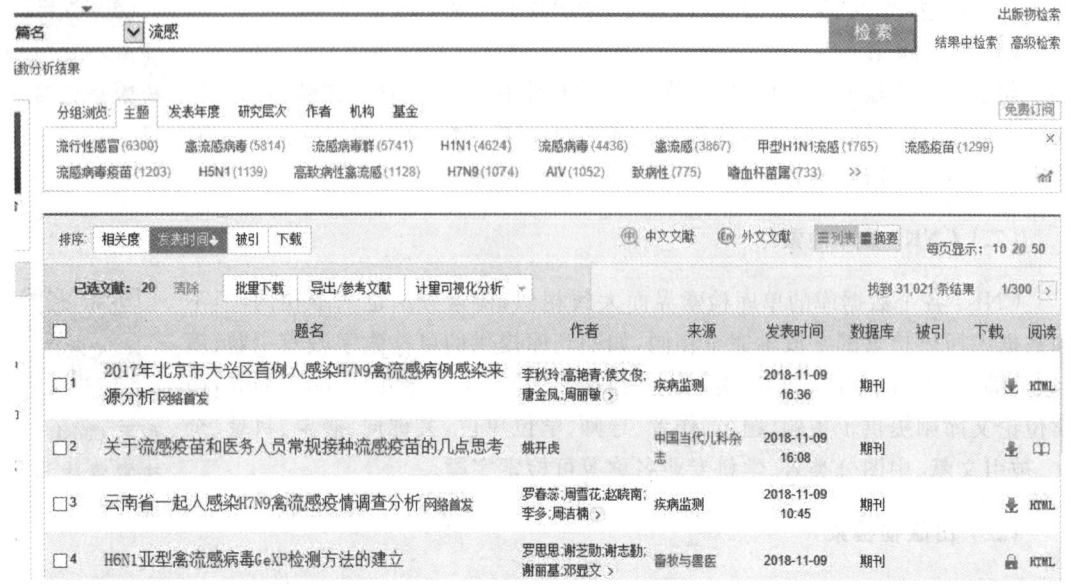

图7-5 CNKI检索结果界面

1. 检索结果导出

知网可以对检索结果批量下载，也可以点击"导出/参考文献"工具条，按需求导出参考文献或适用于管理软件的题录，所提供的"计量可视化分析"工具条，可以对选中文献或全部检索结果进行计量分析。

2. 知网节

知网节是知识网络中相关知识信息交汇节点的简称，包括知识节点和知识网络两部分内容，在检索结果页面，点击某一文献题名，即可进入该文献的知网节界面。知网节以一篇文献、一个作者、一个单位或一个概念为主体，通过概念相关、事实相关等方法揭示知识之间的关联特征，达到知识扩展的目的。通过对知网节上超链接的点击，既可以了解节点主体文献与其他文献之间的关系，又能实现知识的扩展。

3. 全文阅读

CNKI支持HTML阅读、PDF格式或CAJViewer格式阅读文献全文。CAJViewer是CNKI自有的全文阅读器，CNKI检索主页可以下载安装。CNKI大部分数据库也支持PDF格式的全文。HTML网页阅读模式可以直接阅读原文。

知网 E-study (7-4)

4. E-Study文献管理工具

E-Study是CNKI推出的文献管理工具，集文献检索、下载、管理、笔记、写作、投稿于一体。用户可以在CNKI主页下载E-Study工具，注册知网个人账号，实现云同步。

知网全球学术快报介绍(7-5)

5. 移动端阅读

知网提供的"全球学术快报"可以实现移动阅读，在点击每篇文献的标题后，可以看到"手机阅读本文"的链接，按步骤下载安装CNKI"全球学术快报"

APP,并绑定关联机构,就可以使用手机下载阅读关联机构购买的 CNKI 文献了。

第二节 维普中文期刊服务平台

一、概述

维普由科技部西南信息中心重庆维普资讯公司研发,其前身是 1989 年我国自主研发的第一个中文期刊文献数据库——《中文科技期刊篇名数据库》。2000 年,维普资讯网建立,提供《中文科技期刊数据库》的网络检索服务。2010 年,维普资讯网推出维普期刊资源整合服务平台。2018 年 12 月,维普又推出全新的中文期刊服务平台 7.0 版。维普资源分 8 个专辑:社会科学、自然科学、工程技术、农业科学、医药卫生、经济管理、教育科学、图书情报。单位用户可登录本单位站点直接使用,其他用户可登录维普网(http://www.cqvip.com/),注册充值后使用。维普也可以手机端使用。

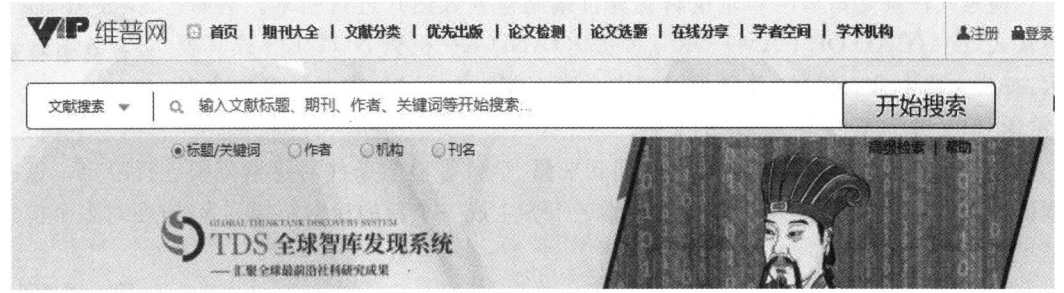

图 7-6 维普网首页

二、数据库特点

维普主要提供期刊论文检索、期刊导航、期刊评价报告、期刊开放获取等资料。期刊文献检索主要用于查找期刊论文。期刊导航主要用于查找期刊的出版信息,如刊名、ISSN 号、分类、刊名首字母、主题、地区、核心期刊系统及国外数据库收录等。

期刊评价报告提供期刊的发文量、被引次数、影响因子以及他引率、平均引文率等引文信息。

维普提供两种期刊开放获取的途径,一是通过"开放获取(OA)期刊"直接查看维普资源中的 OA 期刊。目前维普收录近 700 种 OA 期刊,且 OA 期刊的数量在不断增加。另一种链接到维普以外的 OA 平台,比如中国科技论文在线、中国机构知识库联盟、ROAR、PLoS、OpenDOAR、BioMed Central 等国内外 OA 资源平台。

维普期刊信息查找(7-6)

三、检索途径与方法

期刊论文是维普的核心资源,维普的中文期刊服务平台提供一站式检索、高级检索、检索式检索、期刊导航及检索历史等检索方式。

(一) 一站式检索

一站式检索指直接在检索框中输入检索词进行检索,注意检索词应与字段相匹配。默认字段为"任意字段",任意字段是指在所有可检索字段中查找输入词。此外,还提供了题名、关键词等13个检索入口。

检出的结果可以实现年份、学科、期刊收录、主题、期刊、作者、机构等的再筛选,也可以通过"在结果中检索"或"在结果中去除"进行二次限定,进一步提高查准率。

维普一站式检索
(7-7)

(二) 高级检索

维普高级检索与本章第一节知网的检索相似,此处不再赘言。

(三) 检索式检索

检索式检索是指运用布尔逻辑运算符编制检索表达式进行检索。例如:检索式(K=(CAD OR CAM) OR T=雷达)AND R=机械 NOT K=模具表示:查找文摘中含有机械,并且关键词中含有CAD或CAM,或者题名中含有"雷达"但关键词不包含"模具"的文献。

维普高级检索
(7-8)

执行检索前,用户可以选择时间、期刊来源、学科等检索条件对检索范围进行限定。每次调整检索策略并执行检索后,均会在检索区下方生成一个新的检索结果列表,方便对多个检索结果进行比对及分析。

(四) 检索结果显示及全文下载阅读

维普检索结果显示界面的左侧有"在结果中检索"或"在结果中去除",可以对当前结果进行二次检索,也可以从年份、学科、期刊收录、主题、期刊、作者、机构等方面进一步精练检索结果。

维普检索式检索
(7-9)

维普的文献导出提供了文本、查新格式、参考文献、XML、NoteExpress、Refworks、EndNote、NoteFirst、自定义导出、Excel导出等文献导出格式。用户可以根据需求导出选中的文献,也可以对选中文献进行引用分析,或对检索结果或选中文献进行学术成果产出分析、主要作者分析、主要发文机构统计分析、文章涉及主要学科统计及主要期刊分析等多方面的统计分析。

维普检出结果可以按引用量了解高被引文献,也可以按时间排序了解最新文献。

维普全文可以"在线阅读",也可以"下载全文"。带有"文献传递"的论文是指委托第三方提供原文传递服务,在用户提出原文请求后将原文发送至用户邮箱。

未注册用户可以免费阅读文章首页,全文需要注册登录后才能阅读,但维普提供的OA期刊,所有用户均可免费获取全文。

目前,维普推出了手机客户端"中文期刊手机助手",用户可以在期刊服务平台左上角点击"下载APP",将助手安装到手机。通过文章页面的"下载全文"按钮可以下载并阅读全文。也可以收藏或将文章分享给微博。不过,该功能只开放给授权用户。用户在使用时,需要在机构内通过期刊平台为自己的手机授权,外出时就可以通过保存在APP中的权限重新为电脑授权同步信息,免除IP限制。

第三节 万方数据知识服务平台

一、概述

万方数据知识服务平台是由中国科技信息所下属的北京万方数据股份有限公司研发,收录的文献类型包括学术期刊、学位论文、会议论文、外文文献、学者、专利、标准、成果、图书、新方志、法规、视频等。期刊论文是万方数据知识服务平台的重要组成部分,包括中文期刊和外文期刊,中文期刊收录自1980年以来国内出版的各类期刊,外文期刊主要收录自1995年以来世界各国出版的重要学术期刊。

万方拥有2 000多种中文医学期刊、26 000多种国外医学期刊、50余万篇医学博硕士学位论文、44万余篇医学学术会议论文及医学视频、医学电子图书、临床诊疗知识库、中医药知识系统库、评价系统等。万方是获取中华医学会132种顶级医学学术期刊、中国医师协会的众多高品质期刊电子版全文的唯一途径,是国内医学院校及医院科研人员的常用网站。

访问网址:http://g.wanfangdata.com.cn/index.html,该服务平台采用IP地址或用户注册认证等方式登录。

二、检索特点

万方数据知识服务平台全新推出了万方智搜学术发现平台(如图7-7),是整合数亿条全球学术文献的统一平台。万方通过与NSTL(国家科技图书文献中心)、牛津大学出版社、剑桥大学出版社等数十家机构合作,集成外文期刊、学位、会议、科技报告、专利、视频等十余种资源类型,覆盖多个语种。

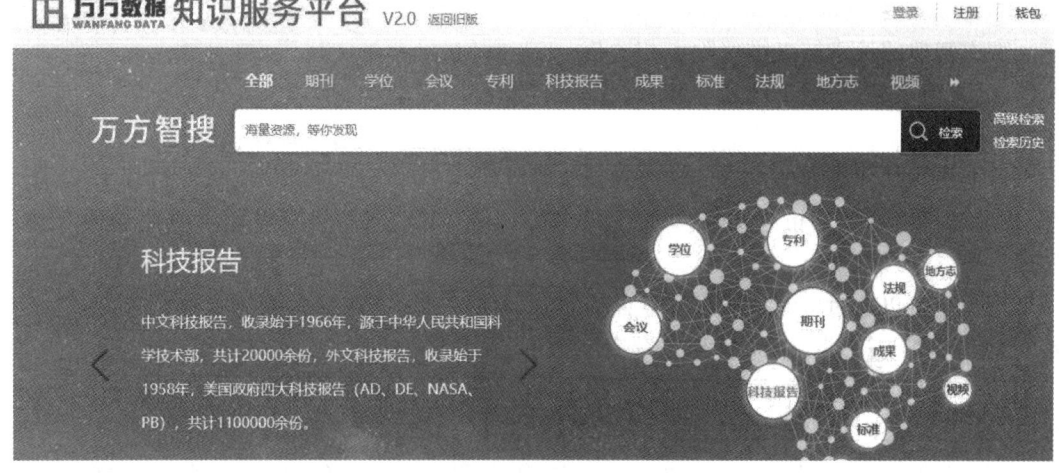

图7-7 万方数据智搜学术发现平台

三、检索途径与方法

1. 统一检索

即一站式字段限定检索。万方智搜默认模糊检索模式,用户可以通过使用双引号("")来限定检索词为精确检索。另外,用户也可以在检索框内使用 not、and、or 对检索词进行逻辑匹配检索,其中 and 可以用空格代替。除了支持包含逻辑运算符的检索式外,万方智搜还支持截词检索(？或%)。

2. 分类检索

万方智搜为用户提供了不同资源的分类检索,包括期刊、学位、会议、图书、专利、科技报告、地方志等。用户可以通过单击平台首页检索框右下方的圆形资源导航工具(如图 7-7 所示)进行检索和切换。每种资源按照《中国图书馆分类法》或相应的分类标准进行分类,点击分类导航工具即可浏览相应的资源。

利用万方统一检索查找资料(7-10)

3. 高级检索

万方智搜平台检索框的右侧有高级检索入口。高级检索支持多个检索类型、检索字段和条件之间的逻辑组配检索,可以构建复杂检索表达式。还可以通过限定文献的发表时间、精确或模糊的匹配模式,提高查准或查全率。

4. 专业检索

专业检索频道可以在高级检索界面下访问,允许编制表达式进行检索,但需确保检索式语法正确。万方所提供的详细字段可以单击页面"可检索字段"进行选择。

利用万方高级检索查找资料(7-11)

在专业检索页面,可以手动输入检索表达式,也可以在"可检索字段"中选择想要检索的字段,并添加检索词之间的逻辑关系,构建检索表达式。如果对专业检索不熟悉的用户可以参考检索页面的"教你如何正确填写表达式"。

万方智搜平台还提供跨语言检索,指用户输入一种语言的检索词,系统对该检索词进行多语种检索。目前,知识服务平台 v2.0 的语种包括中文、英文、日文等。

万方专业检索(7-12)

5. 检出结果显示与全文阅读

万方智搜的检索结果排序除了相关度、出版时间、经典论文优先、被引频次外,还提供热度(根据资源的下载量、分享等数据综合计算)、下载次数等排序指标。

万方检出结果界面的左栏可以按照资源类型、学科分类、年份、语种、来源数据库、出版状态、作者和机构等显示相应文献;中间栏为检出结果显示区;右栏提供相关研究趋势及热词信息。

用户也可以通过中间栏输入框下方的"获取范围"工具条来对检索结果进行限定,选择显示"仅OA"、"仅全文"、"仅原文传递"或"仅国外出版物"中的某一类文献。

用户既可以导出单篇结果,也可以批量导出选中文献。万方支持以 NoteExpress、RefWorks、NoteFirst、Endnote 或自定义等格式的导出。

万方的"结果分析",可以按年份、作者、机构、学科、期刊、基金、资源类型及关键词等指标对检索结果进行文献量和百分比的分析。

万方数据全文阅读支持 PDF 格式,万方期刊、学位、会议、专利、科技报告、法规、地方志等资源还提供在线阅读功能。

另外,用户通过万方创新助手,可了解所关注主题的研究状况、学科领域专家与研究机构、科研项目课题成果与进展、科研机构科研能力统计与分析,并获得相关分析报告,为科技创新

第七章 综合类数据库检索 133

图 7-8 万方检索结果界面

决策提供支持与服务。万方创新助手可使用网页版,也可下载客户端使用。

万方创新助手访问网址：http://stads.infosoft.cc/

目前,万方数据也推出"万方手机版"。用户可以扫码下载使用。

第四节 读秀学术搜索

一、概述

读秀学术搜索由超星公司研发,收录590万种中文图书题录信息,310万种中文图书原文,可搜索的信息量超过16亿页,为读者提供深入到图书内容的全文检索。读秀学术搜索除了最初的图书资源外,还包括期刊、报纸、学位论文、会议论文等资源。同时,读秀与各图书馆系统挂接,将图书馆现有的纸质图书和电子图书及其他异构资源整合于同一平台上,实现了资源的一站式检索。

图 7-9 读秀首页

读秀学术搜索在 IP 地址范围内可以直接访问,还可以根据主页推送的认证消息在单位有效 IP 内进行个人账号认证,认证后即可在单位 IP 地址外使用。

二、检索特点

读秀资源实现与本地图书馆资源的整合,登录后会自动链接到自己所在图书馆的检索界面,检出结果也会显示本馆订购的书、刊信息。

(一) 一站式检索

读秀学术搜索将馆藏纸质图书、中文电子图书、学术文章等各种异构学术资源整合于一个平台,用户通过一次点击,即可获得多种类型的文献。

(二) 基于内容的检索

读秀可以对文献的全文或章节中的内容进行检索,出现在书中的每个词、每句话都可以作为检索词,可以帮助读者找到很多意想不到的资源。

(三) 提供多种阅读、获取资源的途径

读秀为用户提供了多种全文获取服务,包括借阅本馆馆藏纸书、阅读电子图书全文、文献传递以及网络书店链接等。

(四) 提供文献传递服务

读秀学术搜索通过 E-mail 方式为用户提供本馆没有购买的资源。用户在读秀知识库找到的电子图书、期刊、会议论文、学术论文等资料,若没有全文,可以通过邮箱请求全文。

三、检索途径与方法

(一) 读秀知识搜索

知识搜索是指按主题从多种文献中获取同一主题的内容,分中文搜索和外文搜索。

1. 中文搜索

点击读秀主页的"知识"频道按钮,即可进入读秀知识搜索。知识搜索默认的检索方式是一站式搜索。读秀将所有图书打碎,以章节为基础重新整合知识内容,相当于把所有的图书汇编成一部 16 亿页的巨型图书。

读秀一站式检索 (7-13)

读秀首页为一站式检索,十分简单,可直接输入检索词进行检索。检索结果页面(如图 7-10)的右栏列出了百科、图书、期刊、报纸、学位论文、会议论文、标准、视频、专利、网页等类型文献中与检索词相关的结果,点击即可实现不同类型文献之间跳转。

第七章　综合类数据库检索

图 7-10　读秀知识搜索界面

2. 外文搜索

在读秀一站式检索框中输入检索词或检索式后,点击"外文搜索"按钮,即可由读秀中文搜索转入百链外文搜索。百链外文搜索是超星公司推出的专业外文学术搜索门户,包含外文图书、期刊、学位论文、会议论文、专利、标准等。

(二) 读秀图书搜索

与知识搜索相比,图书搜索是以图书为单元进行的查找,即以查找整本图书为目标。用户可直接在书名、作者、主题词、丛书名等字段中输入检索词或检索式。检出结果将根据用户权限的不同显示馆藏纸本图书借阅、包库全文、部分阅读等。

百链外文搜索 (7-14)

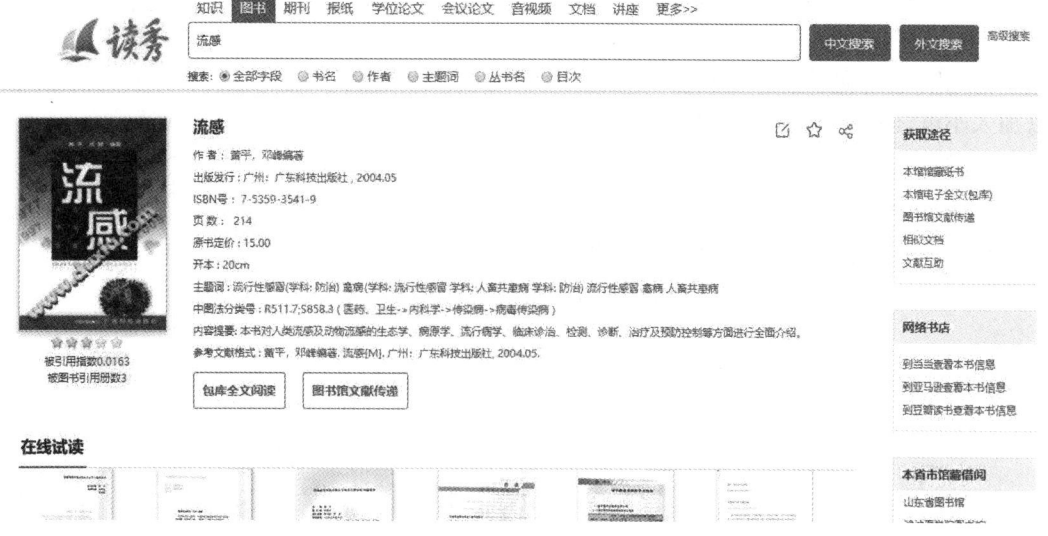

图 7-11　读秀图书搜索结果界面

点击图书搜索输入框右侧的"高级搜索"(如图7-11所示)既可以通过多字段对图书进行限定,高级搜索界面还可以切换至"专业搜索",通过表达式进行检索。

(三) 全文获取

读秀根据用户访问权限的不同对文献提供不同程度的阅读。有些可以PDF格式保留到本地,有些可以在线阅读,还有些可以邮箱请求全文。读秀可以将识别出的原文文字复制粘贴到用户文档,并自动添加参考文献。

读秀图书高级检索(7-15)

(四) 读秀其他资源搜索

读秀可以对词条、人物、工具书、图书、期刊、报纸、会议论文、学位论文、网页、图片、视频、专利、标准等知识库进行同时或单独检索。各类资源的检索途径相似,包括普通搜索、高级搜索、专业搜索等界面。

读秀专业检索(7-16)

四、超星云舟知识空间服务系统与超星学习通

超星的云舟为用户提供虚拟空间,用户可以按自己的需求筛选、汇集资料,构建自己的学术档案,记录自己以及与同行交流的阅读感受,创新思想并永久保存。云舟虚拟空间为读者提供学习、研究、讨论的公众交流空间。云舟可以通过电脑访问,也可以扫描云舟主页的二维码,手机下载安装超星学习通。

电脑端访问地址:http://yz.chaoxing.com/

通过学习通,用户可以进行所在图书馆馆藏资源检索、图书借阅查询、电子资源搜索下载、图书馆资讯浏览,还可以创建课程,开展教学活动,也可以加入他人课程开展课程学习。学习通的下载与使用大致包括以下步骤:

超星云舟(7-17)

① 安装学习通 APP,输入邮箱、手机号等信息进行注册。注册后需关联单位,输入单位邀请码方可使用所在图书馆的资源。

② 点击学习通首页"找资料"搜索,通过统一检索框来查找相关资料,包括词条、专题、期刊、电子书、报纸、学术视频、学位论文、外文期刊与课件等资源。

③ 用户可以创建自己的特色专题库、作者文库、活动专题、科研项目、成果总结等。也可以加入小组、创建小组、发起群聊,还可以发通知、发邮件。新建笔记后,通过编辑文字、上传图片、插入视频、插入超星图书,将自己的笔记共享给好友。

④ 超星学习通"课程"模块包括教师端和学生端。教师创建课程,让学生加入课程学习。教师通过超星学习通后台上传学习资源,课程平台具有通知、签到、分组、讨论、上传下载、作业、投票、评分、统计等功能,可辅助教师开展线上教学活动。

思考题

1. 比较CNKI、维普、万方数据库在收录范围、检索方法与全文阅读等方面的异同。

2. 利用读秀学术搜索查找与本专业相关的图书及其他类型的资源,试用图书馆文献传递获取所需的图书和期刊信息。并查出"仰天大笑出门去,我辈岂是蓬蒿人"及"任凭弱水三千,我只取一瓢饮"的出处。

3. 下载安装超星学习通,检索与自己专业有关的期刊、图书、视频、报纸、专题等信息,创建一个小组,并分享笔记、图片等信息。

第五节 Web of Science

一、简介

Web of Science(简称WOS)是科睿唯安(Clarivate Analytics)公司的综合性检索平台,由3个引文数据库,2个会议论文引文子库以及2个化学数据库和1个图书引文索引数据库组成。内容涵盖自然科学、工程技术、生物医学、社会科学、艺术与人文等领域。另外,在此检索平台上,还集成了中国科学引文索引数据库^{SM}、Medline、Derwent Innovations Index(简称DII)和BIOSIS Previews(简称BP)等数据库,各单位可以根据需要订购。

(一) 引文数据库

1. SCI扩展版数据库(SCI-EXPANDED)

收录近7 000种科技期刊的文献题录,数据回溯至1900年,1991年以来的论文提供作者摘要,涉及化学、生命科学与技术、医学、药理学、植物学、兽医学、动物学等学科。

2. SSCI数据库

收录2 000余种社会科学期刊的文献题录,数据回溯至1900年,1992年以来的论文提供作者摘要,还选择性地收录3 000余种科技期刊中有关社会科学的研究论文,涉及人类学、教育、语言学、哲学、心理学、历史、图书馆学和信息科学、法律、社会学等学科。

3. A&HCI数据库

收录1 000多种艺术与人文科学期刊论文题录,数据回溯至1975年。2000年以来的文献提供作者摘要,选择性地收录近7 000种自然和社会科学期刊中有关艺术与人文科学的研究论文。另有独特的"暗引"(Implicit citation)标识,即帮助用户检索出论文作者提及的油画、照片、建筑图、乐谱等文献。

(二) 会议论文引文子数据库

由CPCI-S和CPCI-SSH两个会议论文数据库组成,前者为自然科学与工程技术领域会议录,后者为社会科学、艺术与人文领域会议录。会议文献类型包括图书、期刊、科技报告、出版商或学会出版的连续出版物、预印本、国际会议录等。数据每周更新。

(三) 化学数据库

1. Current Chemical Reactions

收录一步或多步反应的新方法,数据源自重要期刊和30余家专利授权机构的专利。目前收录1985年至今的超过百余万个反应,每一步反应都提供精确的反应式及反应详细信息。

2. Index Chemicus

是关于生物活性物质和天然产物新信息的重要来源。包含重要国际期刊中报道的新颖有机化合物结构及重要数据,许多记录具有从原料到最终产物的反应过程。目前收录有1993年至今的260万个化合物。

(四) 图书引文索引数据库

收录2005年至今50 000多种由编辑人员选择的图书,每年增加10 000种新书。覆盖自然科学、社会科学和人文科学领域。

二、检索规则与方法

(一) 检索规则

① 支持布尔逻辑运算。逻辑与、逻辑或和逻辑非分别用 AND、OR、NOT 代表,不区分大小写。

② 支持截词检索。截词符有"＊"、"?"和"＄"。"＊"表示任何字符组,包括空字符;"?"表示任意一个字符;"＄"表示零或一个字符。如输入"digest＊",表示使用无限截词,检出结果中可以出现 digest、digestant、digestibility、digestion 和 digestive 等。

③ 支持位置检索。位置算符 same 表示连接前后的两个词同时出现在同一字段或同一句话中,如 title=(tradition＊ same medicine)。在"地址"检索中,使用 SAME 是指,将检索限制为出现在"全记录"同一地址中的检索词。需要使用括号来分组地址检索词。如:

AD=(McGill Univ SAME Quebec SAME Canada)

位置算符 NEAR/x 可查找由该运算符连接的检索词之间相隔指定单词数的记录。也适用于单词处于不同字段的情况。数字 x 可指定将检索词分开的最大单词数。如,salmon NEAR/15 virus 表示两个检索词之间可最多相隔15个单词。但在包括 NEAR 运算符的检索式中不能同时使用 AND 运算符。如果来源项目(如期刊、书籍、会议录文献或其他类型的著作)的标题中包含单词 NEAR,检索时应使用引号(" ")将其引起。否则会报错。

④ 支持短语检索。短语运算符为英文半角情况下的双引号,能实现词间不插入任何单词,词序保持不变。短语检索只用于主题和标题检索字段。若两词之间以连词符或逗号连接,系统按词组处理。如 waste-water,可以命中 waste-water 或 waste water。

⑤ 检索词不区分大小写。当两个检索词间只有空格时,系统默认为逻辑"与"。

⑥ 禁用词。通常指没有实际意义的词,比如冠词(a、an、the)、介词(of、in、for、through)及代词等。在检索时,系统将屏蔽禁用词不对其进行检索,即使是当词组检索时,系统也将屏蔽其中的禁用词。如"patient undergoing radiation"将命中含有 patient undergoing radiation、 patient receiving radiation，patient failing radiation 等的记录。

（二）检索途径与方法

Web of Science 提供基本检索、被引参考文献检索、高级检索、作者检索和化学结构检索，下面依次介绍其基本检索步骤。

1. 基本检索

第一步：平台首页选择所有或某个数据库，如 MEDLINE，或者 Web of Science 核心合集。

第二步：在条件限制区选择合适的时间跨度。

第三步：进入默认检索页面（基本检索）。在检索提问区的检索提问栏后选定限制字段（如主题字段），在检索提问框中输入检索词，如"child* nursing"。

第四步：选择第二个检索提问栏与第一检索提问栏之间的布尔逻辑关系（与、或和非），重复第三步。如需要，可点击"添加行"添加。最后点击检索按钮。

注意：如果选择作者或出版物名称作为限定字段，检索提问栏的尾部会出现"从索引中选择"链接，可链接到作者索引和出版物名称索引。

2. 高级检索

第一步：在 Web of Science 平台首页的选择数据库下拉菜单中选择 Web of Science 核心合集，然后选择高级检索进入。

第二步：选择数据库和时间跨度，选择语种和文献类型限定。

第三步：根据字段代码和运算符提示区的提示，编制检索表达式（以查找中草药药代动力学的文献为例，输入"TS=pharmacokinetic* AND TS=herb*"），点击检索按钮即可。

第四步：可根据需要通过检索结果左侧精练进一步缩小检索范围，提高查准率。

另外，可以将多次的检索结果进行布尔逻辑运算，如又进行了 AD=(China Pharmaceu* Univ* OR CPU)（作者单位是中国药科大学的文献）的检索，将前后两次的检索结果进行布尔逻辑运算连接。如本例当采用"AND"运算符时，可获得作者单位为中国药科大学的科研人员发表的有关中草药药代动力学方面的文献。

3. 作者检索

作者检索可以对作者单位和研究领域进行限定，起到精确检索某一特定作者的作用。

第一步：在 Web of Science 平台首页的选择数据库下拉菜单中选择 Web of Science 核心合集，然后选择作者检索，即进入至检索页面。

第二步：按要求输入作者姓的全称，如 wang，名字的首字母（最多四个字母），如 g，勾选"仅限精确匹配"，点击"选择研究领域"按钮（以查找中国药科大学王广基教授所著文献为例）。

第三步：勾选相应的研究领域，如此例勾选"PHARMACOLOGY PHARMACY"。然后点击"选择机构"按钮。

第四步：勾选作者单位，点击"完成检索"。如本例作者单位选择"CHINA PHARMACEUTICAL UNIVERSITY"，则检索到中国药科大学王广基教授被 SCI 收录的文献。

4. 被引参考文献检索

第一步：在 Web of Science 平台首页的选择数据库下拉菜单中选择 Web of Science 核心合集，然后选择被引参考文献检索，既进入到被引参考文献检索界面。

第二步：输入被引作者姓名，可以利用被引作者索引来完成（以中国药科大学王广基教授为例),然后输入被引著作,也可以利用被引著作列表来完成。以"EUROPEAN JOURNAL OF DRUG METABOLISM AND PHARMACOKINETICS"为例,被引年份设置为2004~2017年,然后点击检索即可。

第三步:根据返回的被引参考文献索引,勾选被引参考文献,点击完成检索。

第四步:在检索结果列表中可以选择查看某一施引文献,点击其标题名则链接至全记录页面,在此界面上有"全文"链接,还能看到该篇文献的被引频次。另外,还可以查看此篇文献引用的所有参考文献,可创建引证关系图。

5. 化学结构检索

第一次进行化学结构检索时,需要进行相应的Java程序下载并运行安装。除了下载程序以外,还需要注册一个帐号,否则无法查询。

第一步:在Web of Science平台首页的选择数据库下拉菜单中选择Web of Science核心合集,然后选择化学结构检索,即进入到化学结构检索界面。

第二步:在化学结构绘图区,绘制化学结构式或反应式。

第三步:设置化合物数据、设置反应条件,点击检索即得检索结果。

三、检索结果显示、输出及处理

利用Web of Science检索资料(7-18)

(一) 基本检索、高级检索、被引参考文献检索的结果

Web of Science的检索结果界面(如图7-12所示)提供以下几种功能:

① 精炼检出结果。在检出结果左侧的精炼区可以按文献主题、文献类型、作者、来源期刊、出版年代、作者机构等精炼检出结果,提高查准率。

② 按时间、影响因子高低、相关性等浏览检索结果。

③ 创建引文追踪。通过点击检索结果的标题名称链接到全记录,可以创建引文追踪。

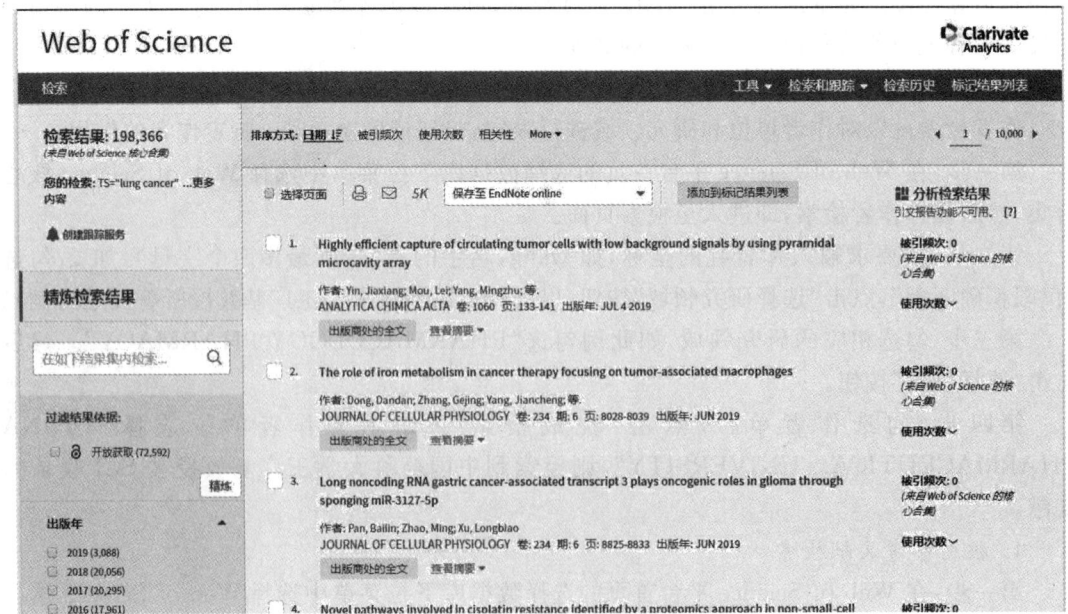

图7-12 Web of Science检索结果列表界面

④ 检索结果输出。检出结果界面右侧提供打印、存盘、发邮件或输出到文献管理软件等。

⑤ 检索结果分析。界面右上的"分析检索结果"可以按国家/地区、出版年、作者、机构、语种等进行数据分析,"创建引文报告"可以创建引用文献统计图示或统计表格。

(二) 化学结构检索结果

在化学结构检索结果显示界面(如图 7-13 所示)最上方"化学反应检索结果"处显示了此次查询的检索表达式。点击"化学反应详细信息"链接提供化学反应条件、催化剂溶剂数据,以及反应物和产物的数据信息。点击"全记录"可以查看原文书目和化学反应过程,在全记录界面点击"添加到标记结果列表",可以标记后用于输出该条反应信息。点击"转至化合物检索结果"链接,可进入化合物检索结果列表界面。在化合物检索结果列表界面可以查看命中化合物数量,可以查看每条命中记录中的化学结构式,点击查看化合物详情链接,可查看化合物数据,点击文献标题名或全记录链接可以查看原文书目信息和该条记录的全部化学结构式信息以及全文链接。

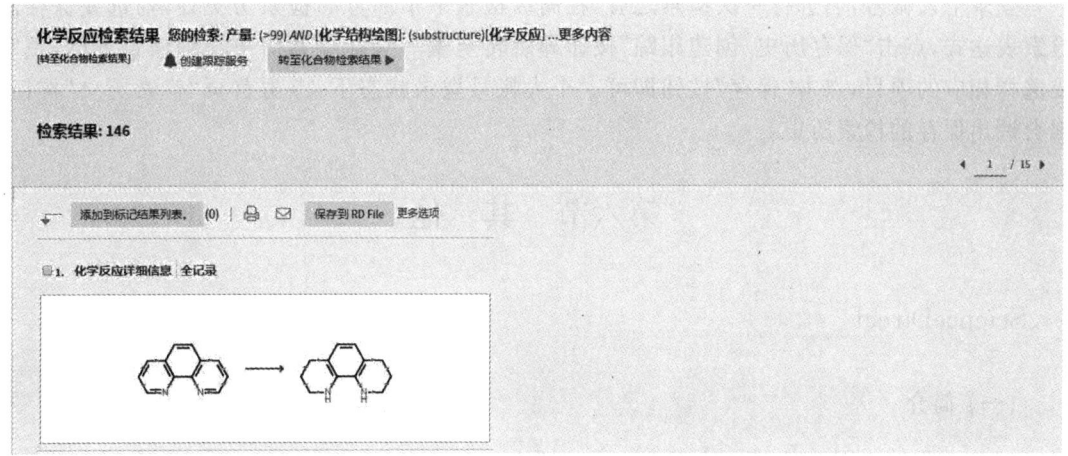

图 7-13 Web of Science 化学结构检索结果列表界面

四、个性化服务

(一) 新用户注册和登录

第一次使用 Web of Science 的用户需要注册个人账号才能登录使用检索平台提供的个性化服务。在检索平台首页的右侧上方"登录"按钮处,先以一个有效的电子邮箱为用户名进行注册。已注册用户输入个人 E-mail 和密码即可登录个性化服务界面,如果忘记密码,只要将 E-mail 地址发送给系统,系统将自动回复密码。

(二) 利用 EndNote Web 管理个人文献资料

已经注册并拥有自己帐号的用户,Web of Science 检索平台免费提供在线 EndNote Web 管理软件。以个人帐号登录进入 Web of Science 检索平台,点击工具菜单下的 EndNote,进入网络版 EndNote,可以对文献进行采集、分析、管理,以及利用写作模板撰写学术论文等,具体使用方法可参见本书相关内容。

(三) 注册申请 ResearcherID

在 Web of Science 检索平台首页,点击工具菜单下的 ResearcherID,按要求申请个人 ResearcherID。创建 ResearcherID 后,就可编辑相关个人信息。如研究领域、关键词、学历背景、任职机构、个人描述,添加个人主页的链接,并展示 WoS 的成果列表。ResearcherID 是该平台作者的唯一姓名标识符,能有效地解决重名问题。

(四) 引文追踪

在检索结果全记录页面,点击"创建引文追踪"按钮,用户即向 Web of Science 检索平台定制了该条文献的引文追踪服务,当用户登录个性帐号,点击检索和跟踪菜单下的引文跟踪,即可看到相应引文追踪列表。

(五) 保存检索历史

登录个人帐号,当进行一次检索之后,在高级检索下半部分的检索历史处,勾选要保存的检索表达式,点击"保存历史/创建跟踪"按钮即跳转至填写保存检索历史详细信息界面,填写或选择相应的项目,点击"保存"按钮即可。个人帐号登录状态下,点击首页"检索历史"按钮,则会调出保存的检索历史。

第六节 其 他

一、ScienceDirect

(一) 简介

荷兰 Elsevier 公司是一家全球著名的学术期刊出版集团,创建于 1580 年,是由 Elsevier 科学出版社(Elsevier Science Publishers)、北荷兰出版社(North Holland)、医学文摘社(Excepta Medica)及培格曼出版社(Pergamon Press,Oxford)等 10 余个出版社公司组成的联合集团。

Science Direct 数据库是 Elsevier 公司的全文数据库,属该公司的核心产品,收录科学、技术和医学(STM)等学科领域的 2 500 多种期刊,核心期刊占全球 1/4。所收录的期刊 LANCET 已回溯至 1823 年创刊号。在 2 500 多种期刊中,有 1 400 多种被 SCI 和 SSCI 收录,有 500 多种被 EI 收录。该数据库覆盖数学、物理、化学与化工、计算机、生命科学、健康科学、环境科学、材料科学、能源科学、经济、金融、商业管理和社会科学与人文科学等 24 个学科。同时,该库还收录丛书、手册、参考工具书以及电子书等 3 万余部。

网址:http://www.sciencedirect.com/

(二) 检索特点

① Set search alert(文献推送功能)。用户通过登录至数据库,可以保存检索式,数据库后台按星期或月向注册邮箱推送文献。

② View Record in Scopus(引文检索功能)。可实现直接从 ScienceDirect 数据库链接某

文章在 Scopus 数据库的被引用情况。

(三) 检索途径

ScienceDirect 数据库提供了快捷检索、浏览检索和高级检索(Advanced search)。"快速检索"可在简单检索区中选择"keywords(关键词)"、"Author Name(作者)"、"Journal/book Title(刊名或书名)"等字段进行检索。"浏览检索"可以按学科浏览和按出版物名称首字母浏览检索。高级检索为列表式字段检索界面。可检索的字段有：

Find articles with these terms：在全文中检索，但不包括参考文献；

In this journal or book title：书或刊名；

Author(s)：作者；

Author affiliation：作者单位；

Title, abstract or keywords：摘要、题名或关键词；

Title：标题；

Volume(s)：卷；Issue(s)：期；Page(s)：页码；

DOI, ISSN or ISBN：DOI、ISSN、IBSN 号码。

检索词间可采用布尔逻辑运算符，AND、OR 和 NOT(或者"－")，运算符必须大写，优先次序为非〉与〉或，检索词可以采用双引号进行强制性检索。

二、EBSCOhost

(一) 简介

EBSCO 是一个具有 60 多年历史的大型文献服务公司，提供期刊、文献定购及出版等服务，总部设在美国。EBSCOhost 数据库是一个网络集成数据库，收录来自各出版机构的学术期刊、杂志、报纸和评论等文献，内容包括学术资料、一般资讯和事实性信息。

利用 ScienceDirect
检索资料(7-19)

EBSCOhost 数据库主要由以下子数据库组成：

学术期刊集成全文数据库(Academic Source Premier, ASP)：是专门为学术性研究机构特制的学术性全文数据库，提供 12 000 多种期刊的文摘和索引，约有 8 000 多种学术期刊提供全文，其中 7 300 多种为同行评审刊。覆盖人文社会科学、教育、计算机科学、语言、艺术、医药、种族研究、生物学、工程学、物理、化学等学科。

替代医学全文数据库(Alt HealthWatch)：侧重介绍多种辅助医疗观点和全面完整的健康、保健方法。收录 180 多个国家的全文、经过同行评审的期刊、报告。另外还收录传单、小册、特别报告、原始研究资料和书籍摘录。

MEDLINE：医学文摘数据库，提供 5 000 余种生物和医学期刊的文摘。

MEDLINE Complete 全文数据库：提供编入 MEDLINE 索引中的 1 800 多种期刊的全文。

CINAHL Complete 护理学全文数据库：收录护理与综合保健期刊的最全面资源，提供 1 300 多种期刊的全文。

DynaMed 循证医学数据库：常见病证实时诊断知识库，收录超过 3 000 组临床医学主题，包含一般与异常的疾病、症状等最新研究，对临床医生或专业人员的诊断或用药给予建议。

OpenDissertations：是一个开放数据库，收录历史和当代的专题论文和学术论文。

eBook Collection（EBSCOhost）和 EBSCO eClassics Collection（EBSCOhost）：提供电子图书全文。

该平台还提供商业、教育、环境、图书馆学、新闻传播等资源，具体可访问 EBSCO 主页。

网址：http://search.ebscohost.com

（二）检索特点

EBSCOhost 可以对图片、视频、表格做特定检索，提供 RSS 服务，允许对页面进行语种设定、检索行为偏好设定、个人文件保存等操作。用户还可以通过点击"搜索历史记录"，进行布尔逻辑组配检索。

（三）检索途径

1. 基本检索（Basic Search）、高级检索（Advanced Search）

在基本检索界面，在检索提问框中输入一个检索词、词组或多个检索词，检索词间用空格（空格可以通过设定来表示"与"或者"或"的关系）、其他逻辑运算符（and、or、not）或位置运算符（Wn：表示检索词出现顺序与输入顺序相同且相隔最多 n 个字；Nn：表示检索词出现顺序不必与输入顺序相同且相隔最多 n 个字）联结。检索词可以采用双引号标注表示强制性检索。检索词可以采用截词符或通配符形式，截词符" * "表示 0－n 个字符的变化，通配符"♯"表示 0－1 个字符的变化，"?"表示 1 个字符的变化。可以将检索词限制在某个字段内进行检索，还可以通过设定检索选项，进行条件限定。

高级检索仍为字段检索，比如选择 TX（全文）、SU（主题）、SO（来源）、AB（文摘）、IS（国际连续出版物编码）等字段，再进行布尔逻辑组配检索。

2. 引文匹配器检索

在顶部工具栏点击更多，选择"Citation Matcher"，在提供的字段（出版物，卷，作者，标题等）中输入尽可能多的信息，然后单击"搜索"，查找特定文献。

3. 其他

该平台还提供图像（Image Collection）、视频（Business Videos）以及公司信息检索，通过输入公司名称、最终母公司、股票代码和关键字等进行查询。另外，用户也可以通过选择出版物和科目导航按出版物或学科浏览信息。

三、Springerlink

（一）简介

利用 EBSCOhost 检索资料（7－20）

德国斯普林格（Springer-Verlag）是世界上著名的出版社，它有着 150 多年的发展历史，以出版学术性出版物而闻名于世，也是最早将印本期刊做成电子版发行的出版商。

SpringerLink 是该公司提供的网上在线服务平台，主要提供学术期刊及电子图书的在线服务。收录了 2 900 多种全文学术期刊，其中大多数是国际重要期刊，72% 被 SCI 和 SSCI 收录。另外，还收录 6 300 多种丛书、29 万余种电子图书和 1 100 多种参考工具书和 53 000 多份实验室指南。覆盖建筑和设计、行为科学、生物医学和生命科学、商业和经济、化学和材料科学、计算机科学、地球和环境科学、工程学、人文、社科和法律、数学和统计学、医学、物理学和天文学和计算机职业技术与专业计算机应用等24个学科。

网址:http://www.springerlink.com/

(二) 检索特点

Springerlink提供期刊、丛书、图书和参考工具书等多种出版物的统一搜索平台,支持中文、英文、德文和韩文等多种语言,具有RSS功能,可以查找数字对象唯一标识符DOI(Digital Object Unique Identifier)。

(三) 检索途径

SpringerLink可以按学科或行业类别浏览(Browse by discipline OR Browse by industry sector)资料,也提供简单检索、高级检索(Advanced search)等检索界面。

1. 简单检索

检索框允许单词、词组的输入,也可以将多个检索词以逻辑关系加以组配,其中,逻辑或以"|"表示,逻辑与以"&"表示,不采用"+"或"-"号。词组可以用双引号强制不拆分。两个检索词之间还可以使用位置算符NEAR和ONNEAR。比如,NEAR表示前后两个检索词依输入次序出现,中间插入不超过10个单词。如果需要加强限制,可采用NEAR/n方式,n小于等于10,例:liver NEAR/3 cancer。ONNEAR表示检索词出现的次序可以按照输入次序进行前后交换。检索词可以采用截词符形式,"?"表示可以有1个字符的变化,"*"表示0到无限个字符的变化。

2. 高级检索(Advanced search)

点击"open search options",选择"Advanced search"即进入高级检索界面,可以在"with all of the words"(包含所有检索词)、"with the exact phrase"(精确检索)、"with at least one of the words"(含有至少一个检索词)、"without the words"(排除某个检索词)、"where the title contains"(在标题中出现)、"where the author/editor is"(作者或编者)处的输入框中输入检索词,然后设定时间范围。

四、OVID LWW

(一) 简介

Ovid Technologies是全球著名的数据库提供商,其中Lippincott, Williams & Wilkins (LWW)是世界第二大医学出版社,其临床医学及护理学尤为突出。

利用SpringerLink检索资料(7-21)

通过OvidSP平台可查询LWW医学电子书、电子期刊全文数据库、循证医学数据库、美国《生物学文摘》、荷兰《医学文摘》及MEDLINE等数据库。LWW电子期刊全文数据库共收录300多种医学期刊,其中200多种为核心刊(90%为英、美核心刊),超过60%的期刊被ISI收录。

OVID LWW包含了10余个与循证医学有关的数据子库,是进行循证医学研究的主要数据源。

网址:http://ovidsp.ovid.com/autologin.html

(二) 检索途径

1. 基本检索(Basic Search)

基本检索提供相关词关联检索(Include Related Terms),包括同义词,缩写和变形的原词,当勾选"Include Multimedia"时支持搜索多媒体信息。当进行字段限定检索时,输入规则为:

检索词.字段名
如:emolytic disease.ti;

如果需要限定多个字段,可以将多个字段用逗号间隔,如:

hemolytic disease.ti,ab,kw

在进行字段限定的情况下,系统会自动取消"相关词"的关联检索。该库支持截词检索,截词符为"*",表示可以有 0-n 个字符的变化。该库的位置检索算符是 ADJ,表示检索结果中含有的两个检索词必须相邻。如检索急性白血病的文献,可输入检索式"Acute ADJ Leukemia",如在 ADJ 后加数字,则表示两词相邻的单词数,如输入"Acute ADJ3 leukemia",Adj3 表示 Acute 和 leukemia 相邻且不超过 3 个单词。

2. 题录信息查询(Find Citation)

是一种表格式检索模式,通过输入已知的文献特征(篇名、刊名、作者姓名、出版年、卷期页码)进行检索的一种途径。应注意刊名必须输入全称,如果拼写不全可以输入刊名起首部分,选择"Truncate Name"截词。作者在输入时姓在前,名在后,姓必须是全称,名字为首字母缩写,可以使用"Truncate Name"截词。该库的可检索字段还包括出版商(Publisher)、Unique Identifier 和 DOI。各限定字段间是逻辑与的关系。

3. 字段检索

该库的字段检索包括 Search Fields 和 Multi-Field Search,后者可以进行布尔逻辑检索。当不清楚字段含义时,可以点击字段名,查看字段简介。

4. 高级检索(Advanced search)

高级检索允许使用截词符"*"和"$",二者都是无限截词符;也可以使用"#"(替代一个字符)和"?"(替代 0 或 1 个字符)。刊名需要输入全称,不能用缩写,如果刊名不详,可以使用截词符"*"和"$"。

5. 词表辅助工具(Search Tools)

OVID 提供了很多辅助检索工具。如树型图(Tree):可以帮助了解检索词在数据库概念间的层级关系;轮排索引(Permuted Index):显示与输入词有关的主题词。叙词说明(Scope Note):介绍主题词的含义、历史信息;扩展检索(Explode):扩展下位概念或类目进行检索。副主题词(Subheadings):对主题词进行限定说明。

6. 期刊浏览检索

点击菜单栏的 Journal 期刊浏览界面,可以按权限(Filter by Availability)、按刊名首字母顺序(Filter By Title)和按主题浏览(Filter by Subject)。

利用 OVID LWW
检索资料(7-22)

第七节 检索实例

一、检索实例1

(一) 检索需求

近十年来发表在核心期刊上的国内饮食结构对糖尿病人影响的研究

(二) 概念分析,提取检索词。

糖尿病相关检索词:糖尿病、消渴

饮食结构相关检索词:饮食结构、膳食结构

(三) 选择数据库,并根据特点设置检索条件,编制检索表达式

了解进展,以期刊论文为主要查找对象。选择中国知网期刊库、万方数据知识服务平台期刊频道、维普期刊资源整合服务平台期刊文献检索。

1. 中国知网

选择CNKI期刊库的高级检索或专业检索方式,编制检索表达式。

检索表达式为:(TI='糖尿病'+TI='消渴')＊(KY='饮食结构'+KY='膳食结构'),检索时间为2008年至2019年,来源类别选择"核心期刊"。

注:表达式中的"TI"为"标题","KY"为"关键词","＊"表达"逻辑与"的关系。

2. 万方数据知识服务平台

选择万方期刊的高级检索或专业检索方式,编制检索表达式。

检索表达式:(题名:"糖尿病"+题名:"消渴")＊(关键词:"饮食结构"+关键词:"膳食结构")。检索时间为2008年至今,期刊类型选择"北大核心"。

注:表达式中的"+"为"逻辑或"的关系。

3. 维普期刊资源整合服务平台

选择维普平台期刊文献检索的高级检索或检索式检索,编制检索表达式。

检索式:(M=糖尿病+M=消渴)＊(M=饮食结构+M=膳食结构),检索时间为2008年至2018年,期刊范围为"中国科技核心期刊"或"北大核心期刊"。

(三) 检索结果浏览及结果分析

对比三个常用期刊全文数据库的检索结果,可以发现,对于此研究课题,由于数据库收录期刊的范围、提供的可检索字段及核心期刊选用标准的不同,三个数据库的检索结果有一定差异,大部分文献重合,但每个库中都有自己独有的文献。文献量以万方和维普较多,知网较少。但维普数据库中有部分文献没有全文,需要通过文献传递来获取全文。而万方独家收录了中华医学会132种医学学术期刊、中国医师协会的众多高品质期刊,所以万方是国内医学资料的重要网站,知网与维普可以做为对万方的补充。

另外,知网和新版维普中文期刊服务平台都提供了对检索结果的量化分析,如知网提供了检索结果的总体趋势分析、主题分布、发表年代分布、作者分布、基金分布及机构分布等信息,

有利于用户直观了解研究的概况和趋势。

二、检索实例 2

(一) 检索需求

近十年来国内有关针灸治疗青少年近视的博、硕士学位论文。

(二) 概念分析,提取检索词

近视、青少年、针灸、针刺。

(三) 选择数据库,并根据特点设置检索条件,编制检索表达式

选择国内主要学位论文数据库,包括知网学位论文数据库和万方数据知识服务平台学位论文频道。

1. 中国知网博硕士学位论文库

选择 CNKI 博硕士学位论文库的高级检索或专业检索方式。

检索表达式:(篇名＝近视 * 篇名＝青少年) * (关键词＝针灸＋关键词＝针刺)。

检索时间:2008~2018。

检索结果为 7 篇,将检索字段由"篇名"和"关键词"改为"主题",则结果为 16 篇。

2. 万方中国学位论文全文数据库

选择万方学位论文库的高级检索或专业检索方式,编制检索表达式。

检索式为:(题名或关键词:"近视" * 题名或关键词:"青少年") * (题名或关键词:"针灸" ＋题名或关键词:"针刺") * Date:2008~2018。

(四) 检索结果浏览及结果分析

利用知网检索结果的计量可视化分析,了解这一主题的研究概况。

三、检索实例 3

(一) 检索需求

了解清代医家黄元御的相关资料,获取相关图书。

(二) 分析课题要求,确定检索词,选择数据库

检索词:黄元御

在获取图书资料方面,读秀具有一定优势,故将主要查找目标定为读秀。

(三) 实施检索,获取相关资料

1. 读秀知识搜索

输入检索词后,检索结果页面右栏列出了检索词在读秀其他资源中的分布情况和数量,包括百科、图书、期刊、报纸、学位论文、会议论文、标准、视频、专利、网页等。

2. 读秀图书搜索

在读秀学术搜索点击"图书"按钮,切换到读秀图书搜索频道;输入检索词"黄元御",检索到相关图书,点击书名超链接即可查看图书详细信息。根据馆藏情况,可以链接到本馆馆藏查找借阅本馆纸质图书,也可以阅读电子图书全文,或者选择图书馆文献传递获取相应帮助。

四、检索实例4

(一) 检索需求

拟撰写关于青蒿素琥酯抗肺肿瘤作用的综述,需要了解国外此类研究概况。

(二) 概念分析,确定检索词

分析检索需求内容所涉及概念,提取表达有关概念的检索词。其中青蒿素琥酯有关检索词有:Artesunate,Artesunatum,Qinghaohuzhi,C19H28O8(分子式),91487-94-4(化学物质登记号);肺肿瘤的检索词有:lung cancer, lung neoplasms, Lung Carcinoma, lung adenocarcinoma。

(三) 选择数据库,设置检索条件,编辑检索表达式

1. pubmed

选择该系统的高级检索(Advanced)途径,检索时间为系统默认时间。

检索表达式:(lung cancer[Title/Abstract] OR lung carcinoma[Title/Abstract] OR lung adenocarcinoma[Title/Abstract] OR "Lung Neoplasms"[Mesh]) AND (Qinghaohuzhi[Title/Abstract] OR Artesunatum[Title/Abstract] OR Artesunate[Title/Abstract] OR 91487-94-4[EC/RN Number])。

注:[Title/Abstract]是题名或摘要字段,[Mesh]表示主题词字段,[EC/RN Number]表示化学物质登记号字段。一般情况下,将检索词限定在主题词、关键词、标题或摘要字段,查准率较高,故以下其他检索平台或数据库关于此类字段选择的依据都是基于此原因。

2. web of science核心合集

选择该平台的高级检索,选择web of science核心合集,时间为所有年份。

检索式为:TS=(Artesunate OR Artesunatum OR Qinghaohuzhi) AND TS=(lung cancer OR lung neoplasms OR Lung Carcinoma OR lung adenocarcinoma)。

注:TS为主题字段。

3. ScienceDirect

选择该系统高级检索,选择在Title(标题名),abstract(摘要),keywords(关键词)字段下限定,其他条件均为默认。

检索式:(Artesunate OR Artesunatum OR Qinghaohuzhi) AND (lung cancer OR lung neoplasms OR Lung Carcinoma OR lung adenocarcinoma)。

4. Springerlink

选择该数据库的简单检索,编辑检索提问式,其他条件默认。

检索式:(Artesunate | Artesunatum | Qinghaohuzhi) & (lung cancer | lung neoplasms | Lung Carcinoma | lung adenocarcinoma)。

注:"|"表示"逻辑或"的关系,"&"表示"逻辑与"的关系。

5. EBSCOhost

选择该检索平台的一站式检索,选择全部数据库,选择高级检索途径,其他为默认。

检索式:TI (Artesunate OR Artesunatum OR Qinghaohuzhi) AND SU ("lung cancer" OR "lung neoplasms" OR "Lung Carcinoma" OR "lung adenocarcinoma")。

注:TI 为标题名字段缩写,SU 为主题词字段缩写。

6. OVID LWW

选择该检索平台的字段检索(Search Fields),其他条件为默认。

检索式:(Artesunate or Artesunatum or Qinghaohuzhi). ab, ti. AND (lung cancer or lung neoplasms or Lung Carcinoma or lung adenocarcinoma). ab, ti.。

注:ab, ti. 表示摘要或题名字段。

(三) 浏览检索结果并对结果进行分析

将上述所有查询结果的题录信息导入到 NoteExpress(NE)文献管理软件中(也可以导入到其他管理软件或汇总至 EXCEL 中,有关 NE 的使用方法详见本书相关章节),去除重复题录;剔除国内作者发表在国内刊物但摘要被上述数据库收录的题录,然后进行统计分析,以便更清楚地了解关于青蒿素琥酯抗肺癌的国外研究概况。

另外,通过对作者的分析可以了解本领域核心研究人员,为发现科研合作力量等提供参考;通过对发文趋势的分析可以了解研究的发展及热点,为自己的研究主题提供参考;通过对来源期刊等的分析可以了解刊载此类文献的核心期刊,为了解该领域研究的主要来源期刊以及后续自己相关研究成果的投稿等提供参考。比如,通过对作者的统计与分析,关于青蒿琥酯抗肺癌的文献发文最多者来自德国约翰尼斯古腾堡大学以及暨南大学附属第一医院。这就提供了重点关注的对象或潜在的合作力量;通过对来源期刊的分析,发现 *Molecules* 和 *Cancer Chemotherapy and Pharmacology* 载文最多,其次为 *Phytomedicine*、*Plos One* 和 *Molecular Medicine Reports*,对于关注这一主题的研究人员来说,这些期刊应值得重点关注,也很可能成为自己未来的投稿期刊。

(周黎,郝桂荣)

第八章　网络信息资源检索

互联网上免费的医学信息资源非常丰富,而利用搜索引擎、医学专业网站和开放获取资源等获取这些信息无疑是最便捷有效的途径。本章主要介绍如何通过互联网获取免费资源,以及网上常用的搜索引擎、导航网站、专业网站、网络参考工具等。

第一节　综合型搜索引擎

搜索引擎是互联网上海量信息的查找工具。搜索引擎根据搜索内容可分为综合型搜索引擎和专业型搜索引擎。综合型搜索引擎所搜索的范围十分广泛,为人们的学习与生活带来了诸多便利。

一、中文综合型搜索引擎

(一) 百度(https://www.baidu.com/)

百度是目前全球最大的中文搜索引擎,2000年1月由李彦宏和徐勇创建于北京中关村。"百度"二字源于宋代辛弃疾词句"众里寻他千百度",象征着百度对信息检索技术的执着追求。百度提供新闻、网页、百科、学术、贴吧、知道、MP3、图片、视频、影视、地图、国学、词典、翻译等上百种搜索服务,覆盖了中文网络的大部分搜索需求。

百度学术搜索(http://xueshu.baidu.com/)涵盖了知网、万方、维普及 SpringerLink、ScienceDirect、Web of Science 等中外文资源,但多数文章只提供题录和摘要,全文需要下载权限。

百度文库(https://wenku.baidu.com/)是百度发布的在线文档分享平台。百度文库的文档由百度用户上传,经百度审核后发布。百度文库收录1991年至今的超过2亿份有效专业文档,主要包括教学资料、考试题库、专业资料、公文写作、法律文件等领域,其中高等教育资源超过100万份。百度文库检索界面简单易用,包含联想功能,能够有效提高用户的查找效率。其文档格式有 DOC、PPT、TXT、PDF、XLS 等,可依据"相关性"、"最新"、"下载量"及"评分"等指标对检索结果进行排序。

百度支持多种网络搜索技术,如布尔逻辑检索、双引号及书名号的精确限定检索、字段限定检索,包括 intitle(指定网站标题内容搜索)、site(指定网址搜索)、inurl(指定链接内容搜索)、filetype(限定文档类型查找)等。除以上检索技术,百度还提供高级搜索功能,对检索条件进行更为精确的限定。

利用百度查找学术性资料(8-1)

(二)搜狐搜狗(https://www.sogou.com/)

1996年,搜狐公司成立中国首家大型分类查询搜索引擎,曾有"出门找地图,上网找搜狐"的美誉。2004年搜狐开通独立域名的搜索网站"搜狗",是完全自主技术开发的第三代互动式中文搜索引擎。

2016年,搜狗推出明医搜索、英文搜索和学术搜索等频道。搜狗明医收录中国正规大型医院、疾控中心、世卫组织及科研机构等"白名单机构"的专业内容,旨在把权威、真实、有效的医疗信息提供给用户;英文搜索实现跨语言搜索,旨在帮助国人搜索和阅读全世界的医疗、科技、人文信息。

搜狗查询界面简洁方便,支持布尔逻辑运算、限定检索,或者可以直接利用高级搜索页面查询。可使用PC端查询,也可以利用移动端搜索。

(三)360搜索(https://www.so.com/)

360搜索主要包括新闻搜索、网页搜索、微博搜索、视频搜索、MP3搜索、图片搜索、地图搜索、问答搜索、购物搜索。其360学术搜索充分发挥智能搜索优势,界面清新,检索结果与知网、维普、万方等数据库资源对接,用户可链接到相应数据库查看文献全文。

(四)网易有道(http://www.youdao.com/)

2007年,网易自主研发的有道搜索正式提供服务,有道搜索可查找网页、图片、热闻、音乐、博客、地图、视频、词典、翻译、购物等。网络释义是有道海量词典的一项创新功能,通过对数亿个网页进行数据挖掘和文本分析,获取了大量存在于网络、但普通词典中查找不到的英文名称和缩写。

(五)其他

1. 新浪爱问(https://iask.sina.com.cn/);
2. 腾讯搜搜(http://www.soso.com/);
3. 中搜(http://www.zhongsou.com/);
4. 微软必应国内版(https://cn.bing.com/)。

二、外文综合型搜索引擎

(一)Google(http://www.google.com.hk/)

Google是1998年由斯坦福大学博士生Larry Page、Sergey Brin和Scott Hassan等人共同创立,目前已成为具有全球影响力的著名搜索引擎。2011年Google中国将搜索服务由中国内地转至香港。

Google的搜索界面简洁,功能强大,支持绝大多数网络搜索技术。Google Scholar是Google提供的免费学术搜索工具,可以搜索包括学术著作出版商、专业性团体、预印本、各大学及其他学术组织的经同行评议的文章、论文、图书、摘要等。

（二）Excite（http://www.excite.com/）

Excite 搜索引擎是 ARCHITEXT 公司的产品。其数据库界面非常友好，主要提供网页、图片、视频、新闻等的搜索。用户可以利用词、词组等自然语言进行检索。

（三）其他

① Yahoo（https://www.yahoo.com/）；
② Lycos（http://www.lycos.com/）；
③ 微软必应国际版（https://cn.bing.com/?ensearch=1&FORM=BEHPTB）。

第二节 专业搜索引擎

网上的医学资源内容极其丰富，善于利用医学专业搜索引擎是高效获取医学信息的重要捷径之一。

一、外文医学搜索引擎

（一）Medscape（https://www.medscape.com/）

Medscape 由美国 Medscape 公司 1995 年创建，提供临床医学全文和继续医学教育资源，可检索图像、音频、视频资料等，也提供网络医学词典。利用 Medscape 网站的资源需要免费注册成为其成员，根据个人需要定制自己的 Medscape 界面或直接进入某一专业界面。

Medscape 内容丰富，主页上有 NEWS & PERSPECTIVE、DRUGS & DISEASES、CME & EDUCATION、ACADEMY 及 VIDEO 等栏目。以英语、德语、西班牙语、法语及葡萄牙语等五种语言出版。

（二）Healio（https://www.healio.com/）

Healio 即原来的 Medical Matrix。1994 年堪萨斯大学创建 Medical Matrix，收录 6 000 多个医学网站，其特点是资源类型多样，结果显示分类明确、信息详尽，并由专家对网站质量进行评级。评级根据网站获奖情况、可信度、利用率等指标，由高到低分别给予 5～1 颗星，可靠性强，是目前十分重要的临床医学专业搜索引擎。

Healio 提供关键词搜索和分类目录搜索，支持 MeSH 词表。分类目录搜索是它的主要特色，其医学信息分 30 个类别，如图 8-1 所示。每一大类下再根据内容的性质分为新闻（NEWS）、教育（EDUCATION/CME）、期刊（JOURNALS）、会议日历（MEETING CALENDAR）、图书（BOOKS）、工作（JOBS）等不同的子类。

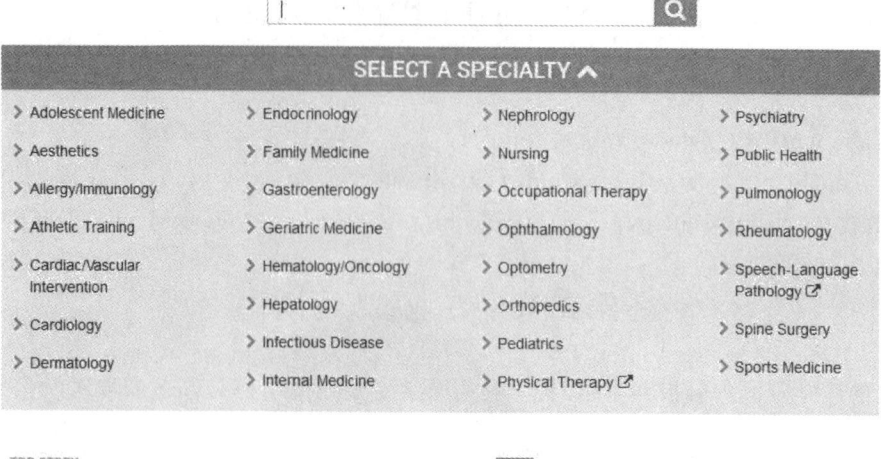

图 8-1 Healio 搜索首页

(三) Health on the Net Foundation(HON,http://www.hon.ch/)

HON(健康在线基金会)是 1995 年创建于瑞士的一个非营利性国际组织,提供的服务对象包括医学及非医学专业人员,其目的是方便患者和医学专业人员快速检索最新医学研究成果,是最早同时为普通用户和医学专业人员提供可靠在线健康护理信息的网站之一。

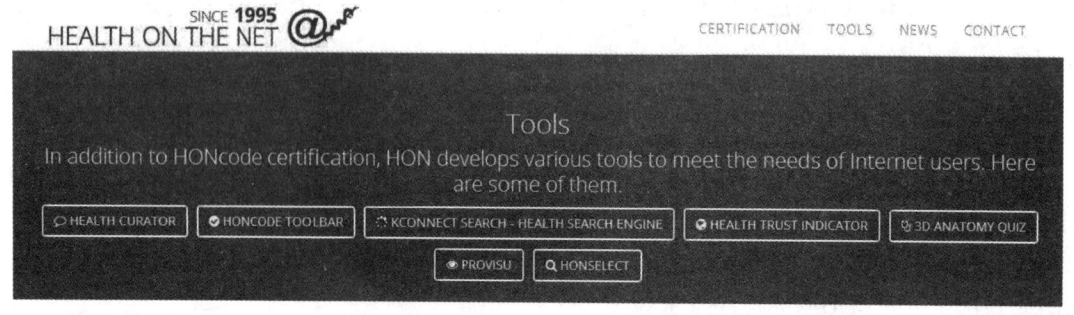

图 8-2 HON 网站 TOOLS 页面

HON 网站有英文、法文等语种的接入界面,主页设置了"CERTIFICATION"、"TOOLS"、"NEWS"及"CONTACT"模块。"CERTIFICATION"介绍了 HONcode 八项原则以及用户进行 HONcode 规范认证的步骤;除了 HONcode 认证外,HON 还开发了各种工具(TOOLS)来满足互联网用户的需求。主要有 HEALTH CURATOR、HONCODE TOOLBAR、KCONNECT SEARCH-HEALTH SEARCH ENGINE、HEALTH TRUST INDICATOR、3D ANATOMY QUIZ、PROVISU、HONSELECT 等工具条,其中"KConnect Search"可以寻找可靠在线健康信息;"HONselect"将五种信息类型——MeSH、科学文章、医学新闻、网站和多媒体组合成一个统一的工具,"HONselect"检索界面可以采用主题导航,也可以输入医学术语来检索;"3D Anatomy Quiz"指 3D 解剖测试,包含一系列免费的在线测试,以帮助学习人体解剖学和生理学。

（四）MedHelp（http://www.medhelp.org/）

由美国 MedHelp International 研制，是为病人提供健康教育资源的搜索工具，旨在帮助患者查找高质量的患者教育信息，收集医学站点 25 000 多个。

二、中文医学搜索导航

（一）医学导航（http://www.meddir.cn/）

医学导航是北京金叶天盛科技有限公司医学系列产品之一，分为大众健康、医学学术、求学求职、组织机构、资源分类、生活医疗、医学期刊等主题。根据医务工作者对医学信息的需求，每一个主题下又设置了若干小类，并精心编排了众多专业的、实用的医学网址，并及时对网址链接进行添加和更新。

（二）医学新干线（http://www.yxxgx.com/）

该网站主要设有医学导航、医药企业、地方网站和生活服务等模块，可从行政、管理、医疗、护理、药品、器械、防疫等方面查询所需信息。

第三节 常用中文医学网站

医学网站是医学研究成果、新闻、学术见解等最快捷的发布渠道，如果能获取并充分利用这些资源，对临床、科研、教学都将大有裨益。

一、政府网站

（一）中华人民共和国国家卫生健康委员会（http://www.nhc.gov.cn/）

通过中华人民共和国国家卫生健康委员会的官方网站，能够了解我国医药卫生行业及各地方的工作动态、政策法规、规划计划、卫生标准、统计数据、新闻报道等，是我国医疗卫生、人民健康水平的信息发布窗口。

（二）国家药品监督管理局（http://cnda.cfda.gov.cn/）

国家药品监督管理局隶属于国家市场监督管理总局，主要职责是负责药品、化妆品、医疗器械的注册并实施监督管理。通过其网站可以获取药品、医疗器械、化妆品等方面的行业信息及相关产品信息，也可以查询各类相关标准及数据。

（三）中华人民共和国国家中医药管理局（http://www.satcm.gov.cn/）

中华人民共和国国家中医药管理局隶属于中华人民共和国国家卫生健康委员会，是政府管理中医药行业的国家机构。通过国家中医药管理局网站能够了解我国中医药行业的工作动态、行业快讯、法律法规、医政管理、科技管理及教育管理等方面信息，还可以通过网站的特色服务栏目了解中医药养生保健、中医药文化、中医药讲堂、中医药图谱等信息。统计数据栏目下设立的《全国中医药统计摘编》,是一部全面反映我国中医药事业发展状况的资料性年刊,目前收录了1999~2017年的全国和各省、自治区、直辖市有关中医药发展的全面统计数据。

(四)中国医药信息网(http://www.cpi.gov.cn/)

中国医药信息网是由原国家食品药品监督管理总局信息中心主办的全国医药综合信息服务网站。网站主页提供各类专业数据库,包括产品与企业、市场与研发、国外信息、知识产权、政策信息及其他等方面的数据查询。专业数据库分为开放数据库和非开放数据库。所有开放数据库的详细内容以及非开放数据库的部分开放字段可以直接检索查看;查询非开放数据库的详细内容则需先进行注册,登录账号进行查询。

二、学术机构网站

(一)中国中医科学院(http://www.catcm.ac.cn/)

中国中医科学院是国家中医药管理局直属的集科研、医疗、教学为一体的综合性研究机构。世界针灸学会联合会、中国针灸学会、中国中西医结合学会均挂靠在中国中医科学院,是我国传统医药对外合作与交流的重要窗口。通过该网站可以了解国内外中医药行业的会议信息、新闻,以及中国中医科学院的基本情况、科学研究、人才培养、学术交流、国际交流等方面信息。

(二)中国中医药网(http://www.cntcm.com.cn/)

中国中医药网是由国家中医药管理局主管、《中国中医药报》社主办的国家中医药重点门户网站,由原来的中国中医药报网站改版而来。中国中医药网包括新闻中心、学术临床、就医指南、养生中国、名医名院名校、名企名药、中医文化、舆情、数据、远程教育、地方、论坛等频道,为公众传递中医药新闻资讯,提供寻医问药、养生指导服务,同时展示中医药医疗、教育、科研、产业的著名机构和权威产品,通过中医药典故、诗词、动漫、微电影等传播中医药文化;还提供行业舆情及行业数据资料查询服务;其论坛频道为行业内外网友提供了学习交流、探讨经验的互动平台。

三、医药论坛

(一)丁香园(http://www.dxy.cn/)

丁香园是医药生命科学的论坛性网站,涉及医、药等领域的各个方面,主要包括医学关注、丁香客、丁香智汇、药学关注、生物关注和职场关注等内容。丁香园打造了国内领先的医疗学术论坛及一系列移动产品,密切了医院、医生、科研人士、患者和生物医药企业之间的联系。

(二)医学论坛网(http://www.cmt.com.cn/)

医学论坛网是中国医学论坛报社主办的医学门户网站,成立于1999年,其前身是《中国医学论坛报》(网络版)网站。为广大医务工作者提供最新的国内外医学资讯、疾病诊疗的研究进展,报道重大国际医学会议、提供临床问题的解决方案,是医务人员相互交流的平台。

(三) 小木虫(http://muchong.com/)

小木虫学术研究互动社区创建于2001年,内容涵盖化学化工、生物医药、物理、材料等学科。论坛主题包括文献、论文撰写与投稿、基金申请、专利标准、留学出国、考研考博、学术求助等。

四、其他类型的中医药网站

(一) 中医世家(http://www.zysj.com.cn/)

中医世家网站由近代名医王绍棠的传人制作,是一个收集、学习中医知识的开放网站。设置了业内相关(政策法规、综合新闻)、中医书籍、图书、中药材、中药方剂、名医、医案心得、专栏及杂集等栏目。

(二) 中国医药网—中医药(http://www.pharmnet.com.cn/tcm)

中国医药网是1999年创建的医药类综合网站,目前已经成为医药媒体领域中传播力和影响力很强的网络专业媒体平台之一。网站的中医药学版块栏目主要有中医学习、针灸大全、药膳食疗、中药检索、名医风采、中医文献、中药图谱、中医药词典、中成药等。

(三) 中医中药网(https://www.zhzyw.com/)

中医中药网成立于2006年,致力于为医药企业、患者、亚健康人群、医药中间商等用户提供服务。网站内容涉及中医、中药、健康、养生、疾病等方面,主要栏目有新闻、中医中药、中药市场、疾病知识、图片图谱、中药数据、中药养生、中药减肥、美容等。

第四节 常用外文医学网站

一、政府组织

(一) 世界卫生组织(http://www.who.int/)

世界卫生组织(WHO)是联合国下属负责卫生事业的专门机构,宗旨是使全世界人民获得尽可能高水平的健康。WHO成立于1948年4月7日,总部设在瑞士日内瓦,另设六个地区办公室。目前拥有194个会员国,通过世界卫生大会进行管理。网站有阿拉伯文、英文、中文、法文、俄文、西班牙文等6个版本,中文版网址为http://www.who.int/zh/。

WHO网站设有健康主题、国家、媒体中心、突发卫生事件、关于世卫组织等栏目,如图8-3所示。健康主题栏目将医学主题按英文字顺排序,点击每个主题,可以查看有关该主题的相关资料。在出版物栏目下可以查看WHO的数字图书馆、WHO出版物、WHO期刊等,也可以按照关键词、主题或国家输入单词或短语来检索相关媒体新闻。

图 8-3　世界卫生组织(WHO)网站首页

(二) 美国国立卫生研究院(https://www.nih.gov/)

美国国立卫生研究院(National Institutes of Health,简称 NIH)是世界上著名的生物医学科研机构,在科研成果开发、生物医学数据库建设方面居世界前列。它为专业人士提供科研与临床信息,同时也为公众提供医疗普及与病人教育资源。NIH 主页建有 Health Information(卫生信息)、Grants & Funding(基金资助)、News & Events(新闻与事件)、Research & Training(研究与培训)、Institutes at NIH(研究机构)等栏目。如图 8-4 所示。

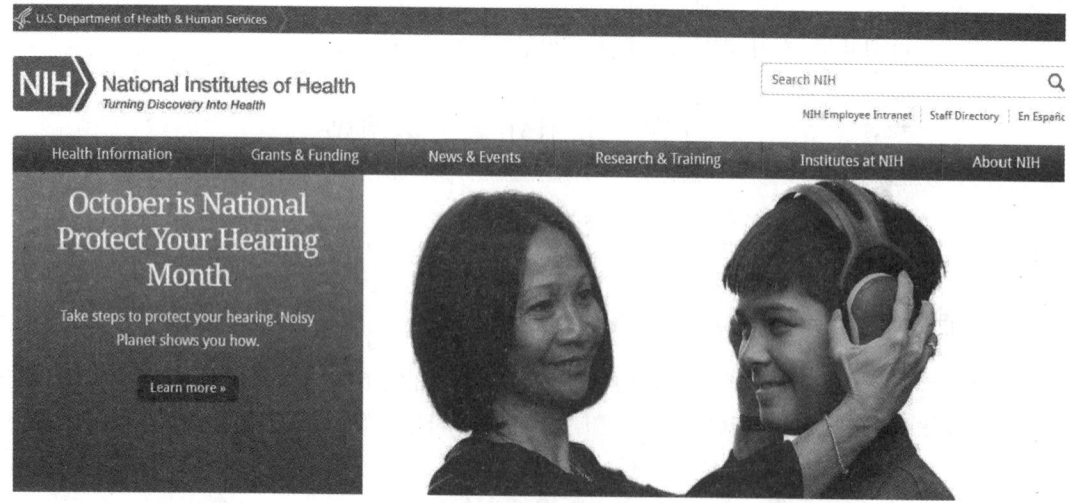

图 8-4　美国国立卫生研究院网站首页

1. Health Information

Health Information 主要汇集了健康信息热线、健康服务站点、相关卫生网站链接、临床研究试验、科学教育资源、NIH 出版物列表及网上免费数据库等相关信息资源。在卫生专题(Health Topics)中汇集了大量医学知识,可以在 Search NIH Health Topics 检索框中输入检索词进行查找,也可以按照相关主题浏览信息。提供 MedlinePlus Health Info 及 HealthCare.gov 等免费数据库。

2. Grants & Funding

提供有关 NIH 科研基金的各类资助的详细信息,包括 NIH 正在接受申请的基金情况,有关项目基金资助的各种通知、政策文件及资助政策等。

3. News & Events

提供 NIH 新闻发布、特别事件、科研新闻、档案、播客、视频、多媒体等信息。

4. Research & Training

提供 NIH 有关科研重点、科研教育、NIH 实验室和临床研究、培训机会、科研兴趣小组、图书馆资源等信息。

5. Institutes at NIH

提供 NIH 下属的 27 个研究所和研究中心的网页链接。

(三) 美国食品药品监督管理局(https://www.fda.gov/)

美国食品药品监督管理局(U.S. Food and Drug Administration,简称 FDA),负责全美食品、药品、生物制品、化妆品、兽药、医疗器械以及诊断用品的管理等。FDA 下设药品局、食品局、兽药局、放射卫生局、生物制品局、医疗器械及诊断用品局等管理机构。该网站设有 FDA 的各种管理活动、相关新闻、热点话题及 FDA 在线数据库的链接。

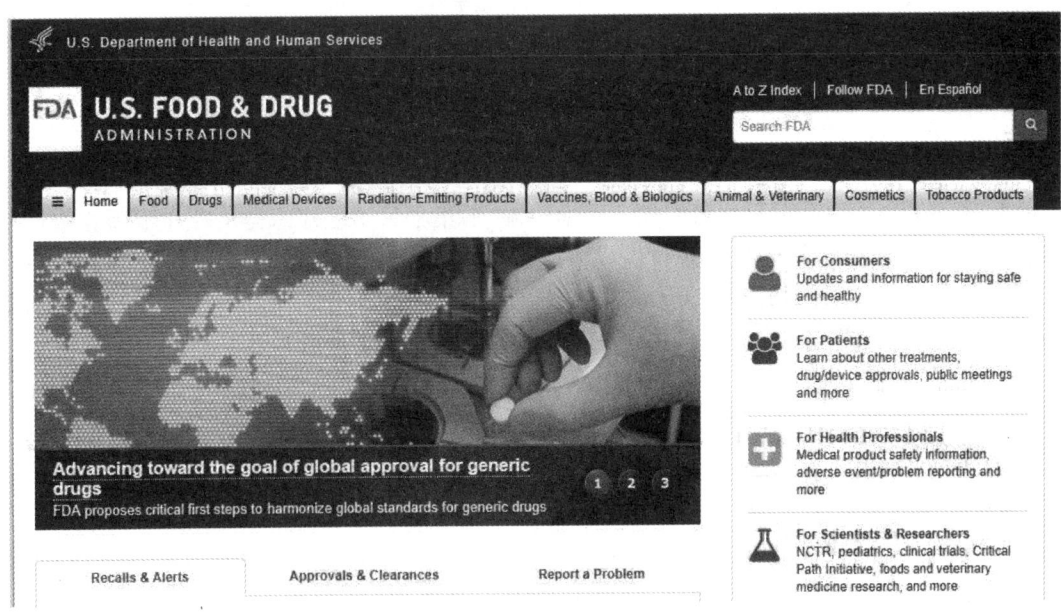

图 8-5 美国食品药品监督管理局网站首页

(四) 美国 NIH 替代医学数据库(https://nccih.nih.gov/)

美国 NIH 替代医学数据库(如图 8-6 所示)由美国国立卫生研究院下属的补充和替代医学国家中心创建,是著名的替代医学网站。网站主要栏目包括:Health Info、Research、Grants & Funding、Training、News & Events 和 About NCCIH。Health Info 包括了针灸、关节炎、癌症、抑郁症、更年期等中医药治疗方面的信息,也提供麻黄、银杏、人参等中草药信息;在主页"Herbs at a Glance"(中草药一瞥)栏目下涉及各种中草药的基本数据,包括中草药或药用植物的名称、用途、潜在副作用等。

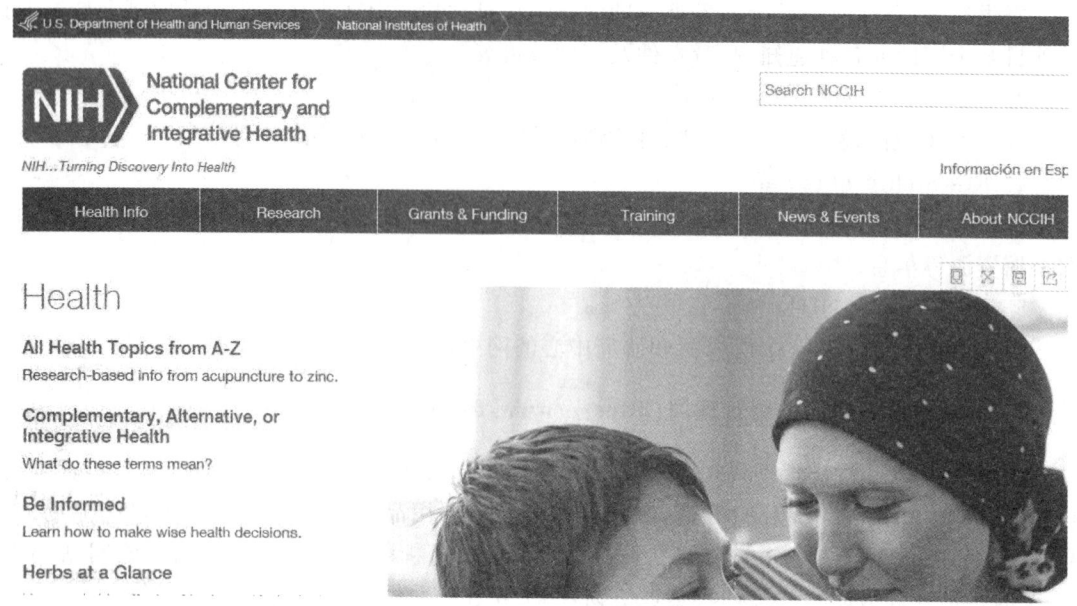

图 8-6　美国 NIH 替代医学数据库首页

二、专题医学网站

（一）Cochrane library(https://www.cochranelibrary.com/)

Cochrane library 是十分著名的循证医学资源,汇集了关于医疗保健治疗和干预有效性的研究,是循证医学的黄金标准,并提供医疗咨询。

该网站可使用自然语言检索,也可使用 MeSH 规范语言检索。提供简单检索及高级检索两种检索界面,前者为单字段检索,后者为多字段组配检索,可选择某一个或多个子库限定检索范围。

（二）NICE(https://www.evidence.nhs.uk/)

NICE(National Institute for Health and Care Excellence)是由英国国家医疗服务体系主办的检索网站,如图 8-7 所示。主要为医学专业人员提供循证医学文献,帮助做出更好、更快、基于证据的决定。

图 8-7　NICE 检索首页

(三) oncoLink(https://www.oncolink.org/)

OncoLink是由美国宾夕法尼亚大学Abramson癌症中心开发的癌症专题网站,如图8-8所示,旨在向肿瘤患者和医护人员提供高质量的癌症防治资源,内容涉及肿瘤学研究进展、肿瘤诊断和治疗以及病因、普查和预防等。网站内容丰富,还提供以癌症为主题的博客等互动空间。

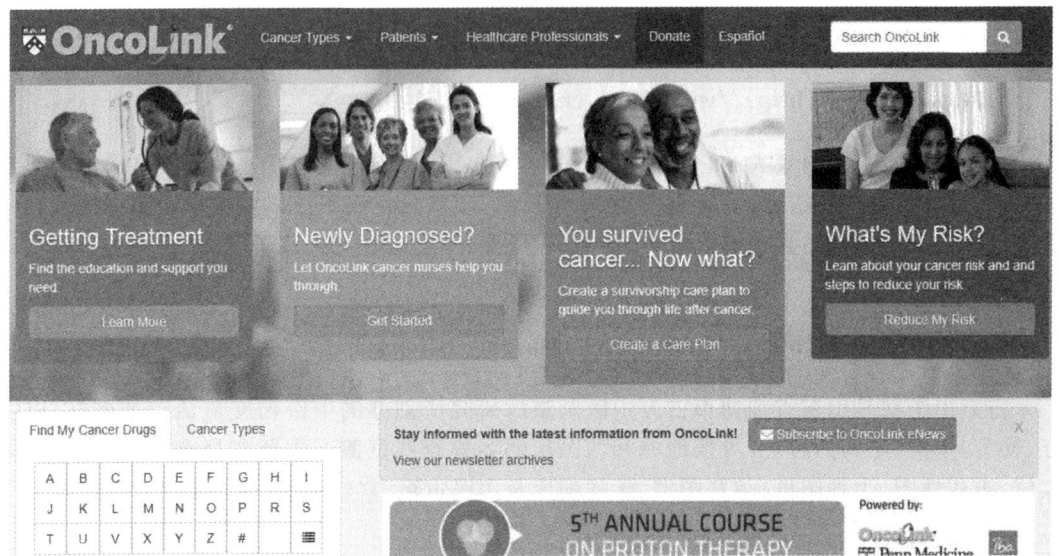

图8-8 OncoLink网站首页

三、其他国外医学网站

美国疾病防控中心(https://www.cdc.gov/);
美国国立医学图书馆(https://www.nlm.nih.gov/);
MedlinePlus(https://medlineplus.gov/);
MedBroadcast(https://medbroadcast.com/);
eMedicineHealth(https://www.emedicinehealth.com/);
Wellness(http://www.seekwellness.com/);
MedicineNet(https://www.medicinenet.com/);
HealthWay(https://www.healthway.wa.gov.au/)。

第五节 医药图谱及视频资源

在教学、科研以及临床实践中常常需要参考医药图谱和视频资源。目前,互联网上存储有大量的医药图谱及视频资源,下面简要介绍相关资源及获取途径。

一、利用国内外相关网站

(一) 医学全在线(http://www.med126.com/photos/)

医学全在线网站始创于2006年,覆盖医学考研、医师资格、药师资格、护士护师等各类考试资讯,可免费下载资料。该网站拥有高人气的医学论坛、互动性强的医学博客、免费的医学在线视频网站,提供中草药图片、中草药图谱、系统解剖学图谱、局部解剖学图谱、生理图谱、性学图谱、手术图谱及器械检查、影像诊断等各方面的医学图谱资源。

(二) 大众医药网(http://www.51qe.cn/yiyaotupu/)

大众医药网系国内较大的综合性医学网站,收集了大量的专业图谱,并配备有详细的文字说明,包括系统解剖图谱、局部解剖图谱、手术图谱、皮肤病性病图谱以及中草药图谱等。其中中草药图谱1100余幅,涵盖单子叶类、地衣类、蕨类、菌类、裸子类、双子叶类、苔藓类、藻类、动物类等内容。

(三) 古方中医网(http://www.cn939.com/zhongyitupu/)

古方中医网是山东省淄博市古方中医疑难病研究所创办的中医药交流活动的网站,以古方、秘方、中医、中药为特色,可按地域和西医疾病名称查找资源。主要栏目有中华名医、人体穴位、古代性图、生理图谱、孕育图谱、疾病图库及中医古籍、宫廷医学、中药图谱等。

二、利用搜索引擎

在百度、搜狐、Google等搜索引擎的搜索栏中,键入所需要的图谱或视频名称,即可查到大量的图谱视频资料或相关网站,可以根据需要点击。但搜索引擎提供的内容往往比较杂乱,大多需要费时、费力地逐一挑选。

三、其他

目前,不少数字图书馆或数据库平台提供图谱及视频资源,国内外不少医学院校和医学图书馆的网站也提供医学图谱及视频资源,由于各单位所购资源不同,使用时可具体了解本校图书馆主页的相关栏目。

(一) 爱迪科森网上报告厅(http://www.bjadks.com/)

北京爱迪科森公司创办于2004年,汇聚了150余家资源合作机构的优质视频课程,形成了7万学时的视频资源。

(二) 万方视频数据库

万方视频数据库收录以科技、教育、文化为主要内容的精品学术视频,包括高校课程、学术讲座、学术会议报告、考试辅导、就业指导、医学实践、管理讲座、科普视频等,适合各层次人群使用。收录视频3万余部,近90万分钟。

(三) 读秀音视频资源

读秀学术搜索的音视频频道提供超过1500部医学类视频,其中中医类40多部。音视频资源可以分类浏览,也可以直接搜索。

(四) CNKI 学术图片知识库

CNKI 学术图片知识库收录 1994 年至今不少于 5 500 万张图片,图片来源于 CNKI 学术期刊库、博硕士论文库、会议论文库和工具书库,与上述几个源数据库同步更新,并可以链接到图片所在的源文献在线浏览。

第六节 开放获取资源

开放获取资源(Open Access,OA)是指作者或出版社在拥有版权和授权的情况下,将发表或出版的科研成果通过开放存取的形式在互联网上发布,供免费使用。OA 作品形式多样,不仅包括纯文本的电子出版物,还有视频、音频等多媒体资源。既有公开发表的论文,也有会议记录、技术报告、讲座、交谈记录、教学课件等半公开的灰色文献。其最基本特征为:信息获取具有交互性在线出版和传播、学术成果开放共享、赋予用户宽泛的使用权限等。OA 资源是当前获取免费医学学术文献的重要途径之一。

一、国外医药类 OA 资源

(一) HighWire Press(http://highwire.stanford.edu/)

1995 年,HighWire Press 由斯坦福大学图书馆创立,目前免费提供 500 多种学报、书籍、参考书及其他学术性出版物,收录文章 765 多万篇,其中可免费获取全文的文章超过 243 万篇,每日更新。主要包括物理、生物、医学和社会学领域的核心期刊,以生物医学方面的期刊论文居多。

HighWire 针对三种用户分别提供不同的功能页面:For Researchers(面向研究人员)、For Librarians(面向馆员)、For Publishers(面向出版社)。

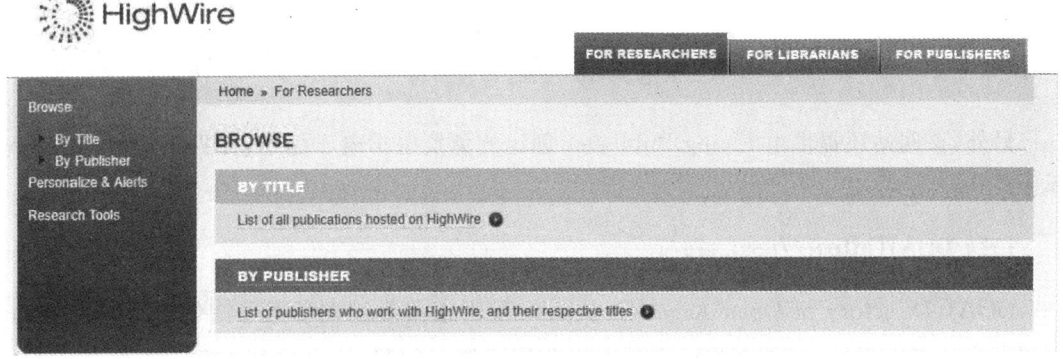

图 8 - 9 HighWire 网站:For Researchers 页面

如图 8 - 9,HighWire "For Researchers"的主页上主要有 Search、Personalize、Research Tools 等模块。用户可以按 Title(文章题目)、Publisher(出版社)、Topic(学科主题)浏览(Browse)期刊论文,也可以根据自己的需求在 Search 模块输入检索词检索。

(二) Free MedicalJournals(http://www.freemedicaljournals.com/)

Free Medical Journals(FMJ)2000 年由 Amedeo Group 创建,提供免费医学电子期刊全文信息。目前收录英、法、德等 19 种语言 5088 种免费全文医学期刊的链接,分为 60 个专题。

FMJ 提供 4 种浏览医学期刊的方式,分别是 Topic(按学科专题)、FMJ Impact(按影响因子大小)、Free Access(按免费访问时间)、Title(按期刊)浏览。FMJ 的期刊供读者免费访问的时间分别为:Immediately(出版后立即免费)、Free after 1 to 6 months(出版 1~6 个月后免费)、Free after 7 to 12 months(出版 7~12 个月后免费)、Later(更长时间以后免费)。

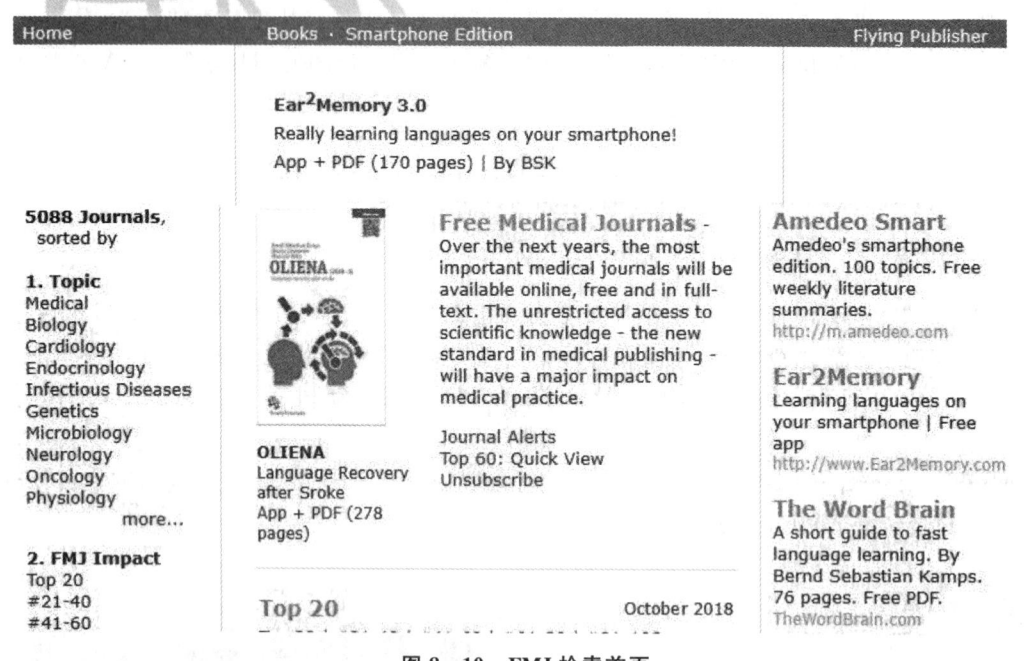

图 8-10 FMJ 检索首页

另外,该网站还提供由 Flying Publisher 创建的免费医学电子图书,详见本教材图书检索部分。

(三) DOAJ(https://doaj.org/)

DOAJ(Directory of Open Access Journals)是由瑞典隆德大学图书馆创建和维护的 OA 期刊检索系统,2003 年正式发布。该系统旨在覆盖所有学科、所有语种的经质量控制的科学类和学术类期刊的免费全文。DOAJ 涵盖了 128 个国家的包括健康科学在内的 17 个学科,平均每两天新增期刊 10 种,目前已收刊 12 200 余种,收录全文文献 345 万余篇,以免费、全文、高质量而著称。DOAJ 仅收录学术性、研究性 OA 期刊,任何人均可使用,目的是为了改善学术期刊的可见性与可用性,增加学术文章的影响力。

DOAJ 主页为用户提供了 Journals(期刊浏览)和 Articles(文章检索)两种检索方式。用户可以浏览期刊,也可以输入检索词对文章题目、作者、关键词、摘要、期刊名、ISSN 等字段进行限定来检索所需文献。另外,用户也可以利用 Advanced Search(高级检索)方式检索 DOAJ。

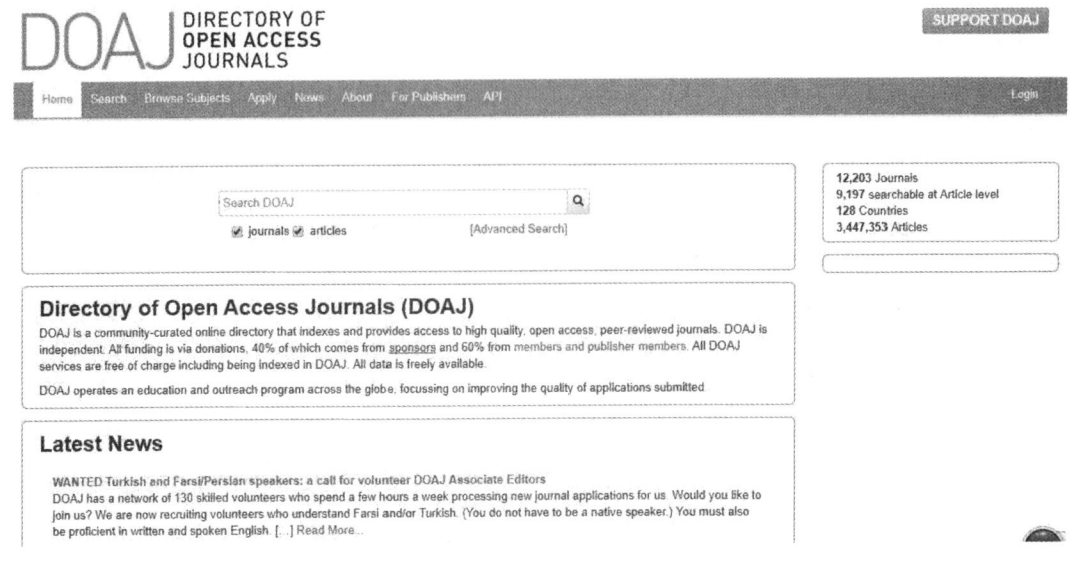

图 8-11　DOAJ 首页

(四) OpenDOAR(http://v2.sherpa.ac.uk/opendoar/)

OpenDOAR(The Directory of Open Access Repositories)是一个大型的开放存取仓储目录,是由英国诺丁汉大学和瑞典的隆德大学图书馆于 2005 年共同创建的 OA 机构资源库、学科资源库目录检索系统。用户可以通过机构名称、国别、学科主题、资料类型等途径来检索和使用这些知识库,它和开放存取期刊目录(DOAJ)一起构成了当前网络免费全文学术资源检索的主要平台。目前 OpenDOAR 收录学术仓储数已经达到 3 778 个。

OpenDOAR 检索方式有快速检索(Quick Search)和高级检索(Advanced Search)两种,用户可根据需要选择。

(五) Open Science Directory (http://www.opensciencedirectory.net/)

Open Science Directory 是个不错的 OA 期刊目录,目前收录 13000 种 OA 期刊。其中包括一些著名的 OA 网站期刊目录,如 DOAJ、BioMed Central、HighWire Press、PubMed Central 等。

(六) BioMed Central(https://www.biomedcentral.com/)

BioMed Central(简称 BMC)是生物医学领域著名的独立在线 OA 出版机构,BMC 所有原创研究文章在发表之后即可在网上永久性免费访问。BMC 对论文的质量进行严格控制,对所有提交的研究论文进行严格的同行评议。目前已出版约 300 种生物学和医学领域的期刊,并向刊物提供一整套用于出版原始性科研成果的系统,包括在线提交稿件系统、同行评议系统等。

BMC 期刊可通过浏览或检索两种方式来查阅期刊。期刊浏览包括"Journals A-Z"(按刊名字顺)和"Journals by Subject"(按学科主题)两种方式。在部分期刊名后注有"Open Peer Review",是指该期刊开放同行评议。在页面右上角点击"search"按钮,在检索框内输入一个或多个词语均可检索文献。

（七）PubMed Central（https：//www.ncbi.nlm.nih.gov/pmc/）

PubMed Central（简称 PMC）是美国国立卫生研究院（NIH）下属的美国国立医学图书馆于 2000 年创建，是一个生物医学与生命科学期刊 OA 全文数字仓储平台，涉及生物医学、行为科学和临床研究等学科领域。PMC 收录的期刊论文均经过同行评议，具有质量保证，不少 PMC 期刊被 SCI 收录。

PMC 目前收录 7 300 多种期刊，文献总量超过 510 万篇。PMC 主页提供快速检索、高级检索、期刊列表等方式来浏览检索期刊，对检索的内容也可以选择来源类型、出版日期、研究资助类型等进行限定。

（八）PLoS Medicine（https：//journals.plos.org/plosmedicine/）

利用 PMC 查找资料（8-2）

公共科学图书馆（Public Library of Science，简称 PLoS）是一家由众多诺贝尔奖得主和慈善机构支持的非赢利性学术组织，致力于把全世界的科学文献作为免费资源向公众开放，推广科学领域的最新研究成果。PLoS Medicine 是 PLOS 系列资源中的医学部分，可以免费获取全文。

二、国内 OA 资源

（一）国家科技图书文献中心（https：//www.nstl.gov.cn/）

国家科技图书文献中心（National Science and Technology Library，简称 NSTL）作为国家战略科技资源保存和服务基地，一直致力于为科研人员提供学术文献保障服务。通过对开放资源的遴选、采集、加工、组织与揭示，将不同平台、不同文献类型的资源集成整合，构建了开放资源集成获取系统。目前，NSTL 开放资源集成获取系统的文献类型主要是外文期刊，随着 OA 集成整合系统的不断建设，外文会议、科技报告、课件、图书等资源类型将逐步推出。

图 8-12　NSTL 开放资源集成获取系统

NSTL 开放资源集成获取系统提供的开放获取的期刊总量为七千多种，可以直接输入检索词或短语进行查询，也可以按刊名字顺、分类或者国别来浏览期刊。点击检索结果的题名进入论文详细页面，可查询论文的网址、作者、作者单位、刊名、ISSN、EISSN、语种、出版信息、起止页、摘要等信息。

利用国家科技图书中心查找资料（8-3）

NSTL 与中国科学院及 CALIS 等单位联合购买国外网络版期刊，面向中国大陆部分学术机构用户开放。此外，NSTL 购买了方正 Apabi 中文电子图书，为国内部分机构开通使用。

目前，NSTL 推出了全新的一框式智能检索平台（http://smartsearch.nstl.gov.cn/），将文献检索、期刊、会议、学位论文、专利、报告、丛书等资源整合到同一个平台上。

（二）Socolar（http://www.socolar.com/）

Socolar 是由中国教育图书进出口公司对世界上重要的 OA 期刊和 OA 仓储资源进行全面的收集、整理并提供统一检索的集成服务平台。Socolar 是国内最大的开放存取资源集成检索平台，目前收入 OA 期刊 11 739 种，OA 仓储数目 1 048 个，提供的文献达 2389 多万篇。通过 Socolar，可以检索到来自世界各地、各语种的重要 OA 资源。

（三）中国科技论文在线（http://www.paper.edu.cn/）

中国科技论文在线由教育部科技发展中心主办，数据每日更新，免去传统的评审、修改、编辑、印刷等程序，并可以为作者提供论文发表的时间证明，允许作者同时向其他学术期刊投稿，使新颖的学术观点、创新思想和技术成果能够尽快多途径对外发布。

网站所收论文专业领域按自然科学国家标准学科分类与代码分为 43 类，收录期刊论文超过百万篇，每篇论文提供序号、论文题名、全部作者、作者单位、发表日期、综合评价、相关评论等信息。通过期刊名称及发表年度可以进行论文检索，提供在线阅读和下载。检索方式有论文快搜和高级检索两种。

（四）中国预印本服务系统（http://prep.istic.ac.cn/main.html?action=index）

所谓预印本（Preprint）是指科研人员的研究成果还未在正式出版物上发表，出于和同行交流的目的，而自愿先在学术会议上或通过互联网发布的科研论文、科技报告等。中国预印本服务系统于 2004 年正式开通，该系统由中国科学技术信息研究所与国家科技图书文献中心（NSTL）联合建设，目前预印本服务系统已经并入 NSTL 网络服务系统中。如果要访问中国预印本服务系统，或者提交管理个人论文，可以从 NSTL 系统首页链接"预印本服务"，然后再访问预印本系统。预印本服务系统当前所收医药文献 197 篇，其中中医中药类 60 篇。

（五）中国科技期刊开放获取平台（http://www.oaj.cas.cn/）

中国科技期刊开放获取平台（China Open Access Journals，简称 COAJ）由中国科学院主管、主办，中国科技出版传媒股份有限公司承办，北京中科期刊出版有限公司运营维护。COAJ 是一个开放获取、学术性、非营利的科技文献资源门户，集中展示、导航中国开放获取科技期刊，强化科技期刊的学术交流功能，提升中国科技期刊的学术影响力，引领中国科技信息的开放获取。目前收录 OA 期刊总数为 660 种，其中医药卫生类 93 种。可进行期刊检索或论文检索。

(六)其他获取医药类 OA 资源的途径

目前我国许多医药类期刊支持开放获取,有的依托学科信息平台上网,有的则单刊上网。下面简要列举一二。

金月芽期刊网(http://www.jinyueya.com/about.aspx);

龙源期刊网(http://www.qikan.com.cn/);

临床荟萃(http://lchc.hebmu.edu.cn/);

中国中西医结合杂志(http://www.cjim.cn);

中国中西医结合学报(http://www.cjim.cn/zxyjhcn/zxyjhcn/ch/index.aspx);

中国中药杂志(http://www.cjmm.com.cn);

中国实验方剂学杂志(http://www.syfjxzz.com);

时珍国医国药(http://www.shizhenchina.com)。

思考题

1. 免费查找网络医学学术信息资源主要有哪些途径?

2. 利用百度和 Google 等搜索引擎查找近三年来医学文献检索方面的课件资源。

3. 熟悉 NSTL 网站,并查找与本专业相关的文献。

4. 结合自己所学专业,搜索国内外的专业网站、搜索引擎及电子图书和视频资源。

5. 什么是开放存取?你认为开放存取的发展前景如何?查阅一下与本学科相关的 OA 资源。

参考文献

1. 陈燕.医学信息检索与利用[M].北京:科学出版社,2016(1).

2. 周毅华.医学信息资源检索教程[M].南京:南京大学出版社,2016(2).

3. 黄晓鹂.医学信息检索与利用[M].北京:科学出版社,2016(3).

4. 刘桂锋.医学信息检索与利用[M].镇江:江苏大学出版社,2015(3).

(周黎)

应用篇

第九章 文献管理软件

文献管理软件是科研工作者用于记录、组织、调阅引用文献的计算机程序，其主要作用是使文献的引用、调用等更加快捷高效。可以说，科技文献的快速增长导致了文献管理软件的开发。现今国内外各软件信息公司开发出来的文献管理软件品种多样，如国外的 Endnote、Reference Manager、Mendeley、Procite、Biblioscape、refworks、zotero 等；国内的 NoteExpress、医学文献王、文献之星、PowerRef、Notefirst 和 e-study 等。综合考虑各软件的特点和使用效果，本章主要介绍国内最常用的 EndNote 和 NoteExpress。

第一节 Endnote

一、简介

Endnote 软件由 Thomson Corporation 推出，分单机版和 Endnote Web 版。现最新版本为 Endnote X9，可在其主页（http://endnote.com）下载。本节将以 Endnote X9 为例简介功能。

Endnote 文献管理软件的基本功能有：① 可以将不同来源的文献下载到本地，建立本地数据库，方便对资料以及资料中图片、照片、表格等进行有序地管理和使用；② 可以直接连接上千个数据库，提供通用检索方式；③ 其快捷工具与 Microsoft Word 相嵌合，在撰写论文、报告等时，可自动插入参考文献；④ 支持国际期刊的参考文献格式有 7 000 余种，对美国心理学会（American Psychological Association，APA）、现代语言学会（Modern Language Association，MLA）、美国医学学会（American Medical Association，AMA）、芝加哥格式做了及时更新；写作模板几百种，涵盖各个领域的杂志，可以方便地利用这些格式和模板撰写期刊论文；⑤ 撰写论文时，可以快速找到相关图片、表格，将其按照欲投稿期刊格式插入论文相应位置；⑥ 可以实现单机版和网络版间自由添加或者移动文件附件，查看和批注 PDF 文件，并自动更新参考文献等；⑦ 具有 PDF 自动汇入文件夹、改变 PDF 文件命名功能和自动分组及能与 iPAD 版同步等功能；⑧ 改善了 Endnote X8 中，共享文献只能通过共享整个个人图书馆来实现的功能，做到了分组分享；⑨ Endnote X9 桌面版本可一键生成 Web of Science 引文报告。

二、Endnote 软件安装

在使用之初，需先在本机安装 Endnote 软件（Web 版不需要安装，只要有帐号、密码即可使用),Endnote X9 对计算机系统的要求为,可以运行在 Windows 7(32 位或 64 位)、Windows Vista(32 位或 64 位)或 Windows XP Service Pack 3(SP3)以上版本的操作系统,硬件为 Pentium 450 MHz 及以上处理器、256 MB 以上 RAM、至少 180 MB 的硬盘空间。安装方法比较简单,在关闭 word 文档条件下,点击运行 ENX9Inst.exe,按照 Endnote X9 的安装向导选择典型安装或自定义即可。如果选择 custom 安装,在"Select Features"中,"additional style"和"additional filter"等要选择全部安装。

三、个人文献数据库的建立

建立文献数据库就是将不同来源的参考文献信息放至一个文件中,汇聚成一个数据库文件,并剔除重复信息的过程,是参考文献管理及应用的基础。

(一)创建文献库

EndnoteX9 安装完毕后,点击"开始→程序→Endnote→Endnote"运行 Endnote X9,点击"File"菜单,选择"New Reference Library"可创建新的数据库,当弹出新建文献数据库窗口,在此选择文献数据库创建路径及文件名称,点击"保存"即建立一个没有任何参考文献的文献数据库,此时文献数据库是以×××.enl 形式命名,同时在同样位置还新建一个以×××命名的文件夹,此处用来存放 PDF 文档、图片以及工作表等附件,本节创建了一个以"acupuncture"为名的数据库。当选择"Select Reference Library"则可打开一个已有的数据库。

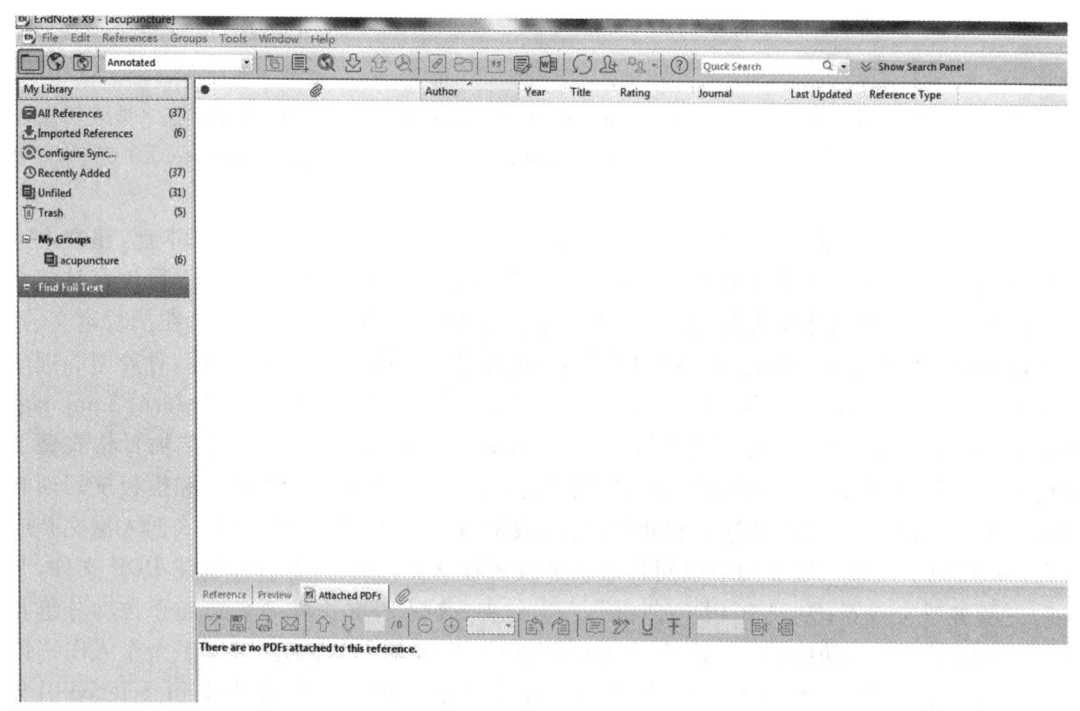

图 9-1　Endnote X9 界面

说明:界面最上方为 Endnote 软件的版本信息和所建数据库名称,紧跟其下的为功能菜单和快捷键,主窗口左侧为群组区,显示参考文献的基本信息、分组、分组分享和与 Web 版的交互功能。主窗口右侧区上半部分为参考文献列表窗，最多可以有 8 个信息列，默认显示为 Author、Year、Title、Journal、Rating、Ref Type、URL 和 Last Updated，可以根据自己的需求自我设定；界面下半部分为分页显示窗口。

(二) 文献信息导入

创建一个文献数据库后，需向这个文献数据库中导入参考文献信息，Endnote X9 提供手动输入、直接联网检索、网络数据库输出和格式转换四种方式。

1. 手动输入导入

在图 9-1 界面中点击快捷键"New Reference"，或者在 References 菜单下选择"New Reference"，即进入手动输入界面。其操作相对简单，首先可以通过 Reference Type 下拉菜单选择期刊论文(Journal Artical)、图书(Book)、专利(Patent)等文献类型，不同类型所提供的字段有所差别。之后，将信息填入相应字段即导入成功。由于手动录入工作量较大，为节省时间，只填写必要字段，其他可空缺。如果一个作者已经存在于数据库中，这时输入的人名会显示为黑色，如果是第一次输入则显示为红色。一条记录输入完毕，点击右上角关闭即可。

在手动输入文献信息时，作者字段一行只能输一个，作者之间无符号分隔；关键词也一样，一个关键词一行。Label 或 Notes 是文献标记，Research Notes 是文献笔记，可与 PDF 标记同步进行，便于需要时直接调用；插入一个 figure 后一定要在 caption 中加以描述，否则写作时无法直接插入，可用采用拖拽的方法进行附件或图表粘贴。

该方式主要针对无法直接从网上下载，或者已经存在于本地机中的少量零散文献。其工作量较大，且所处理的信息相对有限，一般情况下不建议使用。

2. 直接联网检索导入

Endnote X9 能直接连接上千个数据库，当拥有这些数据库的合法使用权时，可以采用此方法导入信息。采用"Online Search"可以直接联网检索，将检出文献直接导入到文献库中。但该方法导入信息后无法查看检索结果内容，因而仅适用于检索目标较明确的情况。其步骤如下：

第一步：从 Endnote X9 窗口上方工具栏中，点击快捷键"Online Search"或选择 Tools→"Online Search"，弹出一个标题为"Choose A Connection"的窗口，选择要检索的在线数据库名称。在"Online Search"菜单中会将以前选择过的在线数据库记忆在左侧"Online Search"群组下，方便下次直接点选、查询。本节以 PubMed 为例加以说明。

第二步：选择 PubMed 数据库，点击 Choose，在 Endnote Library 窗口下方，弹出检索窗口，根据需求选择字段，在检索提问框中输入检索词，选择检索词间布尔逻辑运算关系(and、or 或 not)，点击 Search 按钮进行检索。

第三步：将检索结果直接导入到所建的文献数据库中。若检索记录过大，可按"Cancel"返回检索界面，添加其他检索条件重新检索。检索提问栏后面"+"或"-"可增加或减少检索栏位按钮。

如果是跨时间段检索，注意在两个时间之间用英文冒号隔开。PubMed 支持具体日期格式检索，可以查询两个日期之间的文献，如 2006/01/01:2006/06/30。Web of Science 只支持年代检索，只能查询两个年代之间的资料，如 2003:2004。如果需要采用同样的检索表达式查询不同数据库，可以将检索策略储存，在检索其他数据库时调用。其优点是当检索表达式特别复杂时，可以节省每次输入检索条件的时间，还避免了可能误输入产生的错误。但应注意不同数据库提供的检索字段差别很大,如 PubMed 提供近 40 种可检索字段,而 Web of Science (WOS)只提供 6 种检索字段,如果直接调用 PubMed 中的检索策略到 WOS 中检索,会产生错误,因此,需要进行调整。

3. 网络数据库输出导入

并非所有数据库都支持直接联网检索导入文献信息的功能。如果想大批量从数据库中导入文献信息,Endnote X9 还提供了网络数据库输出导入的方法。目前,很多网上数据库都提供文献管理软件的输出格式,如 web of science、Scoupus、SpringerLink、ScienceDirect、EI 等。本节以 ScienceDirect 为例。

第一步:在地址栏输入 http://www.sciencedirect.com/,链接至 ScienceDirect 数据库,选择简单检索或高级检索方式。本示例选择高级检索,在 Title 字段下检索 acupuncture,时间跨度选择 2001~2018,点击"Search"。

第二步:在检索结果返回页面,勾选所需导入的文献,点击"Export"。

第三步:在"Export"界面中可以选择"Save to RefWorks"、"Export citation to RIS"、"Export citation to BibTeX"和"Export citation to text"四种格式,如要导入 Endnote X9,选择 RIS 格式。

其他如 Scoupus、SpringerLink 等数据库也可依此步骤,利用网络数据库的输出功能将信息导入到 Endnote X9 文献数据库中,输出按钮的可能描述方式主要有"Export citation"、"Download citation"、"Export"或"Download"等,输出格式一般要选择 RIS 或 Endnote。另外,网络数据库导入的文献信息只是题录信息,没有全文,如需全文,可以下载后粘贴、拖拽或通过"find full text"在线查找。通过 Reference→"Find Reference Updates",可以在线进行文献更新,如对作者、刊名、作者地址等更新,也可将"online"文章更新为正式出版的文献。

4. PDF 格式全文导入

除上述三种文献导入方式之外,Endnote X9 可以直接将一个文件夹下的 PDF 格式全文全部选中或部分选中,直接拖拽方式到特定的群组中。或者点击"File"菜单→"Import"→"Import Folder",在弹出窗口中选择要导入文件夹下的 PDF 格式全文,导入到特定的群组,应注意的是,如果文件夹下含子文件夹,想要将其内文件一起导入的话,可以勾选"Include files in subfolders"选项。

四、个人文献数据库管理

Endnote X9 对于个人文献数据库的管理功能包括文献去重、排序、查询、群组、文献编辑和显示、删除,及附件管理、撰写阅读笔记、简单分析、备份和自动更新文献等。

Endnote X9文献导入(9-1)

(一)参考文献去重、排序、查询管理

1. 参考文献去重

点击 Edit 菜单下的偏好设定(Preference)进行去重(Duplicates)设定,包括对重复字段的设定、匹配方式和是否上网检索后直接将重复文献去除的选择。再点击"References"菜单下"Find Duplicates"查找重复文献,逐条筛选、删除。

参考文献排序:点击参考文献信息列表区的栏位名(每列顶端所显示的名称,如作者、年、篇名等),当栏位名上的三角符显示为"▲"时,参考文献是以该栏位字段为排序依据的升序排列,反之为降序排列。

2. 参考文献的查询

假如想建立一个有关"extinct"的参考文献清单,先点击 Tools 菜单,选择"Search Library",在分页显示窗口显示为个人数据库参考文献检索界面,在此检索界面可以先选择匹配模式。"Match Case"选项限制检索词 extinct 皆为小写字母,如果在句子开头找到大写或是所有都是大写字母的词汇,Endnote 认为不是命中记录。"Match Words"选项限制检索为精确检索,不使用一切截词功能,因而含有 extinction 等词汇的文献不作为命中记录。然后选择要查询的限定字段、检索条件限定,如"Contain"(包含)、"Is less than or equal to"(至少有一个或等于)等,之后选择检索栏间的逻辑运算符,最后在检索提问栏中输入"extinct",点击"Search"按钮即可。随着查询的结束,左边"Group"区会出现一个 Search Results 群组,显示本次查询的结果,此群组是一种暂存模式,只有伴随每次查询行为才会出现,而且会主动替换掉上次结果;当关闭 Library,此群组则自动消失。另外,一般的"Search"卷标会记忆上次输入的检索策略,若要清除,可点选"Options"按钮,选择"Restore Default";如果想保存检索策略,可以点选"Options"按钮,选择"Save Search"来完成。

(二) 参考文献的群组管理

Endnote X9 主窗口左侧"My Library"窗口为群组区块,对应的右侧窗口为显示该群组下所储存参考文献的列表信息。一个新的 Library 中,预设了"All References"(文献库内所有的文献资料)、"Unfield"(还未归类于哪一群组下的书目数据)、"Trash"(被文献库删除,但还未永久删除清空的数据)三个群组。"My Group"是指个人创建的群组集;而"Smart group"指基于检索策略,自动整合、产生的群组。

1. 创建、删除或重命名个人群组集

点击"Groups"菜单,选择"Create Group Set"后给予命名即创建了一个新的群组集。点击左侧要删除或重命名的群组集,分别选择"Delete Group Set"和"Rename Group Set"则删除或重命名了一个群组集,也可以通过点击鼠标右键通过快捷菜单的选择来完成。

2. 创建、删除和重命名个人群组

点击某一群组集的位置,确立所建新群组隶属于群组集的关系;点击"Groups"菜单选择"Create Group"(或者在所选群组集的位置直接按鼠标右键,在弹出的快捷菜单中选择"Create Group"),给予命名即成功建立个人群组,其图标为文件夹图型。删除或重命名个人群组可以分别选择"Delete Group"和"Rename Group"来完成。

3. 创建复合群组

复合群组是一种可以通过布尔逻辑来合并的智能群组或普通群组。从"Groups"菜单中选择"Create from Groups"调出复合群组设定窗口,给予复合组命名并选取想要合并的普通群组或智能群组,设定群组间布尔逻辑运算关系,点击"Creat"按钮即成功建立。其图标为三环叠加图型。应注意复合群组不能作为复合群组合并的群组单位。

4. 创建智能群组

其建立途径比较多,可以在参考文献查询检索界面,点击"Options"选择"Covert to Smart Group",就可以在所选群组集下新增一个"Smart Group";还可以通过"Groups"菜单来选择"Create Smart Group"或者点击鼠标右键从快捷菜单中选择来建立。其图标为齿轮图型。

5. 储存参考文献于群组

在"All References"中点选要存储于群组中的参考文献书目,利用拖曳功能将反白选中文献拖曳到所需存储的群组下(或从"Groups"菜单中选择"Add References To"至所需存储的群组中)。

(三) 参考文献的编辑、显示、删除、附件管理及撰写阅读笔记

1. 参考文献的编辑

在参考文献列表窗口点选一篇参考文献,点击"References"菜单选择"Edit Reference"进入单篇文献的编辑界面,可以进行字体、字号等的设置。

2. 参考文献的显示

在参考文献列表窗口选择一篇文献,点击单篇文献分页显示窗口中的"Preview"按钮即为单篇文献的预览显示,如果想改变显示格式,选择"Edit"菜单中的"Out Styles"即可改变,选择"Show All Fields"显示该篇参考文献的全部字段内容,双击选中文献可进入单篇文献的编辑界面。另外,可以选择"Edit"菜单下的"Preferences"对参考文献列表窗口进行显示字体和显示字段的设置。

3. 参考文献的删除

在参考文献列表窗口选择要删除的文献书目,点击"References"菜单选择"Move References to Trash",则选中的文献书目就从文献信息库移到 Trash 群组,然后从"References"菜单下选择"Empty Trash"就可删除选中文献。

4. 参考文献的附件管理

Endnote 管理软件中涉及的附件可能有 pdf、图片、word 文档、网页和表格等。Endnote 管理附件的方式有两种,一是将附件的地址记录在 Endnote 中,需要时打开链接即可;二是将文件拷贝到 Endnote 相应数据库的文件夹下面。第一种方式无需对文件进行备份,占用空间小,但数据拷贝时,会引起链接对象的丢失;第二种方式虽占用一定空间,但数据库转移时能将附件一同带走,较为方便。在硬盘空间足够大的情况下,建议尽量用后一种方式管理附件。在参考文献列表窗口选中一篇文献,双击进入单篇文献编辑界面,选择"File Attachments"字段,选择"References"菜单中的"File Attachments",进行"Attach File"文档附件添加即可。如果插入的是图片,则选择 Figure 字段,通过菜单选择或单击鼠标右键的方式选择"Attach Figure"进行图片插入,应注意只有在"caption"中加以描述,才能在写作时正常插入,另外可用拖拽方式进行附件或图表的粘贴。

5. 撰写阅读笔记

在单篇参考文献编辑界面选择"research notes"可以撰写对每篇文献的阅读心得。

6. 创建引文报告

Endnote X9 新增了一键创建引文报告功能,但必须是来自美国国立医学图书馆或 Web of Science 系统的数据。选中需要分析的参考文献,点击"References"菜单,选择"Web of Science",继续选择"Create Citation Report",则可以对选中数据给出引文报告。

(四) 参考文献的分析、备份、共享以及书目清单的输出

1. 参考文献分析

点击"Tools"菜单选择"Subject Bibliography",在弹出的窗口中选择要统计的字段,点击

OK 按钮即可执行此功能。

2. 参考文献备份与共享

点击"File"菜单,选择"Compressed Library(.enlx)"则弹出参考文献备份界面,通过选择相应的项目,点击 Next 按钮,进行命名则完成。

3. 参考文献书目清单输出

在参考文献列表窗口选择要输出的参考文献,然后选择输出格式,再点击"File"菜单选择"Print"或"export"即可打印或保存为 RTF 或 TXT 等格式的书目清单文档。

4. 分组分享

在参考文献列表窗口选择要输出的参考文献,点击"File"菜单,选择"Share"可将选中参考文献在小组内共享,但在分享前需要注册一个个人帐号。

五、撰写文章

Endnote X9 的"Cite While You Write"功能内嵌于 Word 2003 的"工具"菜单中,而在 Word 2007 以上版本则以一组 Endnote X9 群组标签存在。通过"Cite While You Write"指令,可以利用 Endnote X9 在运行的 Microsoft Word 中建立参考文献的书目与引用格式。本部分以 Microsoft Word 2007 为范例说明。

(一) 工具条介绍

Endnote X9 安装之后,会在文字处理软件的菜单项中出现一个 Endnote X9 选项,如图 9 – 2 示。

图 9 – 2　Word 2007 中 Endnote X9 工具条示例

• Insert Citation:插入选定的文献,可以是一篇,也可以是多篇,同时也可选择插入笔记、图表。

• Go to Endnote:从 Word 跳转到 Endnote,如果 Endnote 没有开启,点击该按钮将开启 Endnote 程序。

• Edit & Manage Citations:编辑插入的引用文献,譬如有些文献引用不合适,或者顺序需要调整,可用该功能完成。

• Edit Library References:如果发现某条参考文献内容有错误,可以用该命令进行修改,该命令将同步更新数据库和后面引用的参考文献。

• Style:参考文献格式设定菜单。

• Update Citation and Bibliography:更新文内引文和参考文献列表。

• Convert Citations and Bibliography:可以选择"Convert to Unformatted Citations"去除 Endnote 加在 word 文档中的标识代码,这是一个不可逆的过程,一旦选择,则无法撤销;可以选择"Convert to Plain Text"将带有 Endnote 标识代码的 Word 保存成文本文件;通过选择"Convert Reference Manager Citations to Endnote"还可以将 Word 文档中的引文转入到 Endnote 中。

- Categorize References：可以自定义参考文献分类。
- Instant Formatting is on：常用参考文献格式设定。
- Export to Endnote：将 Word 中引用的参考文献创建一个 Endnote 个人数据库。
- Manuscipt Matcher：选择最合适的写作模板。
- Preferences：撰稿与引用偏好设定。
- Help：帮助。

(二) 利用论文模板(Manuscript Template)撰写论文

EndnoteX9 提供了几百种杂志的全文模板。如果投稿的是这些杂志，只需要按模板填入信息即可。

比如，要撰写一篇关于 Evolution 的论文，并欲投稿至 Nature，就可通过 Endnote 中提供"Manuscript Template"功能来快速简单地创建符合 Nature 出版社的稿件格式。

创建方法：首先点击 Endnote 的"Tools"菜单选择"Manuscript Templates"，弹出"Manuscript Templates"窗口后选择"Nature.dot"范本，点选开启，套用 Nature 撰写文献的范例架构。当出现"Endnote Manuscript template wizard"窗口，点选下一步；输入要撰写文章的篇名，如"Theories About Evolution"，点选下一步；再输入该篇文章的作者姓名，首先选择"Add Author"填写论文的作者信息。在弹出窗口中点选"New"，依序输入作者姓名及相关数据，输入完点击确定，则所输入的作者会建立在 Author List 中，以同样方式可再建立其他作者数据。当建立完所有作者数据后，按"确定"按钮，在作者列表中选取这篇文章的作者，点击 OK，再点下一步。勾选该篇文章中要呈现的数据项，如正文、摘要、参考文献、图表等，选择完毕点选下一步，最后点击完成，系统会自动开启一个 Word 文档，含有刚刚输入的信息和要呈现的数据（如图 9-3 示），即可以开始文章写作。

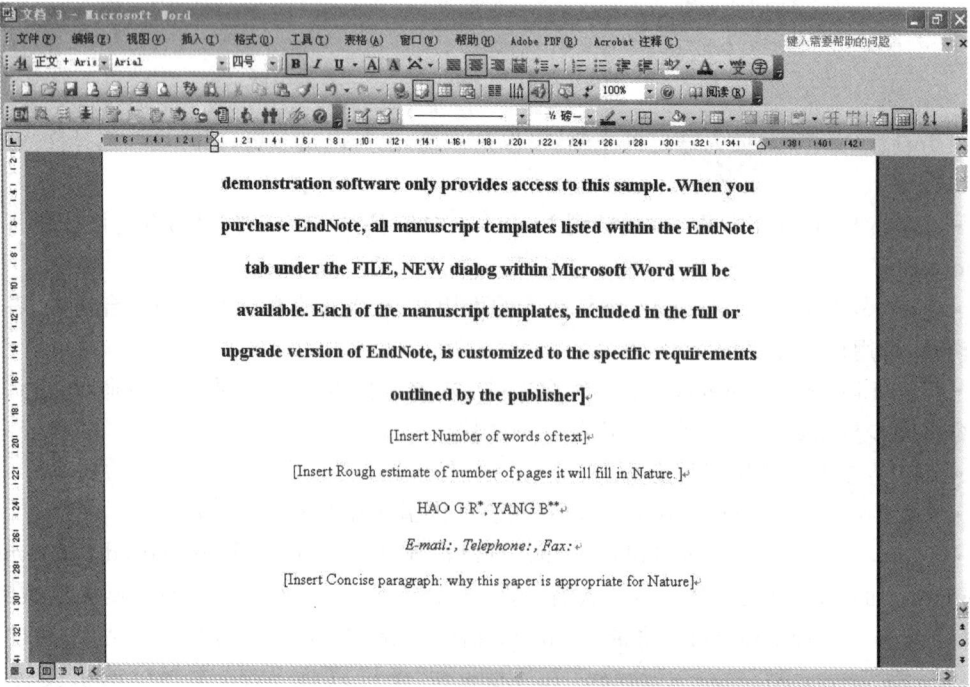

图 9-3　Endnote X9 创建的 Nature 写作模板示例

（三）引用 Endnote X9 中的参考文献至 Word 文档

Endnote 管理软件的功能之一是在撰写论文或书籍时，可以自动编排参考文献。要完成这项任务，计算机需已经安装 Endnote 和文字处理软件。有以下几种方法可以采用。

第一种方法：在 word 中将鼠标定位在要插入文献的位置，然后切换到 Endnote X9 程序中，选择要引用的参考文献，点击工具条上的"Insert citation"，可将选定的文献插入到指定位置；其他文献插入方法依此类推，待全部文献插入完毕，点击"Update Citation and Bibliography"即可。当然，在这之前可以通过设定常用引文格式，或选择最匹配的写作模板方式，预先设定好所需引文格式。

第二种方法：在 Endnote 文献数据库中，选择要插入的文献，右键单击，选择 copy，回到 word 中，右键单击要插入文献的位置，粘贴即可。

第三种方法，从 Word 2007 工具菜单中选择"Endnote X9"，点击"Insert citation"，选择其中的"Insert citation"，则弹出"Endnote X9 find & Insert My References"窗口。在 Find 前的提问栏中输入要查询的作者、篇名，点选 Find，Endnote X9 会自动找出符合条件的参考文献。利用窗口下方来确定该参考文献是否符合需求。确认无误后点选该参考文献，再点选"Insert"即可在文中插入这条文献。

第二节　NoteExpress

一、简介

NoteExpress（简称 NE）由北京爱琴海软件公司开发，完全支持中文。获取地址为：http://www.inoteexpress.com/aegean/index.php/home/ne/。其主页可下载最新版本，现今最新版本为 NE 3.2，也是本节所使用的版本。

NE 管理软件具备文献检索与下载功能，可以用来管理参考文献题录，以附件方式管理参考文献全文或者任何格式的文件、文档。具有数据统计与分析功能，可以快速了解某研究方向的最新进展，各方观点等。除了管理以上显性知识外，类似日记、科研心得、论文草稿等瞬间产生的隐性知识也可以通过 NE 的笔记功能记录，并且可以与参考文献的题录联系起来。另外，新版本的 NE 增加了数据分析与论文查重功能。在编辑器（如 MS Word）中 NE 可以按照各种期刊的要求自动完成参考文献引用的格式化。

二、NoteExpress 软件安装

NoteExpress3.x 版本支持 Windows 2000、XP、2003 以及 Vista 等操作系统。写作插件支持 MS Word 2000 以及以上版本。硬件要求：64 MB 及以上内存，PII300 或以上频率 CPU，50 MB 或以上硬盘空间。如果使用互联网在线检索功能，必须保证计算机已经连接互联网。

NE 安装版提供了标准的 Windows 应用程序安装向导。双击安装文件，根据相关向导即可完成安装。NE 默认情况下会安装到以下路径（Windows 2007）：C:\Program Files(X86)\NoteExpress，同时 NE 也会自动添加一个名为 sample 的范例数据库，以供熟悉和掌握 NE 之用。应注意如果之前安装有较低版本 NE，安装前请关闭 NE 和 MS Word。

三、建立个人数据库

安装完毕,双击桌面的 NE 图标,或者点击左下"开始"图标,选择"所有程序→NoteExpress→NoteExpress"即可启动 NE。通常情况下,第一次启动 NE 都会打开 sample 数据库,如图 9-4 示。在数据库及其结构区,NE 提供了题录、笔记、检索、组织和回收站 5 个文件夹,分门别类地导入包括多媒体文件、图片及各种格式的文献,对个人的知识信息进行规范、有序的组织和管理。

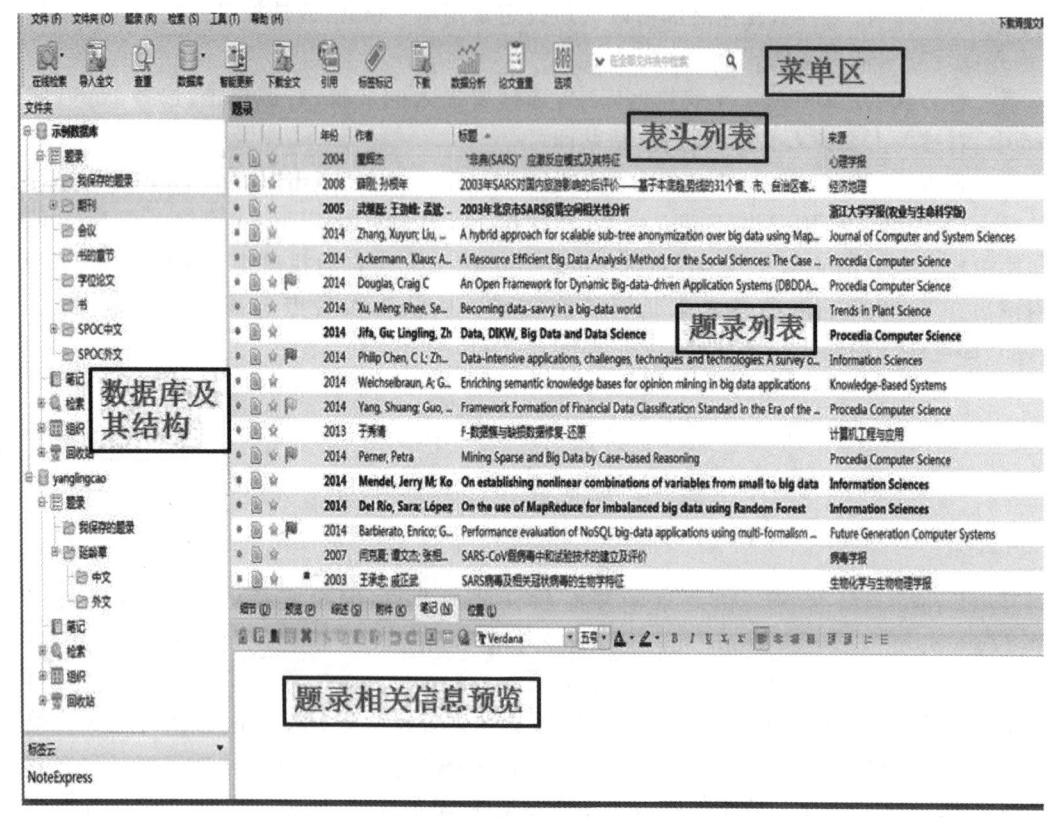

图 9-4　NE 界面释义

(一) 创建个人文献数据库

点击文件菜单中选择"新建数据库",创建个人文献数据库。定义数据库的存放位置和保存名称。NE 数据库的文件后缀为.nel,如果在 Windows 资源管理器中没有隐藏文件后缀,所创建的个人文献数据库是以"×××.nel"的形式呈现。数据库创建完成后,跟其他文件操作一样,可以移动、复制和备份。

(二) 文献信息导入

在通常情况下,NE 有四种方法可以将题录信息导入到个人文献数据库中,即手动添加、在线检索结果直接导入、数据库检索结果批量导入(过滤器导入)、导入文件和题录更新。

1. 手工添加

一些零散而少量的文献,可选择手工录入的方式导入。方法为:选择某个文件夹作为新建题录的存放位置,点选题录菜单选择"新建题录"(或在右方题录列表区点击鼠标右键,选择"新建题录"),选择文献类型,然后在弹出的新建题录窗口中逐个字段填写,保存并关闭新建题录,即添加一条题录到数据库中。作者输入格式为:姓名1;姓名2;……。多个姓名之间必须用英文分号加空格隔开(或者以每行一个作者方式录入)。中文作者的姓与名之间不留空格,这样以后在 Word 中才会按照希望的格式输出。如果某题录的内容不合适,可以选中该题录,点击鼠标右键,在弹出的菜单中选择"编辑题录"或者"从文件夹删除"进行编辑。

2. 在线数据库检索结果直接导入

为了让用户更方便地检索和保存文献信息,NE 集成了互联网的 Amazon、PubMed、CNKI、维普、万方、北大图书馆等在线数据库、图书馆的几百个信息源,用户只需打开 NE,在 NE 界面下就可以对这些信息源进行检索,然后将所获取的结果直接导入到 NE 数据库中。点击工具栏在线检索图标,或点击检索菜单选择"在线检索",选择"数据库"(NE 会记忆最近的检索记录,如果记录中有需要检索的数据库请直接选择),在弹出的对话窗口中,滑动鼠标定位需要检索的数据库,或使用搜索功能快速定位目标数据库。然后双击该数据库(或者点击"确定"按钮)进行联机检索。本节以 CNKI 学术期刊库为例简述其过程:

首先,在弹出的检索对话窗口中,输入检索关键字,或设置其他的检索条件(可以添加或删除检索域)。设置完毕后,点击"开始检索"按钮,NE 将自动抓取符合检索条件的题录。当题录数据抓取完毕后,NE 会在状态栏给出检索结果信息。比如在本例检索中,NE 共获取 5 条符合条件(即 2010 年以后发表的主题字段中有"专利共被引"字样的题录)的记录。

其次,在结果列表中,可以双击某条题录打开查看,勾选和导出题录到 NE。注意 NE 只会将勾选的题录导入,默认情况下,NE 仅取回前 50 条,如需获取更多题录,点选"批量获取"。选择完毕,点击保存勾选的题录,再选择目标文件夹,则文献信息导入完毕。

3. 文献数据库检索结果批量导入(过滤器导入)

如果偏好于登录网站数据库进行检索和导出题录,NE 对一些国内外常用数据库如 CNKI、维普、万方、PubMed、ProQuest 和 Elsevier 等做了专门的接口,只需选择合适的过滤器,就能将题录信息导入到 NE。目前有几种广泛使用的题录信息格式,如 RIS 格式。在导入 RIS 格式的题录时,选择 RIS 过滤器即能导入相应信息。但不同的数据库提供商可能会采用自己的数据格式,所以要求用户在导入时,一定要根据各数据库选择合适的过滤器,NE 内置了上百种常见数据库过滤器。本节以 PubMed 为例,介绍此种导入方法:

第一步:登录到 PubMed 数据库网站并检索,在检索结果列表中,将 Display 方式修改为"MEDLINE",然后勾选需要导出的题录,并在"send to"中选择"File",然后在保存对话窗口中,将文件保存到电脑指定位置。

第二步:切换 NE,点击工具栏导入图标(或使用 Ctrl+M 快捷键,或选择文件菜单选择"导入题录")。在导入窗口中,选择文件的保存位置,选择过滤器和需要导入的文件夹,最后点击"开始导入"。

4. 导入文件和题录更新

通常情况下,有很多用户在使用 NE 文献管理软件之前,可能已经下载了众多的文献全文,如 PDF 全文。如果需要将这些题录信息导入 NE,重新在数据库中搜索再导入 NE 无疑会使任务变得非常烦琐。在 NE 中,全文导入工具可以非常方便地将这些题录信息导入软件,然后借助题录更新再补全题录的其他信息。基本步骤如下:

第一步:点击"文件"菜单,从下拉菜单中选择"导入文件",如果需要导入单个文件,请点击

"添加文件",如果需要导入多个文件,请点击"添加目录",然后选择题录保存的文件夹,在弹出的窗口中,选择需要导入的文件或目录,点击"导入",选择添加目录时,会将含有子文件夹的文献同时导入,且保存原有的文件层级结构。

第二步:选择需要补全信息的题录,点击检索菜单,从中选择"在线更新题录",选择"自动更新",则弹出在线更新题录窗口,选择在线数据库,点击查找更新,当 NE 找到匹配的信息后,选择"应用更新"则补充完整题录信息到 NE 数据库中。

四、个人文献数据库管理

NE 提供许多功能强大的管理模块帮助管理个人数据库,如添加文件夹、文献排序和查重、检索和组织、链接附件、标记和笔记,以及数据统计分析等。

NoteExpress
文献导入(9-2)

(一) 添加文件夹

在 NE 中,可以创建文件夹对题录进行分门别类的整理。方法:右击树形结构的"题录",选择"添加文件夹",或者使用右键弹出快捷菜单选择"添加文件夹"。如果需要在某个文件夹下创建子文件夹,右击该文件夹,选择"添加文件夹",也可以将某文件夹直接拖入其他文件夹。添加文件夹后,可以右击该文件夹进行命名或移动。

(二) 文献排序和查重

文献排序:如果需要对数据库中的题录进行排序,只需要在表头列表中点击需要排序的字段,NE 将会自动排序。在表头列表部分右击鼠标,还可以使用"排序列表",设置多个字段对题录进行排序。当然,如果需要设置表头列表中呈现的字段,可以选择自定义。方法是在表头列表部分右击鼠标,选择"自定义"。在自定义对话框中要添加或删除字段,对字段顺序进行调整。

文献查重:通过各种方式入库的题录,可能产生重复的题录。如果需要找出重复的信息,可以借助 NE 的查找重复题录功能,此外 NE 还支持多目录同时查重。方法:点击检索菜单,选择"查找重复题录",在弹出窗口中,选择需要查找重复题录的文件夹,定义重复题录的字段设置,NE 默认通过题录类型、作者、年份、标题字段进行重复题录查询,并可以根据需要添加或勾选其他字段。然后点击"查找",NE 将自动推送重复题录信息。

(三) 检索与组织

检索功能:在 NE 中,进行个人文献数据库检索时,NE 会自动将检索记录保存在"检索"文件夹,打开"最近检索"文件夹,就可看到最近的检索记录,点击任何检索记录将看到与之对应的结果,包括检索后新添加的题录。方法:对于快速检索,直接在检索栏中输入检索词,然后按下回车键即可。或者点击检索菜单选择"在个人数据库中检索"即可打开本地高级检索对话框,设置完检索条件后,点击"检索"即可。

组织功能:每次输入题录的时候,NE 会自动抓取题录中的作者、关键词和作者机构等信息,并且放置在"组织"文件夹中。如点开"作者"文件夹,将会看到作者列表,点击某个作者将看到相应的题录信息。

(四）链接附件

NE 可以以附件的形式添加任何形式的文件（如 PDF、MS Word、JPEG 等），与题录关联起来管理，形成个人的资源库。方法：选中要添加附件的题录，切换到"附件"预览窗口，右击选择添加文件即可。还可以通过拖放来添加附件，选择需要添加的附件文件，然后拖送到"附件"预览窗口即可。

在 NE 中，有两种方式可以查看某条题录是否添加了附件。若添加了附件，标记列中或会多出一个红色色块，在预览窗口的工具栏上会多出一个回形针。点击回形针，可以打开附件中第一个文件。一条题录可添加多个附件。如果想查看附件内容，双击附件即可。另外，在 NE 中，批量链接附件是一个非常有用的功能，可以帮助用户快速和高效地添加多个文件。方法：点击"工具"菜单，选择"批量链接附件"，在弹出窗口中，选择需要批量链接的文件夹，在电脑上定位文件保存的位置，设置文件链接的匹配程度。应注意点击"更多"展开链接文件类型设置，NE 默认只链接 PDF 和 DOC 格式文件，需要关联其他格式的文献，请勾选掉"仅包括所匹配的文件类型"选项。然后点击"开始"，NE 将会自动匹配题录和文件，建立关联。

（五）标记和笔记

标记和标签：NE 支持星标、优先级（彩色小旗）和标签云三种标记和标签方式。方便用户根据需要和使用习惯管理题录。方法：选择某一题录，右击鼠标，从列表中选择"设置优先级"（以小旗的形式呈现），如果选择"设置标签"则可以设置星标和标签。

笔记功能：NE 的笔记功能可以让用户把瞬间产生的研究、阅读心得等及时地记录下来，并与相关的题录建立链接以管理。方法如下：快速添加笔记：点击需要添加笔记的题录，切换到笔记窗口，然后添加内容，NE 会自动保存笔记。高级笔记功能：点击需要添加笔记的题录，选择"题录"菜单，选择"为题录新增笔记"，则自动弹出笔记编辑窗口，可以添加文字内容，也可添加图片、表格和公式等，在退出窗口时应记得保存笔记。NE 会自动以题录名称命名笔记，也可以重新命名。当插入笔记后，NE 会自动在笔记文件夹下创建同名文件夹存放笔记。添加笔记后，NE 会在标记列显示紫色色块进行提示。

（六）数据统计分析和题录的导出

数据统计分析：NE 可以对文件夹中的题录信息进行多种统计分析，方便快速了解某一领域的研究热点、重要专家和研究机构等信息。分析结果可以导出为 txt、xls 等格式。方法：首先右击文件夹，选择"文件夹信息统计"，进一步选择需要统计的字段，点击"统计"，最后结果输出和预览。

题录导出：NE 题录的导出，可以便于多个用户之间交流共享数据，点击文件菜单，选择"导出题录"，在导出题录窗口选择导出题录的位置和名称，以及导出题录的"使用样式"，一般情况下，为方便与其他文献管理软件交换数据，建议选择"RefMan(RIS)"样式，然后选择要输出的题录，点击"开始导出"按钮。

五、利用 Word&NoteExpress 撰写论文

NE 可以将参考文献题录作为文中注释插入到正文，同时也可以在文章末尾按照不同期刊的格式要求自动生成参考文献列表。当用户安装 NE 后，NE 会为文字处理工具添加写作

插件,文献信息的插入和参考文献格式的调整都需要借助这个插件。NE 内置了常见的中文和英文期刊的参考文献样式,可以实现不同参考文献格式之间的转换。

图 9-5　NoteExpress 在 Word 2007 中插件

(一)参考文献引用

撰写论文时,如需插入引用文献,先将光标定位在需要插入的地方,切换到 NE,选择需引用的文献,或者可以点击检索图标进行查询,然后点击"插入引文"图标,NE 将自动添加引用文献到文字编辑工具,并在文末生成参考文献列表(需要先开启自动生成引文)。如果 NE 自动生成的参考文献列表不是最终需要的格式,可以点击插件上的"格式化"图标,再选择需要的参考文献格式进行格式化。

(二)插入注释、笔记

撰写论文或报告时,如需插入引用注释和笔记,先将光标定位在需要插入的地方,切换到 NE,选择需引用的注释和笔记,然后点击"插入注释"或"插入笔记"图标,文末参考文献列表将自动生成。

思考题

1. Web of Science 中的文献可以采用几种方式导入至 Endnote X9 中?
2. 利用 NoteExpress 进行文内及文后的参考文献编排。

(郝桂荣)

第十章 文献的利用

检索文献最终是为了利用。为了便于利用,人们首先需要采用一定的手段与方法对文献信息进行分析,从中提取可以利用的有价值信息。文献信息分析是根据实际问题的需要,对文献进行深层次的思维加工和分析研究,形成有助于解决问题的对策方案的过程。本章将围绕文献的利用,第一节将介绍文献信息分析的基本方法,第二节简要介绍引用他人文献时的格式与要求。

第一节 文献信息分析

一、文献信息分析概述

文献信息分析即利用相关的方法与工具,通过去粗取精、去伪存真、由表及里、由此及彼的数据加工,从大量的原始现象中抽象出具有普遍意义的科学本质,成为便于利用的知识,并在此基础上将知识激活成为解决具体问题的智能策略,发挥效用。

(一) 文献信息分析的内容

1. 对文献外部特征的分析

文献的外部特征包括文献的题目、作者、作者工作单位、出版者、出版地、版次、期刊名称、引文、科技报告的报告号等,这些特征多出现在文献的封面或者扉页,指不看文献具体内容就可以获知的信息。

不同的文献外部特征提供了文献分析的不同角度。如通过对作者的分析,可了解某一主题或某一研究领域分布的核心研究人员,有助于发现潜在的合作者。又如由于地区、年代和学科的差别,文献间的引用现象往往有其特性和规律,可以据此对作者、机构、期刊、学科、地区等的研究水平做出判断,进而了解研究热点、研究重点、研究方向及相互的关联性等。

2. 对文献内容特征的分析

一篇文献的主要内容通常用摘要、分类号、主题词或关键词等反映文献主题的特征来揭示。通过对此类信息的分析,不仅可以展示整个研究领域的现状、热点与趋势,还可以了解知识之间的潜在联系。

(二) 文献信息分析的方法

文献信息分析通过对数据的加工与处理,使信息实现从浅显到深化、从零散到系统、从简单到复杂的知识转化。其使用的方法主要有定性与定量两个方面,并各自形成独特的体系。随着现代科技的发展,信息分析方法从以定性方法为主转向定性定量相结合的集成应用模式,即首先通过定性判断建立系统总体及各子系统的概念模型,然后对定性或定量的子问题求解,得出定量的结论,最后再对定量结论进行定性归纳,形成问题解决方案。

1. 定性分析法

文献信息的定性分析主要指运用逻辑学上的方法,诸如分析与综合、分类与比较、归纳与演绎等对文献信息进行整体、概括或方向性的把握,进而认识和把握研究对象的本质和规律。

(1) 分析

就是将事物"分解成简单要素"分别加以研究的一种思维方法,它可以将认识对象的某些方面,如因素、属性、联系、关系等,分割、区别开来加以认识。

(2) 综合

就是"组合、结合在一起",即把分解出的事物各组成部分、要素,在研究清楚之后再连接起来,以新的形象展示出来。综合的作用在于把个别上升为一般,把部分统一为整体,把片面概括为全面。

(3) 比较

就是对照各个事物以确定其间差异点和共同点的逻辑方法,是认识事物、揭示事物发展变化规律的一种基本方法,又可以分为纵向和横向两种。纵向比较法是通过对同一事物在不同时期的状况,如数量、质量、性能、参数、效益等特征,进行对比,认识事物的过去和现在,从而分析其发展趋势;横向对比法是对不同区域,如国家、地区或部门的同类事物进行对比,属于同类事物在空间上的对比。通过比较法获得的文献信息分析结果可以使用数字、表格、图形或者文字予以表述。信息分析的开始阶段,分类比较往往是认识、区分事物的基本方法。在进行分类比较时,一般要先确立比较标准,选择合适的比较方式,然后确定可比性的内容。

(4) 归纳和演绎

由特殊到一般,又由一般到特殊是认识运动的一般进程,归纳和演绎就是这一认识过程中的两种推理形式,也是两种基本的思维方法。归纳就是从许多个别事例中获得一个较具概况性的规则,这种方法主要是将收集到的具体资料,加以抽丝剥茧的分析,得出一个概况性的结论。其优点是能体现众多事物的共同规律,缺点是容易犯不完全归纳的错误。与归纳法相反,演绎是从既有的普遍性结论或一般性事理,推导出个性结论的一种方法,由较大范围,逐步缩小到所需的特定范围。演绎的基本形式是三段论,即由已知的一般性原理或假设形成的大前提,由关于所研究的特殊场合或个别事实判断的与大前提相关的小前提,及从一般已知的原理(假设)推出的、对于特殊场合和个别事实做出的新判断构成的结论组成。

人类认识信息的感知、判断、推理过程,认识信息的比较、分类、抽象、概括、归纳、演绎、类比、分析、综合的方法,理论上是相互独立的。但事实上,在文献信息分析的实践活动中,分析与综合、比较和分类、抽象和概括、归纳和演绎等具体方法的应用往往是综合的,数据库中的不同信息通过借鉴、移植、组合或重组,最终反映出研究领域的热点、关联及变化,或知识结构的分布状态与趋势,为知识创新或科学决策提供支撑。

2. 定量分析法

基于文献的信息分析过程中,首先要对文献进行信息的分析与提取,主要是对其中的数据进行整理,然后对萃取出来的信息单元之间的逻辑关系进行揭示与推理。定性分析可通过有限文献信息的阅读把握学科领域的发展趋势,推测信息的交叉、渗透和衍生关系,但是通过文献的量所反映出的规律及变化,及其所揭示的事物的特征状态及变化,以及依此所做出的指导行为导向的判断与决策,则是文献计量法产生与应用的出发点。

文献信息的定量分析是用数学和统计学的方法进行信息分析的交叉科学,集数学、统计学、文献学于一体。其计量对象主要有:文献量(各种出版物,尤以期刊论文和引文居多)、作者数(个人、集体或团体)、词汇数(各种文献标识,其中以叙词居多)等。文献计量学最本质的特征在于其输出务必是"量"。分析文献中这些特征出现的规律,可以显示出该领域或者主题的研究活动的特点。

文献计量学应用十分广泛。微观的应用有确定核心文献、核心研究单位及个人,评价出版物,反映文献利用率;宏观的应用有移植或利用更有效的数学工具和计算机技术,设计更方便的信息分析系统和软件平台,提高信息处理效率,寻找文献之间显性与隐性的关联关系,预测学科方向等。定量分析的流程主要包括以下几个方面:

(1) 数据准备与预处理

目前的文献信息分析数据主要采集自数据库,从某一个单一数据库中采集数据,可根据需要选择简单检索或者组合检索策略,获取数据库中各特征项并进行序化排列等汇聚处理。如果数据采集自不同的信息源,则需要对不同数据源的数据进行清洗过滤、概念切分、实体识别、结构化表示等,形成统一、规范的数据之后才可进行分析。

(2) 分析研究与知识挖掘

分析研究:是在数据准备的基础上以特征项统计为主,结合具体要求,选择适当方法或工具进行分析,实现知识的解释与转化。分析研究的特征项包括文献的外部特征和内容特征。

知识挖掘:即知识的解释与转化,是指结合分析结果,对研究问题给予阐述与剖析,提交解决方案或对策建议的过程。具体来说,知识解释是在分析结果的基础上,对分析得到的现象、呈现的分布规律、变化趋势、关联因素等进行思考,剖析原因并给出合理的阐述与说明。知识转化是将经解释后的分析结果与研究对象结合,产生新的问题解决方案或对策建议,使原有的数据转换升华为智慧。

需要说明的是,由于知识解释与转化受到工作人员的知识结构、工作背景及认知能力等的制约,可能会导致同样的分析结果经由不同人员的解释与转化,提出不同的解决方案或者对策建议等的现象,因此,分析的结果又部分地取决于分析主体。

二、常用文献信息分析方法与工具

(一) 引文分析法

引文分析法是利用各种数学及统计学的方法对期刊、论文、著者等分析对象的引用和被引现象进行分析,以揭示其数量特征和内在规律的一种计量方法。

文献的相互引用是由科学本身的发展规律和研究活动的规律所决定的,是科学活动中普遍存在的必然现象。科学知识具有明显的累积性、继承性,任何新的学科或新的技术,都是在原有学科或技术的基础上分化、衍生出来的。同时,现有的各学科之间彼此联系、相互交叉、相互渗透,使得记录学科知识的科学文献也必须是相互联系的。在撰写科学论文时,作者不可避免地要引用他人文献,为论证自己的观点寻找依据。在发表科学论著时,作者所列参考文献一是可以证明资料来源,增加所引资料的可靠性;二是便于他人查考、核对,同时也是讲究学术道德、遵守学术规范的体现。

1. 分析内容

引文分析的基本内容一般包括引文年代、数量、类型(图书、期刊、特种文献等)、语种、地区

分布、作者分布等方面。目前大致有三种基本类型:

① 从引文数量上进行研究,主要对期刊、论文、机构、作者及地区做出水平辅助评价。

② 对引文间的网状关系或链状关系进行研究,主要用于揭示学科的发展与联系,并展望未来前景等。

③ 从引文反映出的主题相关性方面进行研究,主要用于揭示科学的结构和进行文献检索。

2. 数据来源

目前,引文的获取途径较为广泛,相关数据即可直接从来源文献中统计,如中国知网、维普、万方等全文数据库中每一篇文献的后面都附有引文链接,也可以在专门的引文系统如"科学引文索引"(SCI)、中国社会科学引文索引(CSSCI)、中国科学引文数据库(CSCD)等中查寻。

3. 应用目的

作为文献计量学的重要方法之一,引文分析方法的应用目的主要有以下几个方面:

(1) 学科评价

通过引文间形成的网络关系确定学科机构,通过文献之间的引用频率测定学科的影响力和重要性,或揭示科学的动态结构和某些发展规律。

(2) 期刊评价

引文分析方法是确定核心期刊的常用方法之一,利用期刊引文的集中性规律可以确定学科的核心期刊。

(3) 人才评价

由于引文能从科研成果被利用的角度反映著者在本学科领域内的影响及地位,作为人才评价的一种定量依据,引文数据近年来在国内外被广泛应用。比如,汤森路透每年会根据 Web of Science 的数据进行定量分析,以确定诺贝尔奖学科领域中最具影响力的研究人员。根据其发表的研究成果的总被引频次,这些高影响力研究人员被授予汤森路透"引文桂冠"(Citation Laureates)得主称号,预示着他们可能成为今年或不久将来的诺贝尔奖得主。自 2002 至 2010 年,已经有 21 位"引文桂冠"得主获得了诺贝尔奖。而 2011 年,获得 2011 年诺贝尔生理及医学奖、物理学奖和化学奖的七位得奖科学家均为汤森路透"引文桂冠奖"得主。这些数字无疑彰显了科学引文分析的强大力量。

当然,著者引用文献是人为控制的思维和判断过程,而作为其表现形式的引用文献,仅仅是宏观的、表面的测度,受诸多限制因素的影响,如有时著者选用引文往往受到可获得性的影响,文献被引用也并不完全等于重要,加上文献引用方面也存在"名著"、"权威"造成的马太效应的影响,因此,应客观地看待引文分析结果,不能将之绝对化。

4. 常用引文分析软件

(1) Bibexcel(https://homepage.univie.ac.at/juan.gorraiz/bibexcel/)

该软件是由瑞典科学计量学家皮尔逊(Persson)开发的用于科学研究的科学计量学免费软件。其所分析的数据主要为 Web of Science 论文。

(2) Citespace(http://cluster.cis.drexel.edu/~cchen/citespace)

Citespace 是美国 Drexel 大学信息科学与技术学院教授陈超美博士用 Java 语言开发出来的软件,为知识图谱可视化分析工具。它将知识的宏观计量与微观计量相结合,其目的是利用可视化技术在知识域中帮助用户进行趋势和技术的预测,识别和跟踪研究领域的演变,其所应用的主要数据来源包括 Web of Science 论文、Derwent 专利、NSF 基金、Scopus 数据库论文等。

（3）HistCite(http://garfield.library.upenn.edu/histcomp)

HistCite 由美国 Garfield 博士等开发，是一个引文历史可视化分析工具。该工具利用共引理论，通过一系列相关数据的产生时代和其他类型的表格及编年图表，以此实现知识领域的分析功能。

(二) 词频统计法

词频分析法是利用能够揭示或表达文献核心内容的关键词或主题词在文中出现的频次来确定该领域研究热点和发展动向的文献计量方法。由于一篇文献的关键词或主题词是文章核心内容的浓缩和提炼，因此，如果某一关键词或主题词在其所在领域的文献中反复出现，则可反映出该关键词或主题词所表征的研究主题是该领域的研究热点。

(三) 共词分析法

共词分析法(co-word analysis)作为内容分析的基本方法，主要是对一对词两两统计其在同一篇文献中共同出现的次数，以此为基础揭示这些词之间的亲疏关系，进而分析它们所代表的学科和主题的结构变化。

共词分析思想源于文献计量学存在的引文耦合与同被引现象。我们知道，当两篇文献同时被后来的其他文献引用时，表明它们在研究主题的概念、理论或方法上是相关的。两篇文献同被引的次数越多，它们的关系就越密切，由此揭示文献之中的亲疏关系。同理，当一对能够表征某一学科领域研究主题或研究方向的专业术语(一般为主题词或关键词)在一篇文献或多篇文献中同时出现，表明两者存在一定的关系，且出现的次数越多，关系越密切。统计一组文献中关键词或主题词(也可以是主题词与副主题词)两两之间同时出现的频率，便可形成由这些词组成的共词网络，网络内节点之间的远近便可反映出主题内容的亲疏关系。运用现代统计技术可以进一步按这种"亲疏距离"将一个学科内的重要主题词或关键词加以分类，从而归纳出该学科的研究热点、主题与结构。不仅如此，利用现代信息技术和统计软件图形显示功能，还能够将分析结果以可视化的形式直观形象地加以展示。

共词分析法所研究的是某一学科领域当前学术文献所集中关注的主题，不仅适用于成熟学科，亦可用于探讨新兴学科的研究热点、知识结构及其发展趋势。

(四) 聚类分析

简单地说，聚类就是按照事物的某些属性，把事物聚集成类，使类间的相似性尽可能小，类内相似性尽可能大。

聚类分析起源于分类学，在原始的分类学中，人们主要依靠经验和专业知识来进行定性分析，很少利用数学工具进行定量分类。随着人类科学技术的发展，要处理的数据规模越来越大，相互关系越来越复杂，对分类的要求也越来越高，以致仅凭经验和专业知识的定性分析难以得到确切的分类，于是人们逐渐把数学工具引用到了分类学中，形成了数值分类学，之后又将多元分析的技术引入到数值分类学形成了聚类分析。在不同的应用领域聚类技术都得到了发展，这些技术方法被用来描述数据，衡量不同数据源间的相似性，以及把数据源分类到不同的簇中。

(五) 社会网络分析

社会网络分析法是一套用来分析多个个体通过相互联系构成的网络的结构、性质以及其他用于描述这个网络属性的分析方法的集合,它强调从关系或者结构的角度把握研究对象,注重个体间的关系。它通过数据收集、绘制及分析网络结构图、揭示关系模式及规则、提供结论及合理建议等流程,完成信息分析过程。如从社会网络的视角看,关键词是网络中的一个个节点,而它们的共现则体现为节点之间有直接的联系。在虚拟的关键词网络中,由于是否共现和共现频次的不同,每个节点在网络中具有不同的地位,承担不同的角色。在一定的时间范围内,有些关键词反映的是该主题的研究热点,有些词表示的内容处于不成熟的状态,有些词之间的联系非常紧密,有些词会在网络中显得比较孤立。通过对关键词网络的分析,可以发现隐藏在真实关系网背后的关系网络,它对于了解一个研究主题的成熟度、知识结构、研究的规模等状况具有非常重要的意义。这一方法目前已被很多学科借鉴和吸收。

(六) 生物医学文献知识发现方法

基于生物医学文献的知识发现方法,就是从生物医学文本集中发现和挖掘出一定的模式、模型、趋势、规则等知识的计算过程,这种文本知识发现技术也即文本挖掘技术,是人工智能、机器学习、自然语言处理、数据挖掘及相关自动文本处理,如信息抽取、信息检索、文本分类等理论和技术相结合的产物。

1. 发展历史

1986年,美国芝加哥大学Swanson教授指出,当将逻辑上相关但相互独立的两个知识片段放到一起加以考虑,并且能够进行合理解释的时候,可能会有新的发现,这样的知识片段被称为"未被发现的公开知识"(undiscovered public knowledge)。Swanson将包含着"未被发现的公开知识"的文献称为逻辑上相关的非交互(Noninteractive)文献或互补但不相交(Complementary But Disjoint, CBD)文献。国内后续发表的文献将其称为非相关文献。

Swanson基于文献的知识发现定义如下:如果有两类文献集AL和CL,其中AL主要讨论了概念A和概念B之间的关系,而CL则讨论了概念C和概念B之间的关系,但是却没有任何的文献直接讨论过A和C的关系,那么A与C之间通过共同的桥梁B,隐含地存在某种关系,这就可能是一个新的科学发现。基于此假设,Swanson发现了许多对人类有益的知识。如鱼肝油对于雷诺氏症的治疗作用,镁的缺失会引起偏头痛,某些病毒可以成为潜在的生化武器,精氨酸与生长调节素存在一定的隐含关系等,这些发现在后来的临床或实验中都得到了证实。在Swanson教授开创性工作的启发下,医学、生物学、情报学和计算机学等不同领域的研究者相继用不同的方法开展生物医学的文本挖掘研究,以发现大量文本信息中掩盖的关系。如Gordon和Lindsay采用信息检索的方法对Swanson教授的成果进行了验证;Weeber等开发了一个基于自然语言处理的、实现食物与疾病关系知识发现的KDiBL系统,通过检测MEDLINE标题和摘要中术语共现的情况,发现了镇静剂新的作用;Srinivasin等人继续精炼前人的系统,挖掘出生姜对视网膜疾病、脊髓损伤等有治疗效果的隐含证据等等。

2. 相关工具

为了帮助研究者更加有效地从文献中发现潜在的知识,国外很多机构和个人在医学数据挖掘系统中提出了各自不同的数据挖掘算法。为提高信息分析效率,目前已有数十种分析工具可供选择应用,如:

(1) Arrowsmith(http://arrowsmith.psych.uic.edu/)

Arrowsmith 系统可在网上免费使用，应用时可以从文献集的标题、文摘和主题词等字段中抽取词汇加入词语列表。系统从不相关的 A、C 文献集中提取题名等字段的词汇加以比较，得到一个在 A、C 文献集中同时出现的词语列表 B，并对 B 列表进行一系列数据处理，研究者要介入 B 词语列表的筛选，找到有价值的 B 词语表，最终加以判断，发现文献间新的关联，形成新的科学假设。

Arrowsmith 与 PubMed 实现了紧密结合。随着 Arrowsmith 系统功能的不断改进，它的应用范围也在不断拓展，除 MEDLINE 以外，Arrowsmith 还可应用于 OVID，Biosis，Embase，Scisearch Internetdatabases 等其他数据库。

(2) PubGene(http://www.pubgene.com/)

PubGene 是挪威科技大学、挪威肿瘤医院和瑞典 Linkoping 大学 3 个机构合作于 2001 年开发的一个人类基因文献网络系统。系统主要依据共词分析的原理，从 MEDLINE 文摘中自动抽取出基因之间的关系网络，结合 Gene Ontology 中对单个基因表达的注释，寻找与某特定基因有生物学关系的其他基因，揭示基因与蛋白质、疾病、细胞过程、功能、突变、细胞成分以及药物之间的关系等。

医学中不同的子学科领域对数据挖掘有着截然不同的需求，选用相关的专业数据库也不一样，要求得到的结果和展现方式各不相同。由于许多专业的医学数据库集中在分子生物学方向，因此目前较多的生物医学文献信息发现工具的应用方向大都集中在分子生物学领域。尽管这些系统都还处于研究和试验阶段，有的只是满足了生物医学研究者信息分析流程中某个阶段的需求，且针对系统还没有用户评价，能否真正满足生物医学研究团体的要求仍然有待于观察，但仍然显示了其巨大的潜力与广泛的应用前景，也是当前医学数据挖掘系统研究的热点和方向之一。

第二节 文献的引用

一、注释与参考文献

(一) 注释

注释又称注解，一般用来说明引文出处或解释正文。按出版物的不同要求和规定，在正文中需要引用注释内容的句末或右上角，选用注码符号标注。注释用小于正文的字号，注文前标注与正文一致的符号。分为图表中注释和正文中注释两大类。

1. **图表中注释**

可采用三角号、五星号、圈码等符号标注，将其符号标注于注释处的右上角，并在图表的下方按顺序写出注释内容。

2. **正文中注释**

可分正文注、脚注和尾注。正文注是在正文中需要注释的词组或短语后面加圆括号，将要说明和解释的内容注入括号内；脚注又称页末注或呼应注，常置于本页地脚处，并加半栏线与正文隔开，注释符号多用阿拉伯数字或圈码标注。作者简介和联系方式，或注明资助基金名称和编号等等多采用此种方式；

图表注释样例

(10-1)

尾注又称文末注,它的符号同脚注。尾注一般用于内容较多或较为复杂的注释,由于叙述较长,故一般置于文末,依次逐项书写。

(二)参考文献

《信息与文献参考文献著录规则》(GB/T 7714—2015)对参考文献的定义是:为撰写或编辑论文和著作而引用的有关文献信息资源。征引过的文献在注释中已注明的,不再出现于文后参考文献中。

正文中注释样例(10-2)

参考文献能够为作者的论点提供论据,也是论文内容的拓展。另外,参考文献注明了被引理论、观点、方法、数据的来源,也反映了论文的真实科学依据,而引用一定数量的参考文献,也表明了学科的继承性和作者对他人劳动成果的尊重。

参考文献的著录有一定的原则,包括:① 引用的文献仅限于作者在论文中直接引用的文献;② 仅引用公开发表的文献。内部交流刊物上刊载的文章或内部资料,尤其是不宜公开的资料,不作为参考文献著录。国内外学术会议上交流的尚未公开发表的论文一般也不宜作为参考文献著录;③ 论文作者应依据 GB7714—2015 参考文献标准的要求规范参考文献(国外刊物应依据相关要求);④ 选用了一种参考文献注释体系之后,应在一篇文献中前后一致。

二、参考文献注释体系

当今国际上流行的参考文献注释体系有:顺序—编码制、著者—年代制、注释制和芝加哥模式。国内根据 GB7714—2015《信息与文献参考文献著录规则》规定采用"顺序—编码制"和"著者—出版年制",其中,顺序—编码制为我国科技期刊所普遍采用。

(一)顺序编码制(Vancouver style)

是指作者在文中所引用的文献按它们在文中出现的先后顺序,用阿拉伯数字加方括号连续编码,视具体情况把序号作为上角或作为语句的组成部分进行标注,并在文后按文中出现的顺序依次排列参考文献。如果顺序编码制采用脚注方式,序号可由计算机自动生成圈码。

1. 文内标注规则。① 按正文出现的先后顺序用阿拉伯数字从"1"开始连续编号,并将序号置于方括号中,标注在引文或著者的右上角;② 同一处引用多篇文献时,应将各篇文献的序号在方括号中全部列出,序号之间用逗号隔开。如果遇到连续的序号(包括紧挨的序号),则用半字线连接起止序号;③ 同一文献被多次引用时,只编一个序号,将引文页码置于方括号后;④ 文献作为正文句子成分出现时,其序号与正文平排,不再采用上标形式。

顺序编码制标注样例(10-3)

2. 参考文献列表各标识字段。① 主要责任者。是指对文献的知识内容负主要责任的个人或团体,包括专著作者、论文集主编、学位论文撰写人、专利申请人、报告撰写人、期刊文章作者等。多个责任者之间以","分隔,责任者超过 3 人时,只著录前 3 个责任者,其后加"等"字,英文用 et al。注意在本项数据中不得出现缩写点"."。;主要责任者只列姓名,其后不加"著"、"编"、"合编"等责任说明文字。外文主要责任者用原著,姓名前后应尊重各国的习惯;作者不明时,此项可省略;② 文献名。包括书名、论文题名、专利题名、析出题名等,文献名不加书名号;③ 文献类型标识符。根据 GB/T 3469—2013 规定,应以英文大写字母方式标识以下各种参考文献类型标识:专著[M]、论文集[C]、报纸文章[N]、期刊文章[J]、学位论文[D]、报告[R]、标准[S]、专利[P]。被引用的参考文献为非纸张型载体的电子文献时,需在参考文献类型标识中同时标明其载体类型:磁带(magnetic)[MT]、磁盘(disk)[DK]、光盘[CD]、联机网络(online)[OL]。电子文献类型与载体类型标识基本格式为[文献类型标识/载体类型标识],如:印刷型期刊标识为[J],则电子期刊标识为[J/OL]。以纸张为载体的文献在被引作参考文献时不必注明载体类型;④ 起止页码。参考文献的最末一项一般为页码。应著录引文所在的起始或起止页码,如为起止页,则在2个数字之间用"—"号连接,如:10-12。遇不连续页码,之间用逗号相隔。例如:1987:25-30,40,101-120。⑤ 出版事项。出版地指出版者的城市名,对于同名异地或不为人们所熟悉的城市,可在其名前附加省名、州名、国名等。对于出版者中包含了地名,出版地不能省略,如"北京:北京大学出版社",不能写成"北京大学出版社"。对于报纸和专利文献,要著录出版日期,其形式为YYYY-MM-DD。对于期刊的出版年份、卷号(期号)著录有以下3种形式:

年,卷(期):

年(期):

年,卷:

3. 各类参考文献列表著录格式

参考文献列表采用顺序编码制组织时,各篇文献应该按正文中标注的序号依次著录。

(1) 著作

标注格式:[序号]主要责任者. 题名:其他题名信息[M(电子文献必备,其他文献任选)]. 其他责任者(任选). 版次(第1版不著录). 出版地:出版者,出版年:引用页码. [引用日期(联机文献必备,其他电子文献任选)]. 获取和访问路径(联机文献必备).

例:[1] 陈振标. 文献信息检索、分析与应用[M]. 北京:海洋出版社,2016:237-240.

(2) 著作中的析出文献

析出文献指从著作或公开发表的书籍文章中分析出来所获得的文献资料。

标注格式:[序号]析出文献主要责任者. 析出文献题名[A]. 析出文献其他责任者(任选)//著作主要责任者. 著作题名[M]:其他题名信息. 版次(第1版不著录). 出版地:出版者,出版年:析出文献的页码. [引用日期(联机文献必备,其他电子文献任选)]. 获取和访问路径(联机文献必备).

例:[2] 马克思. 关于《工资、价格和利润》的报告札记[A]//马克思,恩格斯. 马克思恩格斯全集:第44卷[M]. 北京:人民出版社,1982:505.

(3) 期刊

标注格式:[序号]主要责任者. 题名:其他题名信息[J(电子文献必备,其他文献任选)]. 年,卷(期):起止页码. [引用日期(联机文献必备,其他电子文献任选)]. 获取和访问路径(联机文献必备).

例:[3] 李旭东,宗光华,毕树生,等. 生物工程微操作机器人视觉系统的研究[J]. 北京航空航天大学学报,2002,28(3):249-252.

(4) 报纸

标注格式:[序号]主要责任者. 题名:其他题名信息[N(电子文献必备,其他文献任选)]. 报纸名,年—月—日(版次). [引用日期(联机文献必备,其他电子文献任选)]. 获取和访问路径(联机文献必备).

例:[4] 李大伦. 经济全球化的重要性[N]. 光明日报,1998-12-27(3).

(5) 会议文集

标注格式:[序号]主要责任者.题名:其他题名信息[C(电子文献必备,其他文献任选)].出版地:出版者,出版年份:起始页码.[引用日期(联机文献必备,其他电子文献任选)].获取和访问路径(联机文献必备).

例:[5] Almarza, GG. Teacher Learning in Language Teaching [C]. NewYork: Cambridge University Press,1996:50-78.

(6) 会议文集中析出文献

标注格式:[序号]主要责任者.题名[A]//主编.论文集名[C(电子文献必备,其他文献任选)].出版地:出版者,出版年:起止页码.[引用日期(联机文献必备,其他电子文献任选)].获取和访问路径(联机文献必备).

例:[6]钟文发.非线性规划在可燃毒物配置中的应用[A]//赵伟.运筹学的理论与应用:中国运筹学会第5届大学论文集[C].西安:西安电子科技大学出版社,1996:468-471.

(7) 学位论文

标注格式:[序号]主要责任者.题名[D(电子文献必备,其他文献任选)].保存地点:保存单位,年:引用页码.[引用日期(联机文献必备,其他电子文献任选)].获取和访问路径(联机文献必备).

例:[7]黄玮.新疆回族医药文化遗产价值评价研究[D].新疆:塔里木大学,2018:11-12.

(8) 科技报告

标注格式:[序号]主要责任者.题名[R(电子文献必备,其他文献任选)].报告题名及编号,出版年:引用页码.[引用日期(联机文献必备,其他电子文献任选)].获取和访问路径(联机文献必备).

例:[8]冯西桥.核反应堆压力管道与压力容器的LBB分析[R].北京:清华大学核能设计研究院,1997:9-10.

(9) 标准文献

标注格式:[序号]起草责任者.标准名称:标准号[S].出版地:出版者,出版年.[引用日期(联机文献必备,其他电子文献任选)].获取和访问路径(联机文献必备).

例:[9]全国信息与文献标准化技术委员会.文献著录:第4部分非书资料:GB/T 3792.4—2009[S].北京:中国标准化出版社,2010.

(10) 专利文献

标注格式:[序号]专利申请者或所有者.专利题名:专利国别,专利号[P(电子文献必备,其他文献任选)].公告日期或公开日期[引用日期(联机文献必备,其他电子文献任选)].获取和访问路径(联机文献必备).

例:[10]姜锡洲.一种温热外敷药制备方案[P].中国专利:881056073,1989-07-26.

(二) 著者一年代制(Harvard style)

又称哈佛参考文献注释体系,起源于美国,20世纪50、60年代开始流行,尤其在物理学和自然科学研究领域使用最多,近年来社会科学中也开始流行。

1. 文内标注规则

① 当作者姓名在句子中出现时,需给出出版年份,将出版年份放在小括号内。例如,In a recent study Harvey (1993) argued that … ;② 当作者姓名不在句子中出现时,姓和出版年份都要放在括号内。例如,A recent study (Harvey,1993) shows that … ;③ 被引用的作者在同

一年中出版了两部以上著作或发表了两篇以上论文,用小写字母 a.b.c 等予以区别,放在年份后面,例如,Johnson (1989a) discussed the subject … ;④ 如果被引用著作有两位作者,要将两位作者的姓同时给出,例如,Matthews and Jones (1992) have proposed that … ;⑤ 如果有三位以上的作者,只给出第一位作者的姓,再用斜体写上 et al.(等人),例如,Wilson *et al*.(1993) conclude that … ;⑥ 如果在文中直接引用其他作者,即原话照抄,并且引文不超过两行则直接插入文本中,用引号与文本隔开。英文文稿可以用单引号,也可用双引号,只要全文一致即可。还要在恰当的位置给出作者姓和出版年份以及页码。例如,Aitchison (1981), for example, points out that language is subject to change, and is not caused by "unnecessary sloppiness, laziness or ignorance"。当直接引用的原话超过三行以上时,有的更确切地规定引文超过 30 个词时,引文须另起一行空格与正文分开,左边缩进,字号缩小或字体变化,不需用引号,在引文结束处将页码放入括号内;⑦ 多次引用同一著者的同一文献,在正文中标注著者与出版年份,并在"()"外以角标的形式著录引文页码。

2. 参考文献列表著录规则

① 参考文献列表各条目前一律不加序号,先按语种分类排列,排列顺序是中文、日文、西文、俄文、其他文种。然后,中文和日文按著者的姓氏笔画数、笔顺(一、丨、丿、丶、乛)顺序排列(中文也可按汉语拼音字母顺序排列),西文和俄文按著者姓氏字母顺序排列。一个作者有多本著作时,则按年份先后排列顺序,一个作者一年内有多本著作出版或论文发表,在年份后按月份先后加小写字母 a.b.c. 等加以区别。这样排列的好处是:只有一个按字母顺序排列

著者年代制引用文内标注样例
(10-4)

的参考书目,便于读者查阅;整个文档不需要脚注;便于修改,即使是最后一刻要删去或增加某条注释,可随时增删,不需要重新排序;每个注释只在参考书目中出现一次,而无论它在文中被引用过几次;② 参考书目信息应从书名页上获取而不是从封面获取;③ 每一项参考文献注释应包含一定的内容或要素(element),并按一定的顺序排列;④ 英文脚注编辑。尽管哈佛体系不主张使用脚注,很多出版机构还是会采用。其方法是在文中引用处数字表明序号,在当前页下方用一条线与正文隔开,按每页上注释顺序逐一做注;⑤ 重复脚注。当文中连续两次或多次引用同一文献的资源时,第一次引用时要求规范著录,同一页上第二次引用同一本书或同一篇论文时,用 ibid,页码。Ibid 中文意思是"同上"。

3. 列表著录格式

(1) 著作

标注格式:作者姓,名(首字母大写). 出版年份. 书名[M(电子文献必备,其他文献任选)]. 版次(第 1 版不著录). 出版地:出版商,页码.

多次引用同一著者的同一文献标注样例(10-5)

例:White, R, 1988. Advertising: What it is and How to do it. 2nd ed. London: McGrawhill, 40.

注意:当英文人名以"姓前名后"形式出现时,姓后紧跟逗号。换句话说,只要后面紧跟了逗号,说明逗号前面的就是姓,而不是名,比如,Wolery, M.。

(2) 期刊

标注格式:作者姓,名(首字母大写). 出版或发行年份. 论文题目[J(电子文献必备,其他文献任选)]. 刊物名称,卷(期):页码.

例:Greco, A. J. & Swayne, L. D. 1992. Sales response of elderly customers to point-of-purchase advertising. Journal of Advertising Research, 32(5): 43-63.

注意：如果有两位作者，两作者之间用"&"号间隔，多位作者时，作者与作者之间用逗号，著录前三位作者，其余用et al。

（3）会议论文

标注格式：作者姓，名首字母大写.年份.论文题目[C（电子文献必备，其他文献任选）]，会议名称，会议地点.时间.出版地：出版商.论文所在页码.

例，Silver，K. 1989. Electronic mail: the new way to communicate[C]. D. I. Raitt, ed. 9th international online information meeting, London. 3 – 5 December 1988. Oxford: Learned Information, 323 – 330.

（4）网上信息或电子出版物参考文献

标注格式：作者姓，名首字母大写.日期.题目[online].出版地：出版商.网站名：[访问时间（必选）].

例：Tutorial: Harvard Reference System（Author-Date Style）[online]. http://www.library.unt.edu/help/tutorials/harvard-reference-system-author-date-style(2018 – 11 – 08)

（李文林，郝桂荣）

参考文献

[1] 韩丽风,王茜,李津,等译(2015-2-5)[2018-10-23]. http://www.ala.org/acrl/sites/ala.org.acrl/files/content/standards/framework-chinese.pdf.

[2] IFLA/UNESCO Manifesto for Digital Libraries[EB/OL](2018-7-13)[2019-7-7]. https://www.ifla.org/publications/ifla-unesco-manifesto-for-digital-libraries.

[3] Standards-The World Federation for Medical Education[EB/OL](2015). https://wfme.org/standards/.

[4] 钟义信.信息科学原理[M].北京:北京邮电大学出版社,2013.

[5] 南京中医药大学图书馆[EB/OL][2019-6-8]. http://library.njucm.edu.cn/.

[6] 陈道瑾.中国医学史[M].上海:上海科学技术出版社,1988.

[7] 徐铁猊.名人与图书馆[M].北京:国家图书馆出版社,2008.

[8] 张稚鲲,李文林.信息检索与利用(中医院校用)[M].第二版.南京:南京大学出版社,2015.

[9] 梅谊.医学文献检索与利用[M].苏州:苏州大学出版社,2011.

[10] 国家知识产权局专利局,中国知识产权培训中心.专利文献与信息检索[M].北京:知识产权出版社,2013.

[11] 张晓东.专利检索与信息分析实务[M].上海:华东理工大学出版社,2017.

[12] 罗观祥,罗勇.专利与专利文献检索[M].广州:华南理工大学出版社,1996.

[13] 李耀明,黄儒虎.标准文献信息管理[M].北京:中国计量出版社,1998.

[14] 陈云鹏.标准文献计量分析方法[M].北京:中国标准出版社,2016.

[15] 夏立娟,刘雯.ProQuest博硕士论文文摘和博士论文全文网络数据库检索功能分析与评价[J].情报探索,2008,(12):76-78.

[16] 何怡.中外网上学位论文数据库的检索与利用[J].图书馆工作与研究,2011,(2):44-45.

[17] 程海赟.我国四大学位论文库的比较研究[J].图书馆学研究,2008,(1):25-28.

[18] 赵美娣.会议文献的检索与获取[J].情报理论与实践,2011,(8):84-86.

[19] 陈燕.医学信息检索与利用[M].北京:科学出版社,2016.

[20] 周毅华.医学信息资源检索教程[M].南京:南京大学出版社,2016.

[21] 黄晓鹂.医学信息检索与利用[M].北京:科学出版社,2016.

[22] 刘桂锋.医学信息检索与利用[M].镇江:江苏大学出版社,2015.

[23] 罗爱静.医学文献信息检索[M].北京:人民卫生出版社,2010.

[24] 崔雷.医学数据挖掘[M].北京:高等教育出版社,2006.

[25] 侯海燕.基于知识图谱的科学计量学进展研究[D].大连理工大学,2006.

[26] 张国庆.基于生物医学文献的知识发现方法研究[D].华中科技大学,2006.

[27] 康宇航.一种基于共现分析的科技跟踪方法研究[D].大连理工大学,2008.
[28] 董风华,兰小筠.基于文献的知识发现工具——Arrowsmith[J].情报杂志,2004(5):52-54.
[29] 廖胜姣.科学知识图谱绘制工具 VOSviewer 与 Citespace 的比较研究[J].科技情报开发与经济,2011,21(7):137-139.
[30] 张勤,徐绪松.定性定量结合的分析方法——共词分析法[J].技术经济,2010,29(6):20-24.
[31] 王曰芬.面向知识服务的信息分析及应用研究——以文献数据库为来源[J].情报理论与实践,2011(3):54-57.
[32] 乔振.社会网络在情报学研究中的应用文献计量分析[J].情报杂志,2010,29(6):3-5.
[33] 梁永霞,刘则渊,杨中楷,王贤文.引文分析领域前沿与演化知识图谱[J].科学学研究,2009,27(4):516-522.
[34] 钟伟金,李佳.共词分析法研究(一)——共词分析的过程与方式[J].情报杂志,2008(5):70-72.
[34] 钟伟金,李佳,杨兴菊.共词分析法研究(三)——共词聚类分析法的原理与特点[J].情报杂志,2008(7):118-120.
[36] 张云秋,冷伏海.非相关文献知识发现的理论基础研究[J].中国图书馆学报,2009(4):25-30.
[37] 殷蜀梅.基于 MEDLINE 的医学数据挖掘系统研究[J].现代图书情报技术,2007(4):12-16.